2025

TAXNET

알기쉬운 회계실무

실무회계 기본 개념 잡고 스스로 터득하는 **재무회계 입문서!**

정민웅 저

개 정 18판

최근 변화된 경향에 맞춘 사례

학습점검 객관식 퀴즈와 해설

조세통람

세무 · 회계 지식서비스 분야의 선두주자 **조세통람** / 국내 재경실무분야를 선도하는 No1. Knowledge Provider

PREFACE

개정판을 내면서

기업회계기준이 2014년부터 세 가지 기준으로 구분되어 있다. 한국채택국제회계기준(K-IFRS), 일반기업회계기준 및 중소기업회계기준의 세 기준이 상장기업, 비상장외감기업, 비외감기업 등에 각각 적용되는 것이다. 상장기업과 외감기업은 국제적인 수준의 투명한 회계정보를 이해관계자에게 제공하고 비외감중소기업은 회계처리부담을 완화하여 규모와 능력에 걸맞는 회계정보를 이해관계자에게 제공함으로써 사회전체적으로 자원배분의 효율성이 높아질 것이다.

중소기업회계기준은 상법규정에 따라 대차대조표라는 재무제표용어를 사용하고 기타포괄손익누계액을 표시하지 않는 등 회계처리부담을 경감하는 내용을 담고 있다. 기존의 두 기준에서 다소 난해한 부분들을 단순화함으로써 K-IFRS 제정 이전에 사용하던 "기업회계기준"으로 복고된 것으로 이해해도 좋을 듯하다. 본서는 중소기업회계기준의 제정으로 인한 기존의 두 기준(K-IFRS와 일반기업회계기준)과 다르게 처리하거나 표시하는 내용에 대하여는 별도로 설명하고 있다. 기업실무에서 본사의 회계책임자가 자회사나 계열사의 재무제표 작성과 검토에 관여하는 경우가 많다는 점을 고려하여 기존의 두 기준을 중심으로 기술하되 중소기업회계기준을 추가 설명하는 방식으로 기술하였으며 세 가지 기준의 차이점을 한 눈에 파악할 수 있도록 비교하여 예시하였다.

이번 개정은 진부화된 일부 내용을 교체하거나 수정하고 최근 경향의 퀴즈문제를 추가하여 독자들의 내용이해를 높이고 변화에 적응하는 것에 초점을 맞추었다.

본서의 개정을 맡아주신 ㈜조세통람의 대표님과 많은 분량의 원고를 꼼꼼히 검토해주신 출판팀 직원들에게 감사드린다.

2025년 1월

저자 씀

CONTENTS

이 책의 차례

Part 01 회계의 기초지식

Part 02 부기의 원리

Part 03 결 산

Part 04 회계기준과 재무제표

CONTENTS

이 책의 차례

Part 05 현금예금과 금융상품

Part 06 수취채권과 지급채무

Part 07

상품매매 거래와 재고자산

CONTENTS

이 책의 차례

Part 08 유형자산과 무형자산

Part 09 금융자산

Part 10

자본회계

2025
알기쉬운 회계실무

PART 01 회계의 기초지식

1 회계란 무엇인가?
2 부기는 회계의 시작
3 부기의 종류
4 정보이용자
5 재무상태표와 재무상태
6 손익계산서와 경영성과
7 재무상태표와 손익계산서의 관계

- 객관식 문제

“회계는 개인, 기업, 정부, 학교 등의 경제활동에 대한
돈의 흐름을 측정하고 기록하여 보고하는 일련의 과정이다.”

1 회계란 무엇인가?

우리는 일상생활에서 돈에 대한 계산을 하고 있다. 개인은 직장에서 월급을 받아 지출한 생활비를 계산하고 기업은 제품을 생산하는 데 지출한 돈과 제품을 판매하여 벌어들인 돈을 계산한다. 또한 정부는 국민으로부터 세금을 거두어 공공사업에 지출하는 것을 계산하고 학교는 학생들로부터 등록금을 받아 교육사업에 지출하는 것을 계산한다. 경제활동을 하는 개인이나 조직은 돈이 들어오고 나가는 것을 따져 셈을 하고 있다.

돈의 흐름은 기록하여야 한다. 돈의 흐름이 간단하다면 기록하지 않고 머릿속으로 간단히 계산할 수 있겠지만 조금만 많아져도 기억하는 것이 불가능할 뿐만 아니라 정확하지도 않기 때문이다. 개인은 가계부를 작성하고 기업 등의 조직은 회계장부를 작성하여 돈의 흐름을 기록하고 있다. 이 기록은 과거 필요한 곳에 돈을 제대로 지출했는지 평가하고 돈의 흐름을 예측하여 미래의 계획을 세우는 데 필요하다.

회계는 개인, 기업, 정부, 학교 등의 경제활동에 대한 돈의 흐름을 측정하고 기록하여 보고하는 일련의 과정이다. 경제활동이 있는 곳이라면 개인이든 조직이든 관계없이 어디에서나 회계가 존재한다. 이 중 가장 대표적인 경제단위는 기업이라 할 수 있다. 사회구성원은 대부분 기업의 경제활동에 직접적 또는 간접적으로 이해관계를 갖고 있어 기업의 회계정보에 특히 많은 관심을 갖고 있다. 또한 기업회계를 이해하게 되면 다른 경제단위의 회계는 비교적 쉽게 이해할 수 있다. 본서는 기업회계를 중심으로 설명하기로 한다.

2 부기는 회계의 시작

부기(bookkeeping)란 돈에 대한 계산내용을 장부에 기록하는 것을 말하며 '장부기입'이라는 말을 줄인 것이다. 다시 말하면 개인이나 기업에서 돈의 입출금과 재산의 증가와 감소, 부채의 증가와 감소 등의 내용을 일정한 원리와 원칙에 따라 기록하고 정리하여 보고서로 작성하는 일련의 절차를 의미한다.

부기를 회계와 의미가 비슷한 것으로 생각하기도 하는데 부기와 회계는 동일한 용어가 아니다. 부기가 장부기입과 관련된 일련의 절차임에 반하여 회계는 이보다 훨씬 넓은 개념이다. 부기는 거래를 사실대로 단순히 기록하는 것에 그치는 반면 회계는 기업의 이해관계자에게 기업에 관련된 유용한 정보를 제공하는 것까지 포함한다.

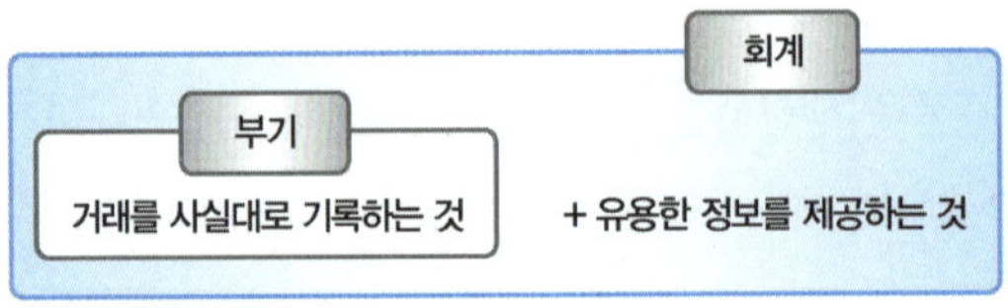

부기는 회계의 중요한 일부분이다. 회계가 경제적 정보를 생산하고 정보이용자에게 전달하는 과정을 총칭하는 개념이라면 부기는 경제적 정보를 생산하는 과정을 의미한다. 정보의 생산이 없다면 의사결정에 유용한 정보를 제공하는 것이 불가능할 것이다. 정보의 생산기능을 담당하는 부기야말로 회계의 중요한 일부분이라 할 수 있다.

3 부기의 종류

부기는 기록 및 계산하는 방식에 따라 단식부기와 복식부기로 나눈다.

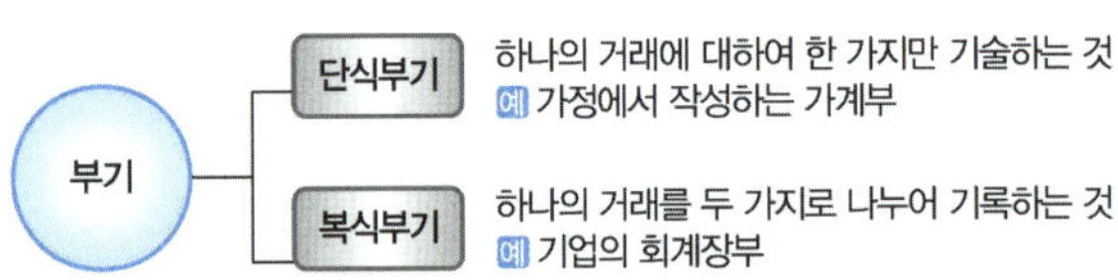

1) 단식부기

단식부기는 하나의 거래에 대하여 한 가지만 기록하는 것을 말한다. 거래에 관련된 여러 항목의 유기적인 관계는 무시하고 오로지 한쪽 측면에서만 파악하여 그 변동을 기록하는 것이다. 가정에서 작성하는 가계부나 영세상인의 현금출납장이 이에 해당한다. 예를 들어, 동네상점을 운영하는 김씨는 이번 달에 물건을 팔아 ₩3,000,000을 벌었고 최신 핸드폰을 ₩500,000에 구입했는데 다음과 같이 기록하였다.

현금출납장				
일 자	적 요	수 입	지 출	잔 액
1월 29일	상품 매출	3,000,000		3,000,000
1월 31일	최신 핸드폰 구입		500,000	2,500,000
:				

위의 기록은 '현금'의 수입과 지출만을 기록한 단식부기의 결과이다. 작성이 간편하다는 장점은 있으나 전체적인 재산보유내역이나 손익의 원인을 쉽게 파악할 수 없다는 것이 단점이다.

2) 복식부기

복식부기는 하나의 거래를 두 가지로 나누어 기록하는 것을 말한다. 거래에 관련된 모든 항목을 일정한 원리와 원칙에 따라 조직적으로 빠짐없이 기록하는 것이다. 대부분의 기업에서는 복식부기를 이용하여 장부를 작성하고 있다. 앞의 사례에서 김씨가 복식부기를 이용하여 거래를 기록한다면 기록결과는 다음과 같다.

장부 1

현금출납장				
일 자	적 요	수 입	지 출	잔 액
1월 29일	상품 매출	3,000,000		3,000,000
1월 31일	최신 핸드폰 구입		500,000	2,500,000
:				

장부 2

매출장부				
일 자	적 요		발생금액	누적금액
1월 29일	상품 매출		3,000,000	3,000,000
:				

장부 3

비품장부				
일 자	적 요	구 입	처 분	잔 액
1월 31일	최신 핸드폰 구입	500,000		500,000

상품 매출은 현금출납장과 매출장부에, 핸드폰의 구입은 현금출납장과 비품장부에 각각 두 번 기록한 것이다. 이는 어떤 거래를 기록할 때 그 원인과 결과로 나누어 장부에 기록한다는 의미이다. 이중으로 기록하면 재산 전체의 현황과 손익의 원인을 파악하기가 용이하며 계산상의 오류나 탈루를 쉽게 발견할 수 있다.

기업의 재무정보는 복식부기를 하는 것이 당연하며 바람직하다. 일반적으로 부기라 하면 복식부기를 의미하며, 이하 복식부기의 관점에서 회계실무를 설명하기로 한다.

4 정보이용자

회계정보는 정보이용자의 요구에 따라 기업이 제공하는 것이다. 정보이용자는 투자자, 채권자, 경영자 및 기타 이용자로 나눌 수 있다.

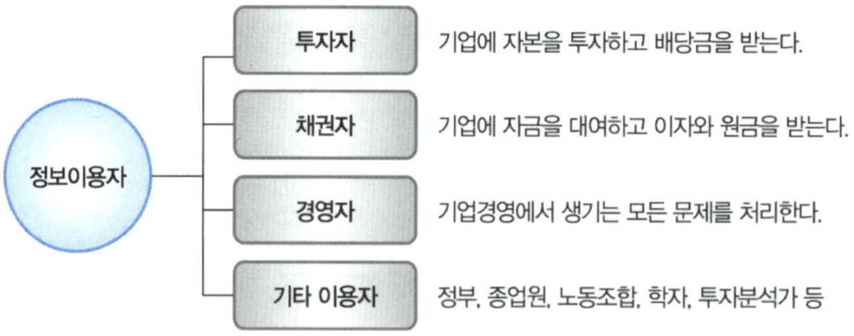

1) 투자자

투자자는 기업에 자본을 투자하고, 이익이 발생하면 기업으로부터 배당금을 받는다. 또한 기업의 소유주이며 경영활동의 위험을 직접 부담한다. 기업이 많은 이익을 내면 기대 이상의 배당금을 받을 수 있고 투자지분의 가치가 상승하지만 반대의 경우 배당금이나 시세차익을 기대할 수 없다. 투자자는 회계정보를 이용하여 향후 투자수익의 변화를 예측하고 투자지분의 매각이나 추가취득 여부를 결정한다.

2) 채권자

채권자는 기업에 자금을 대여하여 대여기간 동안 이자를 받고 기간이 만료하면 원금을 회수한다. 원금과 이자는 기업의 이익에 관계없이 사전약정에 따라 수수하지만 만일의 경우 기업의 자금사정이 악화되면 받지 못할 위험이 있다. 채권자는 회계정보를 이용하여 대여 여부와 대여조건을 결정하여야 하고 이미 대여한 경우 기간의 연장 여부와 연장조건을 결정한다.

3) 경영자

경영자는 기업을 경영하는 과정에서 생기는 모든 문제를 처리한다. 사업계획을 수립하고 자금조달방법을 결정하며 예산과 실적의 차이를 분석하여야 한다. 또한 기업이 생산한 재화나 서비스의 가격을 결정하고 사업의 확장 여부도 검토하여야 한다.

한편, 경영자는 기업의 소유주로부터 자원을 위탁받아 관리해야 할 수탁책임(stewardship)을 지고 있다. 수탁책임의 이행 여부를 투자자에게 보고하여야 한다.

4) 기타 이용자

정부는 기업으로부터 세금을 징수하거나 기업에 관련된 정책을 수립하기 위해서 회계정보를 필요로 한다. 종업원과 노동조합은 회계정보를 근거로 임금협상이나 복리후생 등의 근로조건에 대한 요구를 하게 된다. 또한 학자와 투자분석가 등도 회계정보를 통해 연구나 분석을 위한 자료를 얻는다.

5 재무상태표와 재무상태

재무상태표(balance sheet : B/S)는 특정 기업의 일정시점 재무상태를 나타내는 정태적 보고서이며 "대차대조표"라고도 한다.

대부분의 기업은 매년말 기준으로 재무상태표를 작성하여 신문에 공고한다. 사람들이 기업에 대해 일반적으로 갖는 관심은 '어느 기업이 가장 부자인가?', '그 기업의 전재산과 빚은 각각 얼마인가?' 등이다. 보통 '부자'라는 것은 '돈이 많다' 또는 '재산이 많다'라는 표현과 동일하다. 통상 개인의 재산은 전재산에서 빚을 차감한 순재산을 의미하지만, 기업의 재산이라 함은 전재산을 의미한다. 투자자의 돈으로 구입한 것뿐만 아니라 남에게 빚을 얻어 구입한 것까지 포함한다. 기업의 전재산과 빚의 현황을 '재무상태'라고 한다.

예를 들어 20X1년 1월 1일 서울주식회사가 ₩10,000,000짜리 화물차를 은행(채권자)으로부터 차입한 돈 ₩3,000,000과 주주(투자자)로부터 출자받은 돈 ₩7,000,000을 합하여 구입한 경우 자산은 ₩10,000,000이 된다.

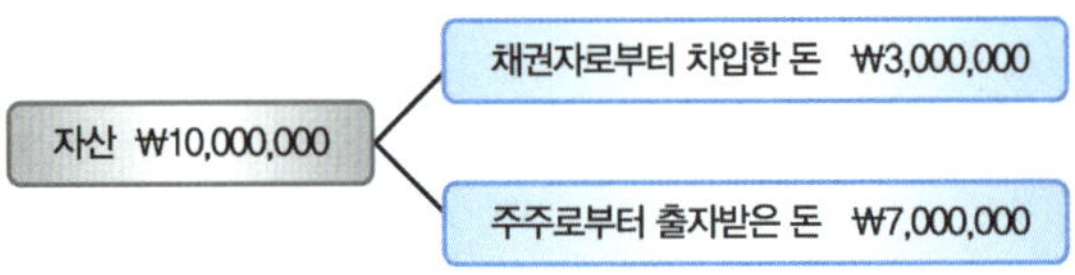

서울주식회사가 자산을 구입하는 데 필요한 돈은 채권자와 주주로부터 제공받은 것이며 이를 다음과 같이 나타낼 수도 있다.

자산	=	채권자의 돈	+	주주의 돈
₩10,000,000	=	₩3,000,000	+	₩7,000,000

채권자의 돈은 기업이 미래에 갚아야 할 빚이므로 '부채'라고 하고, 주주의 돈은 장사나 사업 등의 기본이 되는 돈이라는 뜻에서 '자본'이라고 한다. 위의 등식을 다시 작성하면 다음과 같다.

재무상태표 등식

자산 = 부채 + 자본

상기 회계등식은 재무상태의 기본구조를 설명하고 있다. 기업의 재무상태는 기업이 소유하는 자산과 기업이 부담하는 부채로 구분할 수 있고 자본은 자산에서 부채를 차감한 나머지를 말한다.

앞서 예시한 회계등식을 이용하여 재무상태표를 작성하면 다음과 같다.

재무상태표

서울주식회사 20X1.1.1.

자 산	₩10,000,000	부 채	₩3,000,000
		자 본	7,000,000
계	₩10,000,000	계	₩10,000,000

재무상태표는 회계등식의 좌우로 구분하여 왼쪽에 자산을 표시하고 오른쪽에 부채와 자본을 표시한다. 회계등식을 표의 형식으로 나타낸 것이며 재무상태표의 좌측상단에 회사명을 표시하고 우측상단에 작성기준일을 기입하여야 한다.

예제 01 재무상태표 등식

다음의 각 상황은 상호 독립적이다.

	상황 A	상황 B	상황 C
자 산	₩9,000,000	₩12,000,000	(③)
부 채	(①)	5,000,000	₩8,500,000
자 본	3,000,000	(②)	1,500,000

요구사항 ▼ 빈 칸에 들어갈 정확한 금액을 계산하시오.

해답

상황 A : ① ₩6,000,000(=₩9,000,000−₩3,000,000)

상황 B : ② ₩7,000,000(=₩12,000,000−₩5,000,000)

상황 C : ③ ₩10,000,000(=₩8,500,000+₩1,500,000)

1) 자산

자산(assets)이란 기업이 영업활동을 위하여 보유하고 있는 재화와 채권을 말한다. 영업활동을 수행하기 위해서는 현금, 상품, 비품, 토지, 건물 등의 재화가 필요하고 이러한 재화를 거래하면 대여금, 매출채권, 미수금 등의 채권이 발생하게 된다.

현금은 지폐, 주화 등 가장 기본적인 재화이며 현금을 빌려준 경우 대여금이라는 채권이 발생한다. 상품은 기업이 판매를 목적으로 보유하는 재화이고 상품을 외상으로 판매하는 경우 매출채권이라는 채권이 발생한다. 또한, 비품, 토지, 건물은 기업이 사용할 목적으로 보유하는 재화이며 이를 외상으로 처분하는 경우 미수금이라는 채권이 발생한다. 재화는 처분을 통해 현금이 유입될 것이고, 채권은 약정기일이 되면 현금이 유입될 것이다. 즉 자산은 미래에 현금유입을 가져올 것으로 기대되는 자원이다.

자산 계정과목

- **현금** : 지폐, 주화 등
- **상품** : 영업활동[1]에서 판매를 목적으로 보유하는 물건
- **비품** : 영업활동에 사용할 목적으로 보유하는 물건
- **토지** : 영업활동에 사용할 목적으로 보유하는 땅
- **건물** : 영업활동에 사용할 목적으로 보유하는 건축물
- **대여금** : 타인에게 현금을 빌려주어 발생하는 채권
- **매출채권** : 상품을 외상으로 판매하여 발생하는 채권
- **미수금** : 상품 이외의 재화를 외상으로 처분하여 발생하는 채권

2) 부채

부채(liabilities)란 기업이 미래에 타인에게 갚아야 할 의무를 화폐로 표시한 것을 말한다. 기업이 영업활동을 수행하는 데 필요한 현금이나 재화를 구입하기 위해 발생하는 차입금, 매입채무, 미지급금 등이 부채에 해당한다.

현금을 타인으로부터 빌려오면 차입금이라는 부채가 발생하고 상품을 외상으로 구입하면 매입채무라는 부채가 발생하며 상품 이외의 재화를 외상으로 구입하면 미지급금이라는 부채가 발생한다. 부채는 약정기일이 되면 현금이 지급될 것이다. 즉 부채는 미래에 현금유출이 예상되는 의무이다.

1) 영업활동이란 기업이 이윤을 얻기 위해 수행하는 주된 활동을 지칭한다. 주로 제품의 생산과 판매활동, 상품과 용역의 구매와 판매활동 및 관리활동을 포함한다.

부채 계정과목

- **차입금** : 타인으로부터 현금을 빌려 발생하는 채무
- **매입채무** : 상품을 외상으로 매입하여 발생하는 채무
- **미지급금** : 상품 이외의 재화를 외상으로 구입하여 발생하는 채무

부채는 거래 상대방의 입장에서 자산(채권)이므로 위의 계정과목은 자산계정과목과 다음과 같은 대칭관계가 성립한다.

자산(채권)		부채(채무)
대 여 금	⟷	차 입 금
매출채권	⟷	매입채무
미 수 금	⟷	미지급금

3) 자본

자본(capital)은 자산에서 부채를 차감한 잔여분이며 순자산이라고도 한다. 또한 기업의 자산 중 소유주 또는 주주에게 귀속되는 몫이므로 소유주지분(owners' equity) 또는 주주지분(stockholders' equity)이라고도 한다.

기업이 영업활동을 수행하기 위해서는 주주로부터 자본금을 출자(出資)받아야 하고, 기업의 영업활동 결과로 발생한 순이익은 이익잉여금으로 나타난다. 예를 들어 기업이 주주로부터 현금 ₩100,000을 출자받아 영업활동을 한 결과 현금이 ₩120,000으로 증가한 경우 자본금은 ₩100,000, 이익잉여금은 ₩20,000이다. 자본은 자산에서 부채를 차감한 금액이며, 순이익 이외에 다른 자본의 변동이 없다면 이익잉여금은 자본에서 자본금을 차감한 금액이다.

자본 계정과목

- **자본금** : 주주로부터 출자받은 자산
- **이익잉여금** : 기업의 순이익으로 인하여 증가한 순자산

예제 02 재무상태표

다음은 리더스상사의 20X1년 12월 31일 현재 자산, 부채 및 자본의 내역이다.

현 금	₩10,000	매출채권	₩35,000
상 품	40,000	토 지	60,000
건 물	55,000	매입채무	30,000
차입금	50,000	자본금	100,000

요구사항 ▼ 상기 내역을 토대로 리더스상사의 20X1년 12월 31일 현재 재무상태표를 작성하시오.

해답

재무상태표

리더스상사 20X1.12.31.

차변	금액	대변	금액
현 금	₩10,000	매입채무	₩30,000
매출채권	35,000	차입금	50,000
상 품	40,000	자본금	100,000
토 지	60,000	이익잉여금	20,000*
건 물	55,000		
계	₩200,000	계	₩200,000

*이익잉여금=자산－부채－자본금
=₩200,000－₩80,000－₩100,000
=₩20,000

해설

현금, 매출채권, 상품, 토지, 건물은 자산에 해당하고 매입채무, 차입금은 부채에 해당하며 자본금은 자본에 해당한다. 자산총계는 ₩200,000이고 부채총계는 ₩80,000이므로 자본총계는 ₩120,000임을 알 수 있다. 이익잉여금은 자본총계에서 자본금을 차감한 금액이다.

4) 재무상태표 작성원리

재무상태표는 표를 좌우로 나누어 왼쪽에 자산을 기입하고, 오른쪽에 부채와 자본을 기입하는 방식으로 작성한다. 이러한 작성방식은 거래의 이중성에 기인한다.

① 거래의 이중성

거래의 이중성(또는 이중영향, dual effects)이란 거래가 발생하면 재무제표의 두 가지 구성요소에 영향을 미치는 속성을 의미한다. 재무상태표는 거래의 이중성으로 인한 두 가지 변동을 일목요연하게 표시할 수 있도록 왼쪽과 오른쪽으로 구분하여 나타낸다.

예를 들어 현금 ₩3,000,000을 은행에서 차입하는 경우 '현금'이라는 자산과 '차입금'이라는 부채가 동시에 증가한다. 즉 하나의 거래가 발생하면 '자산증가'와 '부채증가'라는 두 가지 결과로 나타난다.

거래의 발생	현금 ₩3,000,000을 차입하다.
거래의 이중성	자산(현금) 증가 --- 부채(차입금) 증가
재무상태표	현 금 ₩3,000,000 | 차입금 ₩3,000,000

마찬가지로, 자본의 경우에도 거래의 이중성에 따라 두 가지 결과가 나타난다. 예를 들어, 주주로부터 현금 ₩7,000,000을 출자받은 경우 자산(현금)과 자본(자본금)이 동시에 증가하며, 자산을 왼쪽에 표시한다면 자본은 그 반대편에 표시한다.

거래의 발생	현금 ₩7,000,000을 출자받다.
거래의 이중성	자산(현금) 증가 --- 자본(자본금) 증가
재무상태표	현 금 ₩7,000,000 | 자본금 ₩7,000,000

② 자산을 왜 왼쪽에 표시하는가

자산을 왼쪽에 표시하는 것은 재무제표의 작성자와 정보이용자 간의 합의된 관행이다. 정보이용자가 많은 기업들이 보고하는 재무제표를 효과적으로 분석하기 위해서는 재무제표 작성지침이 필요하였고 재무상태표 항목 중 자산을 왼쪽에 표시하기로 합의한 것이다. 재무상태표 구성요소 중 자산을 재무상태표의 왼쪽에 표시하면 나머지 구성요소인 부채 및 자본은 거래의 이중성에 따라 오른쪽에 표시하게 된다.

이는 마치 우리가 학창시절에 교실 복도를 통행할 때 좌측통행을 지키는 것과 동일한 이치이다. 좌측통행은 복도에서의 질서유지와 원활한 소통을 위해 인위적으로 정한 규칙이고 모든 학생은 이를 준수하여야 한다. 이것은 일종의 관행이므로 그 논리적 근거를 논하는 것은 무의미하다고 볼 수 있다. 만일 처음에 자산을 오른쪽에 표시하는 것으로 결정하였다면 재무상태표는 지금의 양식과 정반대일 것이다.

예제 03 재무상태표의 작성원리

다음은 이회주식회사가 작성한 재무상태표이다.

재무상태표

이회주식회사 20X1.12.31.

매 입 채 무	₩1,500,000	상 품	₩800,000
현 금	250,000	차 입 금	1,450,000
이익잉여금	500,000	자 본 금	2,000,000
건 물	2,650,000	토 지	1,200,000
매 출 채 권	1,100,000	미 지 급 금	550,000
계	₩6,000,000		₩6,000,000

요구사항 ▼ 상기 재무상태표에서 잘못 표시된 곳을 바로잡아 올바르게 작성하시오.

해답

재무상태표

이회주식회사 20X1.12.31.

현 금	₩250,000	차 입 금	₩1,450,000
매출채권	1,100,000	매 입 채 무	1,500,000
상 품	800,000	미 지 급 금	550,000
토 지	1,200,000	자 본 금	2,000,000
건 물	2,650,000	이익잉여금	500,000
계	₩6,000,000	계	₩6,000,000

6 손익계산서와 경영성과

손익계산서(statement of income : I/S)는 특정 기업의 일정기간 경영성과를 나타내는 동태적 보고서이다.

대부분의 기업은 1년 단위로 하여 손익계산서를 작성하여 보고한다. 정보이용자는 손익계산서를 통해 '어느 기업이 지난 1년간 돈을 가장 많이 벌었는가?', '그 기업은 한 해 동안 얼마의 이익을 남겼는가?' 등의 궁금증을 해결할 수 있다. '돈을 벌다' 또는 '이익을 남기다'라는 말은 경영성과를 지칭하는 말이다. 기업이 영업활동으로 벌어들인 돈을 '수익'이라고 하고, 버는 데 쓴 돈을 '비용'이라고 하며, 남긴 돈을 '이익'이라고 한다. 통상 개인의 월수입이나 연봉은 이익만을 의미하지만 기업의 경영성과는 이익뿐만 아니라 이익이 산출되는 과정까지 포함하는 개념이다.

예를 들어 서울주식회사가 20X1년 1월 1일부터 동년 12월 31일까지 1년 동안 이삿짐을 운반하여 현금 ₩10,000,000을 벌었으며 이를 벌기 위해 종업원 급여, 화물차 수선유지비 등으로 현금 ₩7,000,000을 지출한 경우 1년 동안의 경영성과는 수익 ₩10,000,000, 비용 ₩7,000,000, 이익 ₩3,000,000이 된다. 개인의 관점에서는 연봉(이익) ₩3,000,000이라고 표현할 수 있지만, 기업의 관점에서는 이익뿐만 아니라 그 구성요소인 수익과 비용을 동시에 보고하여야 한다는 것이다. 기업이 벌어들인 수익과 그 수익을 얻기 위해 소요된 비용을 동시에 표시함으로써 이익의 규모와 효율성을 동시에 전달하는 것이 주된 목적이기 때문이다.

이익이 계산되는 과정을 산식으로 표시하면 다음과 같다.

₩3,000,000	=	₩10,000,000	−	₩7,000,000
(이익)		(수익)		(비용)

이익을 좀 더 명확한 의미인 순이익으로 수정하고 비용을 등식의 왼쪽으로 이항하면 다음과 같은 손익계산서 등식이 완성된다.

손익계산서 등식

비용 + 순이익 = 수익

반면, 비용이 수익을 초과하면 순손실이 발생하는데 이 경우에는 등식을 다음과 같이 표시하여야 한다.

비용 = 수익 + 순손실

상기 등식을 이용하여 앞에서 제시한 예를 손익계산서로 작성하면 다음과 같다.

손익계산서

서울주식회사	20X1.1.1.~20X1.12.31.		
비 용	₩7,000,000	수 익	₩10,000,000
순 이 익	3,000,000		
계	₩10,000,000	계	₩10,000,000

손익계산서도 재무상태표와 마찬가지로 왼쪽과 오른쪽으로 나누어 수익을 오른쪽에, 비용을 왼쪽에 기록하고 순이익은 수익과 비용의 차액으로 왼쪽에 기록한다. 이 서식은 상기 손익계산서 등식을 표의 형태로 나타낸 것이다. 또한 순이익의 계산내역과 함께 손익계산서의 상단에는 회사명과 작성기간을 표시하여야 한다. 손익계산서는 동태적 보고서이므로 수익과 비용의 측정기간이 전제되어야 하고 정보이용자는 그 기간과 경영성과를 비교하여 유용한 정보를 얻을 수 있다.

손익계산서의 구성요소인 수익·비용의 개념과 손익계산서 작성원리를 살펴보기로 한다.

1) 수익

수익(revenue)이란 기업이 영업활동에서 고객에게 재화나 용역을 제공하여 발생한 순자산의 증가를 말한다. 고객에게 상품을 판매하여 발생한 매출액, 용역을 제공하여 발생한 수수료수익 등이 이에 해당하며 수익이 발생하면 대개 현금이나 매출채권의 증가가 수반된다.

수익 계정과목

- **매출액** : 고객에게 상품을 판매하여 발생한 수익
- **수수료수익** : 고객에게 용역을 제공하여 발생한 수익
- **임대료** : 기업이 소유하는 부동산을 빌려주는 대가로 발생한 수익
- **이자수익** : 기업이 소유하는 채권에서 발생한 이자

상품매매기업의 관점에서 수익의 대표적인 항목은 매출액이며 수익의 명칭은 대개 '~수익'이라는 형태로 되어 있음을 알 수 있다. 수익의 세부명칭은 그 의미를 전달할 수 있을 정도면 충분하며 기업의 규모나 영업성격을 고려하여 임의로 설정할 수 있다.

2) 비용

비용(expense)이란 기업이 영업활동에서 수익을 얻기 위하여 소비한 재화나 용역의 원가를 말한다. 고객에게 상품을 판매하는 과정에서 발생하는 매출원가, 임직원에 대한 급여 등이 이에 해당하며, 비용의 발생은 순자산의 감소를 수반한다. 매출원가가 발생하면 상품이 감소하고, 급여가 발생하면 자산(현금)이 감소하거나 부채(미지급급여)가 증가하는 것을 예로 들 수 있다.

비용 계정과목

- **매출원가** : 고객에게 판매한 상품의 원가
- **급여** : 임직원에 대한 급료, 임금 및 상여금 등의 비용
- **수수료비용** : 거래처로부터 용역을 제공받아 발생한 비용
- **임차료** : 타인의 부동산을 빌려쓰는 대가로 발생한 비용
- **이자비용** : 기업이 부담하는 채무에서 발생하는 이자

상품매매기업의 관점에서 비용의 대표적인 항목은 매출원가이며 비용의 명칭은 '~비용', '~비', '~료' 등의 형태로 되어 있음을 알 수 있다. 상기 항목 외에도 보험료, 광고선전비, 복리후생비, 여비교통비, 통신비, 접대비 등의 과목은 비용이라는 것을 쉽게 알 수 있을 것이다.

비용은 수익과 대칭이 되는 개념이라 할 수 있으며 다음과 같은 관계가 성립한다.

비용		수익
매출원가	←······→	매 출 액
수수료비용	←······→	수수료수익
임 차 료	←······→	임 대 료
이자비용	←······→	이자수익

예제 04 손익계산서

다음은 리더스상사의 20X1년 1월 1일부터 동년 12월 31일까지 발생한 수익 및 비용내역이다.

수수료수익	₩50,000	급 여	₩95,000	매 출 액	₩250,000
매 출 원 가	₩180,000	이 자 비 용	₩5,000		

요구사항 상기 내역을 토대로 손익계산서 등식을 나타내고 리더스상사의 20X1년 1월 1일부터 동년 12월 31일까지의 손익계산서를 작성하시오.

해답

1. 손익계산서 등식

비 용	+	순이익	=	수 익
₩280,000	+	₩20,000	=	₩300,000

2. 손익계산서

손익계산서

리더스상사 20X1.1.1.~20X1.12.31.

매출원가	₩180,000	매 출 액	₩250,000
급 여	95,000	수수료수익	50,000
이자비용	5,000		
순 이 익	20,000*		
계	₩300,000	계	₩300,000

*순이익=수익−비용
=₩300,000−₩280,000
=₩20,000

수익의 합계는 ₩300,000이고 비용의 합계는 ₩280,000이므로 순이익은 수익의 합계에서 비용의 합계를 차감한 금액인 ₩20,000이다. 순이익은 수익 또는 비용의 구체적 항목이 아니라 수익에서 비용을 차감한 잔액일 뿐이며, 그 구체적인 형태는 순자산의 증가로 나타난다. 즉 어느 기업의 영업활동 결과 순이익이 발생하면 그 금액만큼 자산이 증가하게 된다. 재무상태표의 관점에서 순이익의 발생은 순자산의 증가(왼쪽)와 이익잉여금의 증가(오른쪽)로 나타난다.

3) 손익계산서 작성원리

손익계산서에서 수익과 비용을 각각 오른쪽과 왼쪽에 기입하는 것은 거래의 이중성에 기인한다.

① 거래의 이중성

수익과 비용의 발생은 순자산의 증가와 감소를 수반하며 이러한 순자산의 변동과 수익·비용을 동시에 기록하기 위해서는 순자산 변동의 반대편에 수익·비용을 표시하여야 한다.

예를 들어 수수료수익 ₩10,000,000을 현금으로 받은 경우 '현금'이라는 자산이 증가함과 동시에 '수수료수익'이라는 수익이 발생한다. 위 거래를 표시하려면 자산은 왼쪽에 기록하기로 하였으므로 수익은 그 반대쪽인 오른쪽에 기록하여야 한다.

거래의 발생	수수료수익 ₩10,000,000을 현금으로 받다.
거래의 이중성	자산(현금) 증가 --- 수익(수수료수익) 발생
재무제표	

재무상태표

현 금	₩10,000,000		⋮

손익계산서

	⋮	수수료수익	₩10,000,000

또한 현금 ₩10,000,000에서 급여 ₩7,000,000을 지급하는 경우 '현금'이라는 자산이 감소함과 동시에 '급여'라는 비용이 발생한다. 자산의 위치는 왼쪽이지만 그 자산이 감소하는 경우 오른쪽에 기입하여야 한다. 이러한 기록방식은 금액의 변동을 손쉽게 계산하고 집계하기 위해 편의상 설정한 관행이며 자산을 왼쪽에 기록하는 것과 마찬가지로 준수하여야 할 규칙이다. 따라서 자산이 감소하면 이를 오른쪽에 기록하고 비용은 그 반대쪽인 왼쪽에 기록해야 하는 것이다.

거래의 발생	급여 ₩7,000,000을 현금으로 지급하다.
거래의 이중성	급여(비용) 발생 --- 현금(자산) 감소
재무제표	(아래 참조)

재무상태표

현 금	₩3,000,000		⋮

손익계산서

급 여	₩7,000,000	수수료수익	₩10,000,000

② 왜 수익·비용은 발생하는가?

수익·비용은 '발생'하는 것이지 '증가'하는 것이 아니다.

수익·비용의 변동을 자산·부채처럼 '증가한다'라고 표현하지 않는 것은 이를 나타내는 구체적인 대상이 존재하지 않기 때문이다. 자산·부채는 재화, 채권, 채무 등 대상이 명확하게 존재하지만, 수익·비용은 자산·부채의 변동원인을 설명하는 개념에 불과하기 때문이다.

예를 들어, 수수료수익을 현금으로 수취한 경우 수익(수수료수익)은 증가한 자산(현금)을 통해 확인되지만 이는 자산이 증가한 것이며 수익 그 자체를 확인할 수 없다. 현금은 여러 가지 원인으로 인하여 증가할 수 있으며, 수수료수익은 그 원인 중의 하나를 설명하는 것이다. 또한, 급여를 현금으로 지급한 경우에도 비용(급여)은 감소한 자산(현금)을 통해 확인될 뿐이다.

자산의 증가

예제 05

손익계산서의 작성원리

다음은 이화주식회사가 작성한 손익계산서이다.

손익계산서

이화주식회사 20X1.1.1.~20X1.12.31.

상품매출이익	(각자 계산)	이 자 수 익	₩800,000
임 대 료	₩900,000	급 여	2,600,000
보 험 료	400,000	세금과공과	150,000
여비교통비	750,000	광고선전비	240,000
이 자 비 용	120,000	순 이 익	440,000

요구사항 ▼ 상기 손익계산서에서 잘못된 곳을 바로잡아 올바르게 작성하시오.

해답

손익계산서

이화주식회사 20X1.1.1.~20X1.12.31.

급 여	₩2,600,000	상품매출이익	₩3,000,000
보 험 료	400,000	임 대 료	900,000
여비교통비	750,000	이 자 수 익	800,000
세금과공과	150,000		
광고선전비	240,000		
이 자 비 용	120,000		
순 이 익	440,000		
계	₩4,700,000	계	₩4,700,000

상품매출이익은 매출액(수익)에서 매출원가(비용)를 차감한 금액으로서 수익으로 분류하여야 한다. 수익은 비용과 순이익의 합이므로 이를 먼저 계산한 뒤 상품매출이익 이외의 수익을 차감하면 상품매출이익을 산출할 수 있다.

7 재무상태표와 손익계산서의 관계

기업의 순이익을 계산하는 방법으로는 재산법[2]과 손익법[3]이 있다.

재산법은 기업의 기말자본과 기초자본을 비교하여 순이익을 계산하는 방법이다. 순이익은 기말자본에서 기초자본을 차감하여 계산하며, 순이익이 발생하면 자본이 증가한다는 점을 이용한 것이다. 반대로 기말자본이 기초자본에 비하여 감소하였으면 순손실로 계산한다.

순이익(순손실) = 기말자본 − 기초자본

손익법은 일정기간 발생한 수익에서 비용을 차감하여 순이익을 계산하는 방법을 말한다. 수익에서 비용을 차감한 금액이 정(+)의 금액이면 순이익으로 하고 부(−)의 금액이면 순손실로 한다.

순이익(순손실) = 수익 − 비용

동일한 대상에 대하여 위의 두 가지 방법으로 계산한 순이익은 반드시 일치한다. 예를 들어, 기초시점의 재무상태는 자산 ₩100,000, 부채 ₩0이고 기말시점의 재무상태는 자산 ₩200,000, 부채 ₩80,000이며 경영성과는 수익 ₩300,000, 비용 ₩280,000이라면 순이익은 다음과 같다.

재산법

순이익 = 기말자본−기초자본
　　　= (기말자산−기말부채) − (기초자산 − 기초부채)
　　　= (₩200,000−₩80,000) − (₩100,000 − ₩0)
　　　= ₩20,000

손익법

순이익 = 수익−비용
　　　= ₩300,000 − ₩280,000
　　　= ₩20,000

위의 두 가지 방법으로 계산한 순이익은 일치하며 이를 도시하면 다음과 같다.

---

2) 자본유지접근법(capital maintenance approach)이라고도 한다.
3) 거래접근법(transaction approach)이라고도 한다.

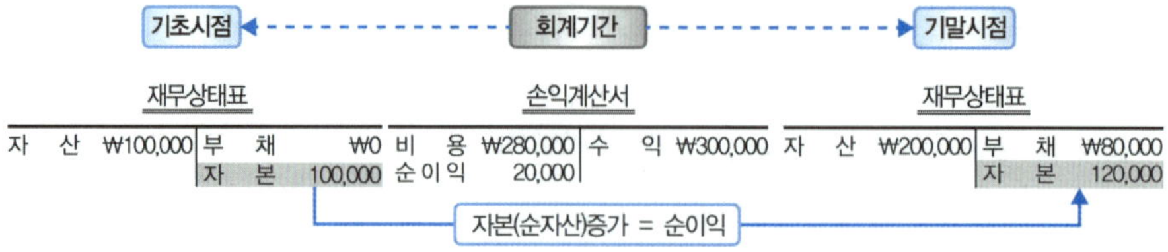

위의 그림을 보면 순이익은 수익·비용을 비교하여 계산할 수 있지만 기초자본·기말자본을 비교하여 계산할 수도 있다는 것을 알 수 있다. 이를 통해 재무상태표와 손익계산서의 관계를 이해할 수 있다. 재무상태표상 자본의 변화와 손익계산서상 순이익은 상호 원인과 결과가 되어 정확하게 일치한다.

예제 06 재무상태표와 손익계산서의 관계(1)

다음의 상황은 상호 독립적이다.

	상황 1	상황 2	상황 3
기초자본	₩450,000	③	₩360,000
기말자본	①	₩750,000	310,000
수 익	350,000	430,000	⑤
비 용	270,000	④	190,000
순 이 익	②	100,000	⑥

요구사항 ▼ 자본변동의 유일한 원인이 순이익이라 가정할 경우 빈 칸에 들어갈 정확한 금액을 계산하시오.

해답

[상황 1] 순 이 익(②)=₩350,000−₩270,000=₩80,000
기말자본(①)=₩450,000+₩80,000=₩530,000

[상황 2] 기초자본(③)=₩750,000−₩100,000=₩650,000
비 용(④)=₩430,000−₩100,000=₩330,000

[상황 3] 순 손 실(⑥)=₩310,000−₩360,000=₩(50,000)
수 익(⑤)=₩190,000−₩50,000=₩140,000

한편, 자본의 변동은 순이익뿐만 아니라 자본거래의 결과로도 나타날 수 있다. 자본거래는 기업과 주주(소유주)와의 거래를 말하며 그 예로는 주주에 의한 출자(금전출자, 현물출자), 주주에 대한 현금배당을 들 수 있다. 주주에 의한 출자는 영업활동을 시작하기 전의 자본투입절차이며, 주주에 대한 배당은 영업활동 종료 후 결정된 순이익을 분배하는 절차이므로 경영성과에 포함시킬 수 없다. 결국 재산법에 의한 순이익은 자본증가금액 중 자본거래에 의한 변동금액을 제외한 금액으로 계산되며 그 산식은 다음과 같다.

순이익	=	자본 증가	−	자본거래에 의한 순자산 증가
	=	자본 증가	−	(출자 − 현금배당)

예제 07 재무상태표와 손익계산서의 관계(2)

다음은 무악상사의 기초 및 기말 순자산내역과 회계기간 중 발생한 거래내역이다.

기초자산	₩160,000	기초부채	₩60,000
기말자산	260,000	기말부채	80,000
수익	300,000	비용	255,000
금전출자	50,000	현금배당	15,000

요구사항 ▼ 상기 자료에 의하여 무악상사의 순이익을 손익법과 재산법에 의하여 각각 계산하시오.

해답

1. 손익법

   순이익=수익−비용

   =₩300,000−₩255,000

   =₩45,000

2. 재산법

   순이익=기말자본−기초자본−(금전출자−현금배당)

   =(₩260,000−₩80,000)−(₩160,000−₩60,000)−(₩50,000−₩15,000)

   =₩45,000

01 다음 중 회계에 대한 설명으로 옳지 않은 것은?

① 회계는 회계담당자에게만 필요하다.
② 회계정보는 신뢰성을 갖추고 있어야 한다.
③ 회계는 각각의 이해관계자들에게 기업의 정보를 제공한다.
④ 회계는 기업의 경영활동을 이해하는데 도움이 된다.

02 다음의 (A)와 (B)에 들어갈 용어를 바르게 짝지은 것은?

> 일정한 시점의 (A)을(를) 나타낸 표를 재무상태표라 하고, 일정기간의 (B)을(를) 나타낸 표를 손익계산서라 한다.

① (A) 재무상태 (B) 경영성과
② (A) 경영성과 (B) 재무상태
③ (A) 현금흐름 (B) 경영성과
④ (A) 재무상태 (B) 재무상태변동

03 다음 중 재무상태표, 손익계산서와 관련된 설명으로 가장 적절하지 않은 것은?

① 재무상태표는 일정시점에서 기업의 자금조달원천인 부채와 자본규모를 알 수 있다.
② 재무상태표에서 이익잉여금이 매년 누적될수록 주주의 몫인 자본은 커진다.
③ 손익계산서에서 현금으로 지급되지 않은 사항은 보고하지 않는다.
④ 수익을 창출하기 위해 희생된 대가를 비용이라 한다.

04 다음 중 일정시점 현재 기업이 보유하고 있는 경제적 자원인 자산과 경제적 의무인 부채, 그리고 자본에 대한 정보를 제공하는 재무보고서는 무엇인가?

① 손익계산서 ② 자본변동표 ③ 재무상태표 ④ 현금흐름표

05 회계상 자산, 부채 및 자본에 관한 설명으로 틀린 것은?

① 자산총액과 부채총액을 합한 금액이 자본이다.
② 자산, 부채 및 자본은 재무상태표의 구성요소이다.
③ 자산은 기업이 소유하고 있는 각종 재화와 채권 등을 말한다.
④ 부채는 장래 일정금액을 타인에게 지급해야 하는 의무이다.

06 일반적으로 상거래와 관련해서 발생하는 채권에 대해서는 매출채권계정을 사용하여야 하나 그 이외의 거래에서 발생하는 채권에 대하여는 (　　)계정을 사용한다. 괄호 안에 들어갈 적당한 단어는?

① 가수금　② 미수금　③ 미수수익　④ 가지급금

07 다음 중 잔액이 차변에 발생하지 않는 계정은?

① 단기차입금　② 선급비용　③ 선급금　④ 미수금

08 다음 중 복식부기의 특징이라고 할 수 없는 설명은?

① 대차평균의 원리에 의한다.
② 주로 비영리단체에서 사용하는 장부기입방식이다.
③ 자기검증기능을 갖고 있다.
④ 거래의 이중영향을 모두 기입한다.

09 다음의 글에서 밑줄 친 (가)의 의미는?

> 재무상태표에 자산과 부채의 항목배열은 <u>(가) 현금화가 빠른 것부터 먼저 기재하고 느린 것을 차례로 뒤에 기재한다</u>. 즉, 자산은 유동자산, 비유동자산의 순서로 배열한다.

① 총액표시　② 잉여금구분　③ 유동성배열　④ 구분표시

10 회계기간에 관한 설명 중 틀린 것은?

① 회계기간은 원칙적으로 1년을 초과할 수 없다.
② 인위적으로 구분한 기간으로 회계연도라고도 한다.
③ 한 회계기간은 전기부터 차기까지를 의미한다.
④ 경영성과와 재무상태를 파악하기 위한 시간적 개념이다.

11 서초상사의 자산과 부채가 다음과 같을 때 자본은 얼마인가?

상　품	₩1,000,000	대 여 금	₩100,000
매입채무	120,000	비　품	200,000
미지급금	50,000		

① ₩990,000　② ₩1,020,000　③ ₩1,070,000　④ ₩1,130,000

12 현금 ₩500,000을 출자하여 영업을 시작한 이촌상사의 기말자본은 ₩600,000이다. 회계기간 동안 발생한 수익이 ₩750,000이라면 동일 회계기간 동안 발생한 비용은?

① ₩550,000　② ₩600,000　③ ₩650,000　④ ₩700,000

13 당기 회계연도말 장부를 조사하여 다음과 같은 자료를 얻었다.

기말자산총계	₩1,500,000	기말부채총계	₩800,000
당기수익합계	3,000,000	당기비용합계	2,800,000

당기 기초자산총계가 ₩700,000이었다면 기초부채총계는 얼마인가?

① ₩100,000　② ₩200,000　③ ₩300,000　④ ₩400,000

14 ㈜중앙의 당기 재무자료는 다음과 같다.

자산 : 기초잔액	( )	기말잔액	₩1,500,000
부채 : 기초잔액	₩700,000	기말잔액	950,000
수익 : 당기발생액	2,000,000		
비용 : 당기발생액	1,850,000		

기중에 배당금지급 및 자본금의 변동은 없었다. 자산의 기초잔액을 계산하면 얼마인가?

① ₩2,100,000　② ₩1,200,000　③ ₩1,100,000　④ ₩1,500,000

15 다음의 빈칸에 들어갈 적당한 단어를 바르게 짝지은 것은?

순이익=(A)−비용=기말순자산−기초순자산−(B)+현금배당

① (A) 현금배당　(B) 기말부채　② (A) 수익　(B) 금전출자
③ (A) 기말순자산　(B) 비용　④ (A) 금전출자　(B) 기초부채

16 송도상사의 당기 재무자료가 다음과 같다면 기말부채총계는 얼마인가?

기초자산총계	₩2,000,000	기말자산총계	₩3,200,000
금전출자	450,000	수익합계	3,500,000
비용합계	2,950,000	기초부채총계	800,000
현금배당	200,000		

① ₩2,100,000　② ₩1,800,000　③ ₩1,500,000　④ ₩1,200,000

해답 회계의 기초지식

01. ①	02. ①	03. ③	04. ③	05. ①	06. ②	07. ①	08. ②	09. ③	10. ③
11. ④	12. ③	13. ②	14. ③	15. ②	16. ④				

해설

01. 회계는 어떤 분야에서 일하는 사람이든 구분 없이 회계업무는 조직을 효율적으로 유지하는데 필요하다.

02. 일정시점 재무상태→재무상태표, 일정기간 경영성과→손익계산서

03. 현금이 지급되지 않은 비용(미지급비용)도 비용에 포함된다.

04. 재무상태표는 일정시점 현재 기업이 보유하고 있는 경제적 자원인 자산과 경제적 의무인 부채, 그리고 자본에 대한 정보를 제공하는 재무보고서로서, 정보이용자들이 기업의 유동성, 재무적 탄력성, 수익성과 위험 등을 평가하는 데 유용한 정보를 제공한다.

05. 자본은 자산총계에서 부채총계를 차감한 금액이다.

06. 미수금에 대한 설명이다.

07. 단기차입금은 부채이므로 잔액이 대변에 나타난다.

08. 복식부기는 영리기업에서 주로 이용하는 장부기입방식이다.

09. 유동성이란 영업활동을 통해 자산이 현금화되는 속도를 말하며 유동성이 높은 자산에서 낮은 자산의 순서로 배열하는 것을 유동성배열법이라 한다.

10. 회계기간은 당기 기초시점부터 기말시점까지를 말한다. 이전 회계기간을 전기라 하고 다음 회계기간을 차기라 한다.

11. 자산=상품+대여금+비품=₩1,000,000+₩100,000+₩200,000
=₩1,300,000
부채=매입채무+미지급금=₩120,000+₩50,000
=₩170,000

자본＝자산－부채＝₩1,300,000－₩170,000
　　＝₩1,130,000

12. 비용을 X라 하면,
기초자본＋수익－X＝기말자본
₩500,000＋₩750,000－X＝₩600,000
X＝₩650,000

13. 기초부채총계를 X라 하면
기초자산총계－X＋당기수익합계－당기비용합계＝기말자산총계－기말부채총계
₩700,000－X＋₩3,000,000－₩2,800,000＝₩1,500,000－₩800,000
X＝₩200,000

14. 자산의 기초잔액을 X라 하면
X－기초부채총계＋수익발생액－비용발생액＝기말자산총계－기말부채총계
X－₩700,000＋₩2,000,000－₩1,850,000＝₩1,500,000－₩950,000
X＝₩1,100,000

15. 순이익＝수익－비용＝기말순자산－기초순자산－금전출자＋현금배당

16. 기말부채총계를 X라 하면
수익합계－비용합계
＝(기말자산총계－X)－(기초자산총계－기초부채총계)－금전출자＋현금배당
₩3,500,000－₩2,950,000
＝(₩3,200,000－X)－(₩2,000,000－₩800,000)－₩450,000＋₩200,000
X＝₩1,200,000

2025

알기쉬운 회계실무

PART

02 부기의 원리

1. 거래
2. 계정
3. 분개와 전표
4. 전기와 원장
5. 시산표
6. 계정마감
7. 재무제표 작성
8. 정산표

- 객관식 문제
- 재무제표 스스로 작성하기

“ 부기상의 거래(transactions)란
기업의 자산 · 부채 · 자본의 증가 또는 감소를 일으키는
모든 사건(events)을 말한다. ”

1 거래

(1) 거래란 무엇인가?

부기상의 거래(transactions)란 기업의 자산·부채·자본의 증가 또는 감소를 일으키는 모든 사건(events)을 말한다. 부기상의 거래는 부기의 출발점이다. 거래가 발생하면 이를 식별하여 장부에 기록하는 것이므로 부기상의 거래를 식별하는 과정이 부기의 시작인 셈이다.

부기상의 거래를 예로 들면, 상품을 구입하는 거래, 현금을 차입하는 거래, 급여를 지급하는 거래 등이다.

① 상품을 구입하는 거래

상품을 구입하고 현금을 지급하면 '상품'이라는 자산이 증가하고 '현금'이라는 자산이 감소하게 된다. 즉 자산의 증가와 자산의 감소를 가져오는 부기상의 거래이다.

② 현금을 차입하는 거래

은행에서 현금을 차입하면 '현금'이라는 자산이 증가하고 '차입금'이라는 부채가 증가하게 된다. 자산의 증가와 부채의 증가를 가져오는 부기상의 거래이다.

③ 급여를 지급하는 거래

급여를 지급하면 '급여'라는 비용이 발생하고 '현금'이라는 자산이 감소하는데, 그중 비용은 순이익의 차감요인이므로 결국 자본이 감소하게 된다. 자본감소와 자산감소를 가져오는 부기상의 거래이다.

부기상의 거래와 일반적인 의미의 거래는 대부분 일치하지만 반드시 일치하는 것은 아니다. 일반적인 거래가 부기상의 거래에 해당하지 않는 경우가 있고, 일반적인 거래는 아니지만 부기상의 거래에 해당하는 경우도 있다. 예를 들어 계약·담보제공·채용 등은 일반적인 거래에 해당하지만 부기상의 거래가 아니고, 재해·도난·가치하락 등은 일반적인 거래가 아니지만 부기상의 거래에 해당한다.

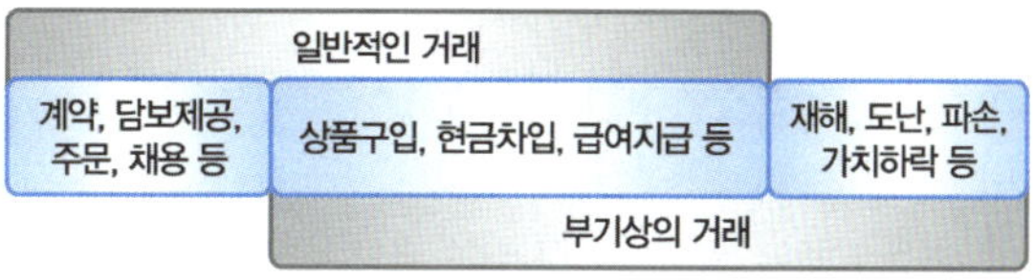

부기상의 거래에 대한 식별기준은 자산·부채·자본의 변동 여부이다.

계약, 담보제공, 주문, 채용 등의 미이행계약은 계약시점에 자산·부채·자본의 변동을 즉시 수반하지 않는다. 미이행계약은 실제 계약내용이 이행되는 시점에 부기상의 거래로 인식한다. 예를 들어, 상품주문(구매계약)의 경우에는 실제 상품이 인도되는 시점에 자산(상품)이 증가하는 부기상의 거래로 보는 것이다. 담보제공, 채용(고용계약) 등의 경우에도 담보권리 실행시점, 근로용역 제공시점에 부기상의 거래가 나타난다.

재해, 도난, 가치하락, 파손 등은 발생시점에 자산이 감소하거나 부채가 증가하므로 부기상의 거래로 본다. 재해 등은 거래 상대방이 없거나 일방적인 사건이므로 거래라는 표현이 적절하지 않지만 이로 인하여 자산이 감소하였다면 그 감소 사실을 당해 자산 장부에 기록하여야 한다는 것이다. 자산의 가치하락도 자산이 감소하였으므로 부기상의 거래에 해당한다.

예제 01 거래(1)

다음의 내용이 부기상의 거래에 해당하는지 여부를 설명하시오.

(1) 토지를 ₩200,000에 구입하기로 계약을 체결하다.
(2) 토지의 소유권을 이전받고 구입대금 ₩200,000을 현금으로 지급하다.
(3) 상품 ₩100,000을 구입하기로 결정하고 거래처에 주문하다.
(4) 주문했던 상품이 도착하여 대금 ₩100,000을 1개월 후 지급하기로 약속하다.
(5) 거래처에 대하여 자사가 보유 중인 토지 ₩200,000을 담보로 제공하다.
(6) 종업원을 월급 ₩80,000의 조건으로 채용하다.
(7) 종업원의 용역제공에 대한 대가로 현금 ₩80,000을 지급하다.
(8) 화재로 인하여 상품 ₩50,000이 소실되다.
(9) 현금 ₩20,000을 분실하다.

해답

(1) 계약은 부기상의 거래에 해당하지 아니한다.
(2) 자산(토지)이 증가하고 자산(현금)이 감소하는 부기상의 거래에 해당한다.
(3) 주문(구매계약)은 부기상의 거래에 해당하지 아니한다.
(4) 자산(상품)이 증가하고 부채(매입채무)가 증가하는 부기상의 거래에 해당한다.
(5) 담보제공은 부기상의 거래에 해당하지 아니한다.
(6) 채용(고용계약)은 부기상의 거래에 해당하지 아니한다.
(7) 비용(급여)이 발생하고 자산(현금)이 감소하는 부기상의 거래에 해당한다.
(8) 비용(재해손실)이 발생하고 자산(상품)이 감소하는 부기상의 거래에 해당한다.
(9) 비용(잡손실)이 발생하고 자산(현금)이 감소하는 부기상의 거래에 해당한다.

상기 예제에서 (1) 토지구입계약, (3) 상품주문, (5) 토지담보제공, (6) 종업원 채용은 부기상의 거래에 해당하지 아니하고, 그 외의 나머지 거래는 부기상의 거래에 해당한다. 특히 (8) 상품소실, (9) 현금분실은 일반적인 거래가 아니지만 부기상의 거래에 해당한다는 점에 주의하여야 한다.

(2) 거래요소의 결합관계

부기상의 거래는 자산의 증가·감소, 부채의 증가·감소, 자본의 증가·감소, 수익의 발생·비용의 발생의 8가지 요소로 구성된다. 이를 '거래의 8요소'라 한다.

자산·비용의 잔액은 재무제표상 차변에, 부채·자본·수익은 대변에 표시하고 그 잔액이 증가하는 경우에는 당해 잔액의 편에 기입하며 감소하는 경우에는 반대편에 기입한다. 또한 제1장에서 설명한 바와 같이 재무상태표 구성요소(자산·부채·자본)의 변동은 증가 또는 감소라 하고, 손익계산서 구성요소(수익·비용)의 변동은 발생이라 한다. 다만, 수익·비용이 감소(소멸)하는 거래는 없으므로 재무제표 구성요소 5가지에 대하여 8가지의 거래요소가 도출된다는 것이다.

| 거래의 8요소 |

차변	대변
자산의 증가	자산의 감소
부채의 감소	부채의 증가
자본의 감소	자본의 증가
비용의 발생	수익의 발생

상기 거래요소는 상호결합되어 부기상의 거래를 구성한다. 왼쪽(차변)의 거래요소 4가지와 오른쪽(대변)의 거래요소 4가지를 이용하여 여러 조합을 만들 수 있으며 그 조합을 '거래요소의 결합관계'라 한다.

거래요소의 결합관계는 거래원인과 결과를 설명하는 내용이다. 예를 들어, 자산이 증가하는 것은 자산의 감소, 부채의 증가, 자본의 증가 또는 수익의 발생 중의 하나와 관련되어 있다는 뜻이다. 이를 구체적으로 예시하면 다음과 같다.

거래요소 결합관계	예 시
자산증가-자산감소	매출채권을 현금으로 회수하다. →현금(자산)이 증가하고 매출채권(자산)이 감소하는 거래
자산증가-부채증가	은행에서 현금을 차입하다. →현금(자산)이 증가하고 차입금(부채)이 증가하는 거래
자산증가-자본증가	현금을 출자(出資)하다. →현금(자산)이 증가하고 자본금(자본)이 증가하는 거래
자산증가-수익발생	수수료수익을 현금으로 수취하다. →현금(자산)이 증가하고 수수료수익(수익)이 발생하는 거래

자산이 증가하는 원인은 위의 4가지뿐이며 그 외의 요인으로 자산이 증가하는 경우는 없다. 차변의 나머지 거래요소인 부채감소, 자본감소, 비용발생의 경우도 위와 동일한 논리로 예시할 수 있다.

예제 02 거래(2)

다음의 거래에 대하여 거래요소의 결합관계를 나타내시오.

(1) 현금 ₩100,000을 출자하여 영업을 개시하다.
(2) 영업활동에 사용할 토지를 구입하고 대금 ₩60,000은 현금으로 지급하다.
(3) 은행에서 현금 ₩50,000을 차입하다.
(4) 상품을 구입하고 구입대금 ₩30,000은 1개월 후 지급하기로 하다.
(5) 지급기일이 도래한 매입채무에 대하여 현금 ₩30,000을 지급하여 상환하다.
(6) 용역을 제공하고 수수료수익 ₩15,000을 현금으로 받다.
(7) 종업원에 대한 급여 ₩20,000을 현금으로 지급하다.

해답

(1) 자산(현금 ₩100,000)의 증가 – 자본(자본금 ₩100,000)의 증가
(2) 자산(토지 ₩60,000)의 증가 – 자산(현금 ₩60,000)의 감소
(3) 자산(현금 ₩50,000)의 증가 – 부채(차입금 ₩50,000)의 증가
(4) 자산(상품 ₩30,000)의 증가 – 부채(매입채무 ₩30,000)의 증가
(5) 부채(매입채무 ₩30,000)의 감소 – 자산(현금 ₩30,000)의 감소
(6) 자산(현금 ₩15,000)의 증가 – 수익(수수료수익 ₩15,000)의 발생
(7) 비용(급여 ₩20,000)의 발생 – 자산(현금 ₩20,000)의 감소

한편, 어떤 거래는 둘 이상의 거래요소가 결합되어 나타날 수도 있다. 예를 들어, 대여금 ₩100,000과 대여금에 대한 이자수익 ₩6,000을 현금으로 수취하는 거래는 자산(현금)의 증가와 함께 자산(대여금)의 감소 및 수익(이자수익)의 발생이 동시에 나타난다.

예제 03 거래(3)

다음의 거래에 대하여 거래요소의 결합관계를 나타내시오.

(1) 상품을 구입하고 대금 ₩60,000 중 절반은 현금으로 지급하고 나머지는 외상으로 하다.

(2) 차입금 ₩150,000과 그 이자비용 ₩9,000을 현금으로 지급하다.

해답

차변	대변
(1) 자산(상품 ₩60,000)의 증가	자산(현금 ₩30,000)의 감소 부채(매입채무 ₩30,000)의 증가
(2) 부채(차입금 ₩150,000)의 감소 비용(이자비용 ₩9,000)의 발생	자산(현금 ₩159,000)의 감소

두 가지 이상의 거래요소가 결합된 경우라 하더라도 단일거래가 복수로 발생한 것으로 하여 [예제 02]의 경우와 동일하게 분석할 수 있다. 여기서 거래요소 결합관계가 복잡하게 분석되는 경우에도 차변금액의 합과 대변금액의 합은 항상 일치한다는 것을 알 수 있다. 동일한 금액을 차변과 대변에 동시기입하는 복식부기의 당연한 결과이다.

2 계정

계정(accounts : a/c)이란 부기상의 거래를 기록하고 계산하는 단위를 말한다. 즉 거래가 발생하면 재무제표의 구성요소가 변동하므로 그 변동을 기록하는 대상이 필요한데 그 대상을 계정이라 한다. 또한 현금, 상품, 차입금 등과 같이 계정에 구체적인 명칭이 부여된 것을 계정과목(또는 과목)이라고 한다.

(1) 계정의 분류

계정은 재무상태표계정과 손익계산서계정으로 구분한다.

재무상태표계정	자산 : 현금, 매출채권, 상품, 토지, 건물 등 부채 : 매입채무, 차입금 등 자본 : 자본금, 이익잉여금 등
손익계산서계정	수익 : 매출액, 수수료수익, 임대료 등 비용 : 매출원가, 급여, 임차료 등

재무상태표계정은 자산·부채·자본으로 구분하고 현금, 매입채무, 자본금 등이 이에 해당한다. 재무상태표계정을 실재계정(real accounts)이라고도 한다. 상품, 토지 등은 형태가 있어 존재사실을 실물로 확인할 수 있고 매출채권, 매입채무 등은 거래 상대방에 조회·확인할 수 있으므로 그 계정은 '실제로 존재'한다는 것이다.

손익계산서계정은 수익과 비용으로 구분하고 매출액, 매출원가, 수수료수익, 임차료 등이 이에 해당한다. 손익계산서계정을 명목계정(nominal accounts)이라고도 한다. 수익·비용은 실제로 존재하는 계정이 아니라 가상으로 설정한 것이다. 수익·비용은 순자산의 증가 또는 감소의 원인을 지칭하는 것으로 구체적인 형태는 자산·부채를 통해 확인될 뿐이다. 순자산의 증가 또는 감소결과는 확인할 수 있으나, 그 변동원인을 기록해 두지 않으면 기억하기 어려우므로 손익계산서계정을 임시 설정한 것이다.

(2) 계정기입방법

계정기입방법은 장부기입방법이다. 계정은 원장을 의미하므로 계정기입은 각 계정과목에 해당하는 계정원장에 거래 사실을 기록하는 절차이다.

계정의 양식은 우리가 흔히 볼 수 있는 금전출납부와 유사하다. 거래의 양이 많지 않으면 한 권의 장부에 여러 계정과목을 기록할 수도 있지만 거래가 빈번한 대부분의 기업은 한 권의 장부에 한 계정과목만 기록한다. 다음의 두 가지 거래를 통해 계정기입방법을 예시하기로 한다.

거래

1월 5일 현금 ₩100,000을 출자하여 영업을 개시하다.
1월 8일 영업활동에 사용할 토지를 구입하고 대금 ₩60,000은 현금으로 지급하다.

거래요소의 결합관계

1월 5일 자산(현금 ₩100,000)의 증가―자본(자본금 ₩100,000)의 증가
1월 8일 자산(토지 ₩60,000)의 증가―자산(현금 ₩60,000)의 감소

계정기입

현 금

일 자	적 요	차 변	대 변	잔 액
1월 5일	현금을 출자하여 영업을 개시하다.	100,000		100,000
1월 8일	토지를 구입하고 현금을 지급하다.		60,000	40,000

토 지

일 자	적 요	차 변	대 변	잔 액
1월 8일	토지를 구입하고 현금을 지급하다.	60,000		60,000

자 본 금

일 자	적 요	차 변	대 변	잔 액
1월 5일	현금을 출자하여 영업을 개시하다.		100,000	100,000

계정기입은 1월 5일자 거래에서 현금이 ₩100,000만큼 증가하고 1월 8일자 거래에서 ₩60,000이 감소되었다는 것을 현금계정에 기록하고, 이와 함께 1월 5일자 자본금 ₩100,000의 증가와 1월 8일자 토지 ₩60,000의 증가를 각 계정에 기록하는 절차이다. 실무에서의 계정기입은 상기 형태가 일반적이지만 교과서에서는 그 구조를 단순화시킨 'T계정'을 주로 사용한다. T계정은 그 형태가 알파벳 'T'모양인 것에서 그 명칭이 유래한 것이며, 위의 현금·자본금·토지계정을 T계정으로 작성하면 다음과 같다.

T계정

(차변) 현 금 (대변)

1/5	100,000	1/8	60,000

자 본 금

		1/5	100,000

토 지

1/8	60,000		

T 모양의 상단에 계정과목을 기입하고 그 계정과목의 변동을 차변과 대변에 나누어 기록하며 잔액은 차변금액과 대변금액의 차액으로 계산할 수 있다.

현금계정을 보면 1월 5일 ₩100,000이 증가하였고, 1월 8일 ₩60,000이 감소하였으며, 이후 잔액은 ₩40,000이라는 사실을 알 수 있다.

예제 04 계정

다음 거래의 거래요소의 결합관계를 분석하고 각 계정에 기입하시오.

4월 1일 현금 ₩500,000을 출자하여 영업을 개시하다.
5월 7일 상품 ₩150,000을 현금으로 매입하다.
6월 9일 은행에서 현금 ₩300,000을 차입하다.
7월 14일 원가 ₩140,000인 상품을 ₩250,000에 외상으로 판매하다.
8월 24일 비품 ₩200,000을 구입하고 현금을 지급하다.
9월 12일 상품 ₩90,000을 외상으로 매입하다.
10월 7일 종업원에 대한 급여 ₩50,000을 현금으로 지급하다.
11월 30일 사무실 임차료 ₩20,000을 현금으로 지급하다.
12월 10일 매출채권 ₩100,000을 현금으로 회수하다.

해답

1. 거래요소의 결합관계

일 자	차 변		대 변	
4월 1일	현금(자산) 증가	500,000	자본금(자본) 증가	500,000
5월 7일	상품(자산) 증가	150,000	현금(자산) 감소	150,000

6월 9일	현금(자산) 증가	300,000	차입금(부채) 증가	300,000
7월 14일	매출채권(자산) 증가	250,000	상품(자산) 감소	140,000
			상품매출이익(수익) 발생	110,000
8월 24일	비품(자산) 증가	200,000	현금(자산) 감소	200,000
9월 12일	상품(자산) 증가	90,000	매입채무(부채) 증가	90,000
10월 7일	급여(비용) 발생	50,000	현금(자산) 감소	50,000
11월 30일	임차료(비용) 발생	20,000	현금(자산) 감소	20,000
12월 10일	현금(자산) 증가	100,000	매출채권(자산) 감소	100,000

2. 계정기입

현 금

4/ 1	500,000	5/ 7	150,000
6/ 9	300,000	8/24	200,000
12/10	100,000	10/ 7	50,000
		11/30	20,000

자 본 금

		4/ 1	500,000

상 품

5/ 7	150,000	7/14	140,000
9/12	90,000		

차 입 금

		6/ 9	300,000

매출채권

7/14	250,000	12/10	100,000

상품매출이익

		7/14	110,000

비 품

8/24	200,000		

매입채무

		9/12	90,000

급 여

10/ 7	50,000		

임 차 료

11/30	20,000		

3 분개와 전표

분개(journal entry)란 부기상의 거래를 발생순서대로 차변(왼쪽)과 대변(오른쪽)으로 나누어 기록하는 것을 말하며, 전표(slip)는 분개를 기록하는 장부이다.

(1) 분개

거래가 발생하면 거래내역을 일자, 계정과목 및 금액으로 구분하여 차변과 대변에 각각 기록한다.

	차 변		대 변	
일자	(차) 계정과목	×××	(대) 계정과목	×××

거래내용이 자산·부채·자본·수익 또는 비용 중 어느 계정과목에 해당하는지, 차변 또는 대변 중 어느 쪽에 기록하여야 하는지 그리고 금액은 얼마인지 파악하여 위와 같이 분개한다.

분개를 예시하면 다음과 같다.

거래

1월 5일 현금 ₩100,000을 출자하여 영업을 개시하다.
1월 8일 영업활동에 사용할 토지를 구입하고 대금 ₩60,000은 현금으로 지급하다.
1월 9일 상품 ₩50,000을 외상으로 매입하다.

분개

일자	차변	금액	대변	금액
1월 5일	(차) 현 금	100,000	(대) 자 본 금	100,000
1월 8일	(차) 토 지	60,000	(대) 현 금	60,000
1월 9일	(차) 상 품	50,000	(대) 매입채무	50,000

분개는 거래요소의 증가·감소 및 발생을 요약하여 나타낸 것이다. 자산의 경우 차변에 기록하면 '증가'를 의미하고 대변에 기록하면 감소를 의미한다. 부채의 경우에는 그 반대이다.

(2) 전표

전표(slip)란 발생한 거래내역을 한 건씩 기록하는 종이를 말한다. 전표에는 거래내역뿐만 아니라 전표작성자와 검토자의 확인란이 포함되어 있다. 이는 거래내역을 기록하고 관련 부서에 전달하며 결재하는 서류기능이 있다는 것을 의미한다. 전표는 분권화된 기업조직에서 발생한 거래를 각 부서에 신속히 전달하여 승인을 받은 뒤 관련 장부에 기록하는 수단이다.

전표는 입금전표(적색), 출금전표(청색) 및 대체전표(흑색)의 3가지가 있다.

① 입금전표

입금전표에는 입금거래, 즉 현금을 수취하는 거래를 기록한다. 입금전표의 양식을 예시하면 다음과 같다.

입금전표

No.　　　　년　　월　　일

담당		검토		승인	

계정과목		거 래 처	
적 요		금 액	

입금거래의 분개는 차변에 현금이 표시되고 대변에 다른 계정과목이 표시된다. 먼저 현금이 입금된 날짜를 기록하고 대변의 계정과목, 거래처명, 현금입금의 원인(적요) 및 금액을 순서대로 공란에 기록한다. 특히, 이 분개의 차변은 항상 현금이므로 입금전표에 현금을 표시하지 않고 대변과목만 기록한다는 점에 유의하여야 한다. 향후 입금전표만 집계한다면 계속 반복되는 현금계정과목은 나타낼 필요가 없기 때문이다.

입금전표에 기록하는 거래와 분개를 예로 들면 다음과 같다.

1월 5일 주주 A로부터 현금 ₩100,000을 출자받아 영업을 개시하다.
1월 5일 (차) 현　금　100,000　(대) 자 본 금　100,000

입금전표

No. 101　　1월 5일

담당		검토		승인	

계정과목	자 본 금	거 래 처	주주A
적　요			금　액
주주A로부터 현금을 출자받아 영업을 개시하다.			₩ 100,000

상기 분개에서 현금의 상대계정인 자본금을 입금전표상 계정과목에 기입하고 일자와 금액을 적요와 함께 자세히 기입한다. 상대계정이 둘 이상인 경우에는 각 과목마다 한 장씩 둘 이상의 입금전표를 작성하여야 한다.

② 출금전표

출금전표는 입금전표와 반대로 현금을 지급하는 거래이며 출금전표에는 현금의 상대과목과 금액을 기입하여야 한다.

예를 들어 1월 8일 토지 ₩60,000을 지주 B로부터 현금매입한 경우 이 거래에 대한 분개와 출금전표는 다음과 같다.

분개

1월 8일 (차) 토　지　60,000　(대) 현　금　60,000

입금전표

No. 102　　1월 8일

담당		검토		승인	

계정과목	토　지	거 래 처	지주 B
적　요			금　액
토지를 지주 B로부터 현금매입하다.			₩ 60,000

출금전표에는 거래일자, 현금의 상대계정, 거래처 및 거래내역을 기록한다. 작성절차는 입금전표와 대칭적이면서 그 기능은 입금전표와 동일하다.

③ 대체전표

대체전표는 현금의 수입과 지출이 없는 거래, 즉 입금전표 또는 출금전표로 나타낼 수 없는 거래를 기록하는 전표이다. 입금전표 또는 출금전표와는 달리 차·대변의 계정과목 중 하나가 결정되지 않았으므로 차변과 대변에 각각 계정과목과 금액을 표시하는 형식이다.

예를 들어, 1월 9일 상품 ₩50,000을 거래처 C로부터 외상매입한 경우 이 거래에 대한 분개와 대체전표는 다음과 같다.

분개

1월 9일 (차) 상　품　50,000　(대) 매입채무　50,000

입금전표

No. 103　　1월 9일

담당		검토		승인	

계정과목	차변금액	계정과목	대변금액
상　품	₩ 50,000	매입채무	₩ 50,000
적　요	상품을 거래처 C로부터 외상매입하다.		

대체전표는 분개와 동일하게 차변과 대변의 계정과목과 금액을 기록하고 적요란에 자세한 내역을 보충설명한다.

예제 05 분개와 전표

[예제 04]에서 예시한 거래를 분개하고 각각 전표를 작성하시오.

4월 1일 현금 ₩500,000을 출자하여 영업을 개시하다.
5월 7일 상품 ₩150,000을 현금으로 매입하다.
6월 9일 은행에서 현금 ₩300,000을 차입하다.
7월 14일 원가 ₩140,000인 상품을 ₩250,000에 외상으로 판매하다.
8월 24일 비품 ₩200,000을 구입하고 현금을 지급하다.

9월 12일 상품 ₩90,000을 외상으로 매입하다.
10월 7일 종업원에 대한 급여 ₩50,000을 현금으로 지급하다.
11월 30일 사무실 임차료 ₩20,000을 현금으로 지급하다.
12월 10일 매출채권 ₩100,000을 현금으로 회수하다.

해답

4월 1일 (차) 현 금 500,000 (대) 자 본 금 500,000

입금전표

No. 101 4월 1일

담당		검토		승인	

계정과목	자 본 금	거 래 처	주주
적 요			금 액
현금을 출자하여 영업을 개시하다.			₩ 500,000

5월 7일 (차) 상 품 150,000 (대) 현 금 150,000

출금전표

No. 102 5월 7일

담당		검토		승인	

계정과목	상 품	거 래 처	
적 요			금 액
상품을 현금매입하다.			₩ 150,000

6월 9일 (차) 현 금 300,000 (대) 차 입 금 300,000

입금전표

No. 103 6월 9일

담당		검토		승인	

계정과목	차 입 금	거 래 처	은행
적 요			금 액
은행에서 현금을 차입하다.			₩ 300,000

7월 14일 (차) 매출채권 250,000 (대) 상품 140,000 / 상품매출이익 110,000

대체전표

No. 104　　　7월 14일

담당		검토		승인	

계정과목	차변금액	계정과목	대변금액
매출채권	₩ 250,000	상 품	₩ 140,000
		상품매출이익	110,000
적 요	상품을 외상으로 판매하다.		

8월 24일 (차) 비 품 200,000 (대) 현 금 200,000

출금전표

No. 105　　　8월 24일

담당		검토		승인	

계정과목	비 품	거 래 처	
적 요			금 액
비품을 현금 구입하다.			₩ 200,000

9월 12일 (차) 상 품 90,000 (대) 매입채무 90,000

대체전표

No. 106　　　9월 12일

담당		검토		승인	

계정과목	차변금액	계정과목	대변금액
상 품	₩ 90,000	매입채무	₩ 90,000
적 요	상품을 외상으로 매입하다.		

10월 7일 (차) 급 여 50,000 (대) 현 금 50,000

출금전표

No. 107 10월 7일

담당		검토		승인	

계정과목	급 여	거 래 처	종업원
적 요			금 액
종업원에 대한 급여를 현금지급하다.			₩ 50,000

11월 30일 (차) 임 차 료 20,000 (대) 현 금 20,000

출금전표

No. 108 11월 30일

담당		검토		승인	

계정과목	임 차 료	거 래 처	
적 요			금 액
사무실 임차료를 현금으로 지급하다.			₩ 20,000

12월 10일 (차) 현 금 100,000 (대) 매출채권 100,000

입금전표

No. 109 12월 10일

담당		검토		승인	

계정과목	매출채권	거 래 처	
적 요			금 액
매출채권을 현금으로 회수하다.			₩ 100,000

한편, 분개를 기록하는 장부로는 분개장(journal)도 들 수 있다. 분개장은 거래내역을 일자, 계정과목 및 금액으로 구분하여 순서대로 차변과 대변에 각각 기록하는 장부이다. 위의 예제를 분개장에 기입하면 다음과 같다.

일 자	적 요	차 변	대 변
4월 1일	현 금	500,000	
	자 본 금		500,000
	(현금을 출자하여 영업을 개시하다)		
5월 7일	상 품	150,000	
	현 금		150,000
	(상품을 매입하고 현금을 지급하다)		
6월 9일	현 금	300,000	
	차 입 금		300,000
	(은행에서 현금을 차입하다)		
7월 14일	매출채권	250,000	
	상 품		140,000
	상품매출이익		110,000
	(상품을 외상으로 판매하다)		
8월 24일	비 품	200,000	
	현 금		200,000
	(비품을 구입하고 현금을 지급하다)		
9월 12일	상 품	90,000	
	매입채무		90,000
	(상품을 외상으로 매입하다)		
10월 7일	급 여	50,000	
	현 금		50,000
	(종업원에 대한 급여를 현금으로 지급하다)		
11월 30일	임 차 료	20,000	
	현 금		20,000
	(사무실 임차료를 현금으로 지급하다)		
12월 10일	현 금	100,000	
	매출채권		100,000
	(매출채권을 현금으로 회수하다)		

분개장은 일련의 거래내용을 일자별로 기록함으로써 거래 사실을 순서대로 파악할 수 있는 장부이며 마치 개인의 일기와 유사하다. 분개장은 일련의 거래를 순서대로 쉽게 파악할 수 있다는 장점에도 불구하고 거래가 빈번하고 거래내용에 대하여 여러

부서의 검토가 필요한 경우에는 비효율적이다. 이러한 비효율성 때문에 우리나라의 기업들은 대부분 분개장보다 전표를 이용하고 있다. 우리나라에서 분개를 기록하는 장부는 '전표'로 이해하는 것이 타당하다.

(3) 분개의 법칙

분개의 법칙이란 거래가 발생하면 이를 자산·부채·자본·수익·비용의 각 계정과목에 기입하는 과정을 설명하는 법칙이며 '계정기입의 원칙'이라고도 한다.

분개의 법칙을 요약하면 다음과 같다.

차 변	대 변
자산 증가	자산 감소
부채 감소	**부채** 증가
자본 감소	**자본** 증가
수익 소멸	**수익** 발생
비용 발생	비용 소멸

주 : ▭ 표시는 재무제표상 잔액의 위치를 의미한다.

상기 법칙에 나타나는 10가지 요소는 거래요소결합관계와 마찬가지로 차변과 대변의 5가지 요소가 각각 여러 가지 조합을 만들어낸다. 여기에서 나타나는 요소는 거래요소결합관계의 8가지 요소(자산의 증감, 부채의 증감, 자본의 증감, 수익·비용의 발생)에 '수익의 소멸'과 '비용의 소멸'이 추가된 것이다.

수익이나 비용은 발생하는 거래만 존재할 뿐 소멸하는 거래는 일어날 수 없다. 그러한 거래는 없지만 분개에 있어서 수익·비용을 잔액위치의 반대편에 기록하는 경우는 있다. 예를 들어, 한 회계기간의 수익과 비용을 집계하기 위한 다음의 마감분개[1]가 이에 해당한다.

12월 31일	(차) 상품매출이익	110,000	(대) 집합손익	110,000

위의 분개는 수익소멸과 수익발생으로 구성되어 있다. 결산기말이 되면 상품매출이익을 포함한 모든 수익·비용은 집합손익으로 집계되는데 그러한 과정에서 상품매출이익(수익)을 소멸시키는 분개가 나타날 수도 있다. 수익이 소멸되는 것이 아니라 수익을 다른 계정으로 단지 옮기는 것이지만 분개 후 당해 수익의 잔액은 영(0)이 되므로 수익의 소멸이

1) 계정마감은 본장 '6. 계정마감'에서 구체적으로 설명하고 있다.

라 지칭한다.

수익·비용도 자산·부채·자본과 마찬가지로 차변과 대변에 모두 표시할 수 있다는 것을 알 수 있다. 결국 분개의 법칙이란 재무제표 구성요소의 5가지인 자산, 부채, 자본, 수익 및 비용은 모두 차변(왼쪽)과 대변(오른쪽)에 분개할 수 있다는 것을 말한다.

4 전기와 원장

전기(posting)란 분개에서 나타난 계정과목의 변동금액을 당해 계정(원장)에 옮겨 적는 것을 말하며, 원장(ledger)은 분개한 거래요소를 계정으로 구분하여 기록하는 장부로서 자산·부채·자본·수익 및 비용의 각 계정과목을 의미한다.

(1) 전기

전기는 각 계정과목별로 현재의 잔액과 일정기간 동안 증가 및 감소내역을 기록하는 절차이다. 분개는 거래를 일자순으로 기록하기 때문에 분개만으로는 특정시점에서의 현금, 매출채권 또는 매입채무 등의 잔액이나 변동내역을 파악하기 어렵다. 이를 파악하기 위해서 현금, 매출채권 또는 매입채무 등의 과목에 변동내역을 각각 기록하는 것이다.

다음의 분개를 통해 구체적으로 설명하기로 하자.

분개

1월 5일	(차) 현 금	100,000	(대) 자 본 금	100,000
1월 8일	(차) 토 지	60,000	(대) 현 금	60,000

위의 거래에서 현금은 ₩100,000 증가하고 ₩60,000 감소하여 잔액이 ₩40,000이다. 자본금은 ₩100,000 증가하여 동 금액만큼 잔액이 남고 토지는 ₩60,000 증가하여 동 금액만큼 잔액이 남는다. 거래가 많아진다면 분개만으로 이러한 분석을 하기가 어려워지므로 해당 계정에 그 변동내용을 옮겨 적을 필요가 있다.

전기의 결과를 계정별로 도시하면 다음과 같다.

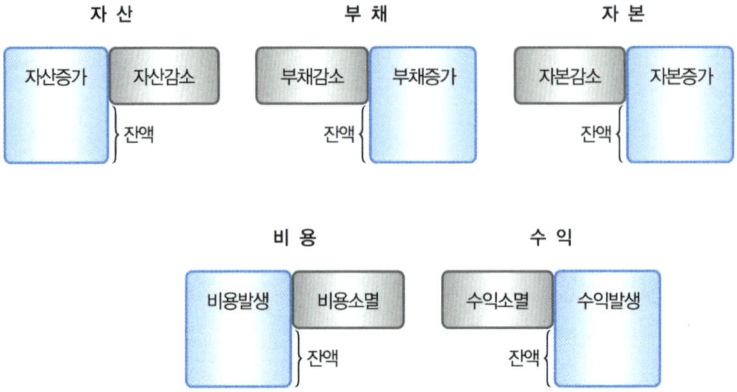

위의 결과는 분개의 법칙을 T계정에 표시한 것이다. 아울러 위의 변동내역에 일자와 상대계정을 표시한다면 거래내용을 쉽게 나타낼 수 있다. 예를 들어, 1월 5일 현금 ₩500,000 출자받은 경우 증가금액에 '1/5'와 '자본금'을 함께 표시하면 현금이 증가한 원인이 자본금이라는 사실을 동시에 나타낸다. 앞의 분개를 T계정에 전기하면 다음과 같다.

전기

현 금

1/5 자 본 금	100,000	1/8 토 지	60,000

자 본 금

		1/5 현 금	100,000

토 지

1/8 현 금	60,000		

T계정에 각 일자별 변동금액을 차변 또는 대변에 기록하고 분개상의 상대과목을 적요 대신 기록한다. 상대과목을 기입하면 T계정의 전기 결과로도 분개를 쉽게 유추할 수 있다.

예제 06 전기와 원장

다음의 분개를 원장(T계정)에 전기하시오.

날짜		차변	금액		대변	금액
4월 1일	(차)	현 금	500,000	(대)	자 본 금	500,000
5월 7일	(차)	상 품	150,000	(대)	현 금	150,000
6월 9일	(차)	현 금	300,000	(대)	차 입 금	300,000
7월 14일	(차)	매출채권	250,000	(대)	상 품	140,000
					상품매출이익	110,000
8월 24일	(차)	비 품	200,000	(대)	현 금	200,000
9월 12일	(차)	상 품	90,000	(대)	매입채무	90,000
10월 7일	(차)	급 여	50,000	(대)	현 금	50,000
11월 30일	(차)	임 차 료	20,000	(대)	현 금	20,000
12월 10일	(차)	현 금	100,000	(대)	매출채권	100,000

해답

현 금

4/ 1 자 본 금	500,000	5/ 7 상 품	150,000
6/ 9 차 입 금	300,000	8/24 비 품	200,000
12/10 매출채권	100,000	10/ 7 급 여	50,000
		11/30 임 차 료	20,000

자 본 금

		4/ 1 현 금	500,000

상 품

5/ 7 현 금	150,000	7/14 매출채권	140,000
9/12 매입채무	90,000		

차 입 금

		6/ 9 현 금	300,000

매출채권

7/14 상 품	140,000	12/10 현 금	100,000
상품매출이익	110,000		

상품매출이익

		7/14 매출채권	110,000

비 품

8/24 현 금	200,000		

매입채무

		9/12 상 품	90,000

급 여

10/ 7 현 금	50,000		

임 차 료

11/30 현 금	20,000		

(2) 원장

원장(元帳)은 모든 거래를 계정과목별로 분류해 기록하고 정리한 장부를 말한다. 전표에 기입된 분개는 해당 계정과목에 옮겨 적어야 하는데 이들 계정이 설정되어 있는 장부가 원장이다. 통상 총계정원장(general ledger)을 지칭하는 용어이지만 실무에서는 계정과목에 관련된 장부기록을 총칭하기도 한다.

총계정원장은 회계장부 중에서 전표철과 더불어 주요부를 구성하고 있는데 회계장부의 체계는 다음과 같다.

| 회계장부의 체계 |

<table>
<tr><td rowspan="4">회계 장부</td><td rowspan="2">주요부</td><td>전표철(분개장)</td><td>입금전표, 출금전표, 대체전표</td></tr>
<tr><td>총계정원장</td><td>현금, 당좌예금, 매출채권, 매입채무, 상품, 매출, 매입 등</td></tr>
<tr><td rowspan="2">보조부</td><td>보조기입장</td><td>현금출납장, 당좌예금출납장, 매출장, 매입장 등</td></tr>
<tr><td>보조원장</td><td>매출처원장, 매입처원장, 상품재고장</td></tr>
</table>

주요부는 가장 기본적인 장부를 말하며 보조부는 주요부의 특정계정에 관한 거래를 상세하게 기록하는 장부를 말한다. 재무제표는 주요부인 전표와 총계정원장에 기록된 내용을 토대로 작성되는데, 특히 총계정원장은 이러한 재무제표의 작성이 신속하게 이루어지도록 거래내용을 집약하는 장부이다.

보조부는 총계정원장에 나타낼 수 없는 상세한 내용을 기록하게 된다. 보조기입장은 거래가 빈번하게 발생하는 과목의 증감사항을 일자별로 자세하게 기록한 장부를 말하고 보조원장은 거래처·일정종목 등의 특성별로 집계하여 기록한 장부를 말한다.

총계정원장과 보조부는 다음과 같이 짝지을 수 있다.

총계정원장		보 조 부
현 금	----------------------------	현금출납장
당좌예금	----------------------------	당좌예금출납장
매출채권	----------------------------	매출처원장
매입채무	----------------------------	매입처원장
상 품	----------------------------	상품재고장
매 출	----------------------------	매 출 장
매 입	----------------------------	매 입 장

총계정원장은 재무제표작성에 필수적인 장부이고 보조원장은 내부관리목적에 필요한 장부라 할 수 있다. 예를 들어, '매출채권'이라는 총계정원장은 재무상태표에 표시되어야 할 금액을 나타내고, '매출처원장'이라는 보조원장은 거래처별 잔액을 표시하여 채권수금 관리현황을 나타낸다. 상품을 외상판매하면 매출채권 총계정원장에 기록함과 동시에 당해 거래처의 매출처원장에 기록하고 현금회수하면 같은 요령으로 총계정원장과 매출처원장에 동시 기록한다. 이렇게 기록하면 특정시점의 매출채권 잔액과 각 거래처별 매출채권 잔액을 동시에 파악할 수 있다.

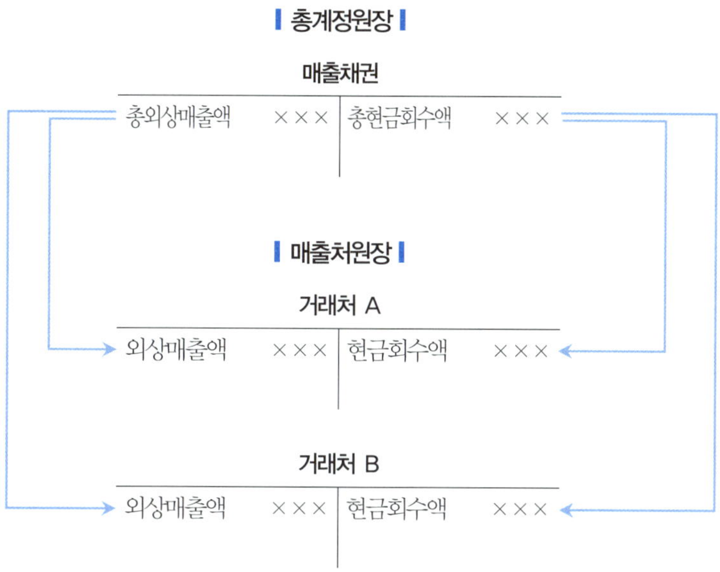

계정기입은 총계정원장과 보조부에 동시에 이루어지며 보조부에 기록된 금액의 합계는 총계정원장의 금액과 반드시 일치하여야 한다. 보조부의 기록방식은 계정과목별 회계처리에서 구체적으로 설명할 것이며, 그 전까지 원장에 전기하는 것은 총계정원장에 기입하는 것만 다루기로 한다.

잠깐 차변과 대변의 의미

차변과 대변이라는 용어는 채권·채무의 보조장부인 거래처원장(인명별 계정)에서 유래된 것이다. 차변(借邊, debit)은 복식부기상의 분개 또는 계정과목의 왼쪽을 의미하고 영문명칭으로 Dr.(라틴어 'debere'의 약칭)로 표기한다. 대변(貸邊, credit)은 분개 또는 계정과목의 오른쪽을 의미하며 영문명칭으로 Cr.(라틴어 'credere'의 약칭)로 표기한다.

차변은 '돈을 차입한 쪽'이라는 의미임에도 불구하고 대여금 등의 채권은 차변에 기록하며, 대변은 '돈을 대여한 쪽'이라는 의미이지만 차입금 등의 채무는 대변에 기록한다. 채권·채무의 의미와 차변·대변의 명칭은 반대 설정된 것처럼 보인다. 그러나 채권·채무의 보조장부인 거래처원장의 구조를 보면 그 의미를 이해할 수 있다.

예를 들어, 어느 기업이 거래처 A와 거래처 B에 각각 ₩700과 ₩300의 현금을 대여하였고 거래처 A로부터 ₩200을 차입한 경우 그 회계처리는 다음과 같다.

(차) 대 여 금	1,000	(대) 현　　금	1,000
(차) 현　　금	200	(대) 차 입 금	200

또한 대여금 및 차입금과 관련된 총계정원장과 거래처원장(보조장부)을 도시하면 다음과 같다.

[총계정원장]

대 여 금

거래처 A　700 거래처 B　300	

차 입 금

	거래처 A　200

[거래처원장]

(차변) **거래처 A** (대변)

700 (거래처 A의 차입금액)	200 (거래처 A의 대여금액)

거래처 B

300 (거래처 B의 차입금액)	

거래처원장(인명별 계정)은 총계정원장과 달리 계정명칭만으로는 자산·부채의 분류가 불가능하고 원장의 왼쪽 금액은 대여금의 세부내역으로, 오른쪽 금액은 차입금의 세부내역으로 판단하여야 한다. 거래처A에 대한 거래처원장 내역을 거래처A의 입장에서 보면 ₩700은 차입한 금액이고 ₩200은 대여한 금액이 되는 것이다. 결국 거래처원장에서 왼쪽은 차입한 쪽(차변)이고 오른쪽은 대여한 쪽(대변)이다.

차변과 대변이라는 용어는 이처럼 거래처원장의 좌우에 기록된 금액의 의미를 명확히 하기 위하여 부여한 것이며, 이러한 시각은 동서양의 차이가 없다. 즉 서양에서도 상기 회계처리와 마찬가지로 차변(Dr.)과 대변(Cr.)이라는 용어를 사용하고 있으며 앞서 예시한 회계처리를 서양식으로 표현하면 다음과 같다.

(Dr.) Short-term loan	1,000	(Cr.) Cash	1,000
(Dr.) Cash	200	(Cr.) Short-term borrowing	200

장부기록의 초기단계에서 채권·채무잔액의 변동을 기록하는 것이 부기의 중요한 기능이었다는 점을 상기하면 이러한 용어가 이해될 수 있다. 그러나 다양한 계정과목을 다루는 현대 회계학에서는 이러한 의미가 점점 희미해지고 있으며, '차변=계정과목의 왼쪽', '대변=계정과목의 오른쪽'이라는 의미로만 사용되고 있다.

5 시산표

시산표(trial balance : T/B)란 분개와 전기가 올바르게 이루어졌는지의 여부를 검증하기 위하여 작성하는 계정집계표를 말한다.

그동안 발생한 모든 거래는 분개, 전표작성, 전기의 과정을 거쳐 해당 계정에 차변과 대변으로 나뉘어 기록된다. 분개와 전기과정에서 누락, 중복기입, 오기 등의 실수 여부를 검토하기 위해 시산표를 작성한다. 자산·부채·자본·수익·비용에 해당하는 모든 계정과목을 하나의 서식에 모아 각 계정의 합계 또는 잔액을 집계하고 차변합계와 대변합계가 일치하는지를 검토한다. 시산표는 결산기말에 작성하는 것이 보통이지만 거래가 많은 경우 매월, 매주 또는 매일 작성하기도 한다.

(1) 시산표의 종류

시산표는 작성방법에 따라 합계시산표, 합계잔액시산표, 잔액시산표로 구분한다.

① 합계시산표

합계시산표는 모든 계정과목의 차변합계와 대변합계를 모두 집계하여 작성한 시산표이다. 자산의 경우 기초잔액과 당기증가의 합계를 시산표의 차변에 기입하고 당기감소를 대변에 기입한다. 부채와 자본의 경우에는 자산과는 반대의 결과가 된다. 각 T계정의 금액이 합계시산표에 집계되는 과정을 도시하면 다음과 같다.

| 총계정원장 |

자 산 A

기초잔액	×××	당기감소	×××
당기증가	×××		

부 채 B

당기감소	×××	기초잔액	×××
		당기증가	×××

합계시산표

차 변	계정과목	대 변
×××	자 산 A	×××
	:	
×××	부 채 B	×××
	:	
×××	계	×××

복식부기관점에서 분개상의 차변과 대변금액은 항상 일치하므로 시산표의 차변합계와 대변합계는 반드시 일치하여야 한다. 합계시산표상 차변과 대변의 합계금액은 작성기간 동안의 거래금액을 의미하며, 각 계정금액의 합계와 시산표의 합계를 대조하여 누락되거나 중복기록된 거래를 색출할 수 있다.

또한, 각 계정잔액은 차변과 대변의 합계금액의 차액으로 파악할 수 있다. 예를 들어, 자산·비용은 차변의 합계에서 대변의 합계를 차감하여 차변잔액을 계산할 수 있고, 부채·자본·수익은 대변의 합계에서 차변의 합계를 차감하여 대변잔액을 구할 수 있다.

예제 07 시산표

다음의 T계정을 집계하여 합계시산표를 작성하시오.

현 금

차변			대변		
4/ 1	자본금	500,000	5/ 7	상 품	150,000
6/ 9	차입금	300,000	8/24	비 품	200,000
12/10	매출채권	100,000	10/ 7	급 여	50,000
			11/30	임차료	20,000

자 본 금

차변			대변		
			4/ 1	현 금	500,000

상 품

차변			대변		
5/ 7	현 금	150,000	7/14	매출채권	140,000
9/12	매입채무	90,000			

차 입 금

차변			대변		
			6/ 9	현 금	300,000

매출채권

차변			대변		
7/14	상 품	140,000	12/10	현 금	100,000
	상품매출이익	110,000			

상품매출이익

차변			대변		
			7/14	매출채권	110,000

비 품

차변			대변		
8/24	현 금	200,000			

매입채무

차변			대변		
			9/12	상 품	90,000

급 여

차변			대변		
10/ 7	현 금	50,000			

임 차 료

차변			대변		
11/30	현 금	20,000			

해답

합계시산표

차 변	계정과목	대 변
₩900,000	현 금	₩420,000
250,000	매 출 채 권	100,000
240,000	상 품	140,000
200,000	비 품	
	매 입 채 무	90,000
	차 입 금	300,000
	자 본 금	500,000
	상 품 매 출 이 익	110,000
50,000	급 여	
20,000	임 차 료	
₩1,660,000	계	₩1,660,000

② 잔액시산표

잔액시산표는 각 계정과목의 잔액만을 표시하는 시산표이다. 각 계정의 차변합계와 대변합계의 차액만을 시산표에 옮겨적는 것이며 일반적으로 자산과 비용은 차변잔액으로 나타나고 부채·자본 및 수익은 대변잔액으로 나타난다. 각 T계정의 금액이 잔액시산표에 집계되는 과정을 도시하면 다음과 같다.

총계정원장

자 산 A

기초잔액	×××	당기감소	×××
당기증가	×××	기말잔액	

부 채 B

당기감소	×××	기초잔액	×××
기말잔액		당기증가	×××

잔액시산표

차 변	계정과목	대 변
×××	자 산 A	
	:	
	부 채 B	×××
	:	
×××	계	×××

잔액시산표의 경우에도 차변합계와 대변합계는 일치한다. 분개 및 전기과정에서 항상 차변금액과 대변금액을 일치시켜 왔으므로 증가 및 감소금액을 동시에 차감하더라도 그 합계는 당연히 일치하는 것이다.

앞의 [예제] 자료를 이용하여 잔액시산표를 작성하면 다음과 같다.

잔액시산표

차 변	계정과목	대 변
₩480,000	현 금	
150,000	매 출 채 권	
100,000	상 품	
200,000	비 품	
	매 입 채 무	₩90,000
	차 입 금	300,000
	자 본 금	500,000
	상품매출이익	110,000
50,000	급 여	
20,000	임 차 료	
₩1,000,000	계	₩1,000,000

이 시산표는 재무제표작성에 필요한 각 계정과목의 잔액만 표시하므로 한눈에 정보를 파악하기가 용이하다는 점이 장점이지만 각 계정과목의 거래규모(합계)를 알 수 없다는 것이 단점이다.

③ 합계잔액시산표

합계잔액시산표는 각 계정과목의 합계뿐만 아니라 잔액까지 한꺼번에 표시하는 시산표이다. 합계시산표와 잔액시산표를 하나의 서식에 집계한 것이다.

앞의 [예제] 자료를 이용하여 합계잔액시산표를 작성하면 다음과 같다.

합계잔액시산표

차 변		계정과목	대 변	
잔 액	합 계		합 계	잔 액
₩480,000	₩900,000	현 금	₩420,000	
150,000	250,000	매 출 채 권	100,000	

100,000	240,000	상　　품	140,000	
200,000	200,000	비　　품		
		매 입 채 무	90,000	₩90,000
		차 입 금	300,000	300,000
		자 본 금	500,000	500,000
		상품매출이익	110,000	110,000
50,000	50,000	급　　여		
20,000	20,000	임 차 료		
₩1,000,000	₩1,660,000	계	₩1,660,000	₩1,000,000

차변과 대변의 합계금액이 일치하는 것과 마찬가지로 잔액의 합계도 일치한다. 재무상태표와 손익계산서에 표시될 각 계정과목의 잔액뿐만 아니라 거래규모도 동시에 파악할 수 있다. 기업실무에서는 합계잔액시산표를 주로 사용한다. 합계시산표의 경우에도 잔액을 계산할 수 있으나 시산표상 잔액을 직접 표시하는 것이 편리하기 때문이다.

합계잔액시산표의 이러한 장점에도 불구하고 실무서에서는 잔액시산표를 주로 사용하고 있다. 재무제표의 작성이나 간단한 분석에 있어서는 잔액시산표가 더 이해하기 쉬운 점을 고려한 것이다. 잔액시산표는 다음과 같이 T계정 형식으로 작성되기도 한다.

잔액시산표

현　　금	₩480,000	매 입 채 무	₩90,000
매 출 채 권	150,000	차 입 금	300,000
상　　품	100,000	자 본 금	500,000
비　　품	200,000	상품매출이익	110,000
급　　여	50,000		
임 차 료	20,000		
계	₩1,000,000	계	₩1,000,000

시산표는 재무상태표와 손익계산서를 작성하는 기본자료이며 시산표로부터 재무제표가 작성된다. 상기 시산표상 자산·부채·자본과 수익·비용을 분리하여 각각 표를 작성하면 재무상태표와 손익계산서가 완성된다는 것이다. 이를 그림으로 표시하면 다음과 같다.

잔액시산표

자산	930,000	부채	390,000
		자본	500,000
비용	70,000	수익	110,000

손익계산서

당기순이익	40,000	수익	110,000
비용	70,000		

재무상태표

자산	930,000	부채	390,000
		자본	500,000
		당기순이익	40,000

잔액시산표상 수익·비용을 분리하여 손익계산서를 작성하고 자산·부채·자본을 분리하여 재무상태표를 작성한다. 손익계산서와 재무상태표상 차변과 대변금액은 당기순이익만큼 차이가 나타나며 이를 당기순이익으로 별도 기입하여 두 금액을 일치시킨다. 이때 당기순이익이 손익계산서에는 차변에 기록되고 재무상태표에는 대변에 기록된다. 당기순이익을 제외한 손익계산서와 재무상태표를 합성하면 시산표이므로 당기순이익이 상호 반대편에 위치하는 것은 당연하다.

(2) 대차평균의 원리

대차평균의 원리(principle of equilibrium)란 계정과목 전체의 차변합계와 대변합계는 항상 일치한다는 원리로서, 시산표상 분개 및 전기의 완전성이나 정확성을 검증하는 데 적용되는 원리이다. 또한, 거래의 분개, 재무상태표나 손익계산서의 작성에서도 이 원리에 따라 차변금액과 대변금액은 항상 일치하여야 한다.

복식부기는 거래의 이중성에 따라 항상 동일한 금액을 차변과 대변에 동시 기입하므로 대차평균의 원리가 당연히 적용되며 이 원리에 따라 자기검증기능을 수행한다. 모든 계정과목의 차변과 대변합계를 비교하여 거래의 누락이나 오기 등을 파악할 수 있다. 자기검증기능은 복식부기가 가지고 있는 최대의 장점으로 인정받고 있다.

한편, 최근의 전산화된 환경에서는 시산표의 작성이 본래의 작성취지에서 다소 변화하고 있다는 점에 유의하여야 한다. 수작업으로 재무제표를 작성하던 과거에는 시산표가 회계기록을 검증하는 수단이었으나 전산화된 환경에서는 그런 의미로 볼 수 없다. 왜냐하면, 분개와 전기에 있어서 차변과 대변금액은 항상 일치하도록 프로그램이 설계되어 있으므로 시산표상 차변과 대변금액이 일치하는 것은 당연하기 때문이다. 그럼에도 불구하고 대부분의 기업들이 재무제표 작성 직전 반드시 시산표를 작성하는 것은 금액의 일치 여부를 떠나 요약된 재무제표를 사전에 검토한다는 의미로 보아야 한다. 즉 시산표 작성은 자기검증 목적이라기보다는 재무제표 작성을 위한 준비절차이며, 전산화된 환경에서도 시산표 작성은 여전히 부기의 중요한 절차인 것이다.

6 계정마감

계정의 마감(closing)은 손익계산서계정의 마감과 재무상태표계정의 마감으로 구분할 수 있다.

(1) 손익계산서계정의 마감

손익계산서계정의 마감은 당기에 발생한 수익·비용을 소멸시키는 마감분개를 하고, 수익·비용의 대응결과 산출된 순이익을 이익잉여금으로 대체하는 절차이다.

손익계산서계정은 당기의 경영성과를 측정하기 위해 설정하였다가 순이익을 확인한 뒤 소멸시키는 임시계정이다. 경영성과는 회계기간마다 구분하여 측정하므로 당 회계기간과 다음 회계기간의 수익·비용은 별도로 집계하여야 한다. 당기의 수익·비용이 다음 회계기간의 수익·비용에 포함되지 않도록 회계기말에 잔액을 없애주는 마감분개가 필요하다.

마감을 위해 집합손익이라는 임시계정을 사용하여야 한다. 집합손익계정은 수익·비용을 집계한 뒤 그 잔액을 이익잉여금으로 대체하기 위해 설정한다. 다른 수익·비용과 마찬가지로 마감 후 집합손익계정의 잔액은 영(0)이 된다.

수익·비용의 마감분개는 다음과 같다.

	차변	금액	대변	금액
①	(차) 수　　익 (수익소멸)	×××	(대) 집합손익	×××
②	(차) 집합손익 (비용소멸)	×××	(대) 비　　용	×××
③	(차) 집합손익 (당기순이익)	×××	(대) 이익잉여금 (자본증가)	×××

① 수익계정의 잔액과 같은 금액을 차변에 기입하고 수익의 합계금액을 집합손익계정의 대변에 기입한다. 수익계정의 잔액과 동일한 금액을 차변에 기입하면 그 잔액은 영(0)이 되어 소멸하게 된다.

② 비용계정의 잔액과 같은 금액을 대변에 기입하고 비용의 합계금액을 집합손익계정의 차변에 기입한다. 수익계정과 반대이며 마감분개 후 비용계정의 잔액은 영(0)이 되어 소멸하게 된다.

③ 집합손익계정의 잔액이 대변잔액인 경우 같은 금액을 차변에 기입하고 이익잉여금을 증가시킨다. 집합손익의 잔액이 대변인 경우 그 금액을 차변에 기입하면 집합손익계정이 소멸한다. 집합손익의 대변잔액은 순이익이며 순이익은 이익잉여금을 증가시키는 결과를 가져온다.

수익·비용이 집합손익계정에 집계되어 이익잉여금으로 대체되는 과정을 나타내면 다음과 같다.

비 용

차변		대변	
발생금액	×××	집합손익	×××

집합손익

차변		대변	
비용	×××	수익	×××
이익잉여금	×××		

수 익

차변		대변	
집합손익	×××	발생금액	×××

이익잉여금

차변		대변	
		집합손익	×××

(당기순이익)

예제 08 계정마감(1)

다음의 손익계산서계정을 마감하시오.

상품매출이익

차변	대변
	7/14 매출채권 110,000

급 여

차변	대변
10/ 7 현 금 50,000	

임 차 료

차변	대변
11/30 현 금 20,000	

해답

1. 마감분개

일 자	회계처리			
12월 31일	(차) 상품매출이익 (수익소멸)	110,000	(대) 집합손익	110,000
	(차) 집합손익	70,000	(대) 급 여 임 차 료 (비용소멸)	50,000 20,000
	(차) 집합손익	40,000	(대) 이익잉여금 (자본증가)	40,000

2. 전기

급 여

10/ 7 현 금	50,000	12/31 집합손익	50,000
계	50,000	계	50,000

상품매출이익

12/31 집합손익	110,000	7/14 매출채권	110,000
계	110,000	계	110,000

임 차 료

11/30 현 금	20,000	12/31 집합손익	20,000
계	20,000	계	20,000

집합손익

12/31 급 여	50,000	12/31 상품매출이익	110,000
임 차 료	20,000		
이익잉여금	40,000		
계	110,000	계	110,000

한편, 순손실이 발생하는 경우에는 이익잉여금을 감소시키거나 결손금을 계상하여야 한다. 이익잉여금의 잔액이 있는 경우에는 이익잉여금을 감소시키고 이익잉여금잔액이 없다면 '결손금'이라는 부(−)의 이익잉여금으로 표시한다. 수익·비용의 마감분개는 다음과 같다.

(차) 수 익 (수익소멸)	×××	(대) 집합손익	×××
(차) 집합손익	×××	(대) 비 용 (비용소멸)	×××
(차) 결 손 금(또는 이익잉여금) (자본감소)	×××	(대) 집합손익 (당기순손실)	×××

집합손익계정의 잔액이 차변잔액이므로 집합손익을 대변에 기입하여 소멸시킨다. 결손금이란 누적된 당기순손실로 인하여 당초 투입된 순자산(자본금)보다 현재의 순자산이 감소한 상태를 말하며 자본의 차감항목으로 표시한다.

(2) 재무상태표계정의 마감

재무상태표계정의 마감은 자산·부채 및 자본의 기말잔액을 다음 회계기간의 기초잔액으로 이월하는 절차이다. 이 절차는 각 계정의 당기말 잔액을 차기의 기초잔액으로 단순히 이월시키는 것이므로 분개없이 해당 계정원장 내에 표시한다.

자산·부채는 실물자산이나 계약서의 형태로 그 실체가 존재하며 이들은 당기에 이어 다음 회계기간에도 계속적으로 이용하거나 부담하는 권리·의무이다. 이러한 계정의 당기 변동내역과 차기 변동내역을 구분하기 위해서 마감절차가 필요한 것이다.

각 계정의 차변과 대변합계를 비교하여 금액이 부족한 쪽에 부족한 금액을 기입하고 이를 붉은 글씨로 '차기이월'로 명명하며 차변과 대변의 합계를 일치시킨다. 이와 동시에 차기이월의 반대편에 동일한 금액을 표시하고 '전기이월'로 명명하여 차기의 장부기입을 개시한다. 자산은 대변에 차기이월을 표시하고 차변에 전기이월을 표시하며, 부채·자본은 자산과 반대로 표시하여야 한다. 이를 그림으로 도시하면 다음과 같다.

자 산

증가금액	×××	감소금액	×××
		차기이월	×××
계	×××	계	×××
전기이월	×××		

부 채

감소금액	×××	증가금액	×××
차기이월	×××		
계	×××	계	×××
		전기이월	×××

자 본

감소금액	×××	증가금액	×××
차기이월	×××		
계	×××	계	×××
		전기이월	×××

자산의 전기이월잔액은 차변에 표시되고 부채·자본의 전기이월잔액은 대변에 표시된다.

예제 09 계정마감(2)

다음의 재무상태표계정을 마감하시오.

현 금

4/ 1 자 본 금	500,000	5/ 7 상 품	150,000
6/ 9 차 입 금	300,000	8/24 비 품	200,000
12/10 매출채권	100,000	10/ 7 급 여	50,000
		11/30 임 차 료	20,000

자 본 금

		4/ 1 현 금	500,000

상 품

5/ 7 현 금	150,000	7/14 매출채권	140,000
9/12 매입채무	90,000		

차 입 금

		6/ 9 현 금	300,000

매출채권

7/14 상 품	140,000	12/10 현 금	100,000
상품매출이익	110,000		

이익잉여금

		12/31 집합손익	40,000

비 품

8/24 현 금	200,000		

매입채무

		9/12 상 품	90,000

해답

현 금

4/ 1 자 본 금	500,000	5/ 7 상 품	150,000
6/ 9 차 입 금	300,000	8/24 비 품	200,000
12/10 매출채권	100,000	10/ 7 급 여	50,000
		11/30 임 차 료	20,000
		12/31 차기이월	480,000
계	900,000	계	900,000
1/ 1 전기이월	480,000		

자 본 금

12/31 차기이월	500,000	4/ 1 현 금	500,000
계	500,000	계	500,000
		1/ 1 전기이월	500,000

상 품

5/ 7 현 금	150,000	7/14 매출채권	140,000
9/12 매입채무	90,000	12/31 차기이월	100,000
계	240,000	계	240,000
1/ 1 전기이월	100,000		

차 입 금

12/31 차기이월	300,000	6/ 9 현 금	300,000
계	300,000	계	300,000
		1/ 1 전기이월	300,000

매출채권

7/14 상 품	140,000	12/10 현 금	100,000
상품매출이익	110,000	12/31 차기이월	150,000
계	250,000	계	250,000
1/ 1 전기이월	150,000		

이익잉여금

12/31 차기이월	40,000	12/31 집합손익	40,000
계	40,000	계	40,000
		1/ 1 전기이월	40,000

비 품

8/24 현 금	200,000	12/31 차기이월	200,000
계	200,000	계	200,000
1/ 1 전기이월	200,000		

매입채무

12/31 차기이월	90,000	9/12 상 품	90,000
계	90,000	계	90,000
		1/ 1 전기이월	90,000

7 재무제표 작성

재무상태표는 마감된 재무상태표계정의 전기이월잔액을 집계하여 작성하고 손익계산서는 집합손익계정을 토대로 보고서 양식으로 작성한다.

앞의 [예제 09] 자료를 이용하여 재무상태표와 손익계산서를 작성하면 다음과 같다.

재무상태표

현 금	₩480,000	매입채무	₩90,000
매출채권	150,000	차 입 금	300,000
상 품	100,000	자 본 금	500,000
비 품	200,000	이익잉여금	40,000
계	₩930,000	계	₩930,000

손익계산서

급 여	₩50,000	상품매출이익	₩110,000
임 차 료	20,000		
당기순이익	40,000		
계	₩110,000	계	₩110,000

8 정산표

정산표(worksheet : W/S)란 시산표로부터 재무상태표와 손익계산서가 작성되는 과정을 일목요연하게 파악할 수 있도록 시산표, 손익계산서, 재무상태표를 집계한 일람표를 말한다.

잔액시산표상 수익·비용은 손익계산서에, 자산·부채 및 자본은 재무상태표에 각각 옮겨 적은 다음, 손익계산서와 재무상태표의 대차차액을 당기순이익으로 기입하고 대차를 일치시켜 완성한다.

앞의 [예제 09]를 정산표로 작성하면 다음과 같다.

정 산 표

계정과목	잔액시산표		손익계산서		재무상태표	
	차 변	대 변	차 변	대 변	차 변	대 변
현 금	₩480,000				₩480,000	
매 출 채 권	150,000				150,000	
상 품	100,000				100,000	
비 품	200,000				200,000	
급 여	50,000		₩50,000			
임 차 료	20,000		20,000			
매 입 채 무		₩90,000				₩90,000
차 입 금		300,000				300,000
자 본 금		500,000				500,000
상품매출이익		110,000		₩110,000		
당기순이익			40,000			40,000
계	₩1,000,000	₩1,000,000	₩110,000	₩110,000	₩930,000	₩930,000

대차차액

정산표를 보면 당기순이익이 손익계산서에는 차변에 표시되고 재무상태표에는 대변에 표시된다는 것을 알 수 있다. 대차평균을 이루기 위해서 손익계산서에서는 당기순이익이 차변에 표시되고, 재무상태표에서는 대변에 표시된다는 사실을 알 수 있다. 다만, 재무상태표는 손익계정이 마감된 후 작성하므로 재무상태표상 당기순이익을 이익잉여금으로 나타낸다는 점에 유의하여야 한다.

01 기업의 경영활동에서 자산, 부채 및 자본의 증감변화를 가져오는 일체의 경제적 사건은?

① 계정　　② 거래
③ 분개　　④ 전기

02 다음 중 회계상의 거래에 해당하지 않는 것은?

① 비품을 구입하는 계약을 체결하고 계약금 ₩50,000을 지급하다.
② 소모품 ₩100,000을 외상으로 구입하고 대금을 아직 지급하지 않았다.
③ 거래처로부터 ₩1,000,000의 상품을 공급해 달라는 요청이 있어 계약을 체결하였다.
④ 창고의 화재로 보유 중인 ₩200,000 상당의 상품이 소실되었다.

03 다음 중 회계상의 거래로 옳은 것을 모두 고른 것은?

ㄱ. 거래처에서 상품 ₩100,000을 주문받다.
ㄴ. 자금 조달을 위해 투자자와 ₩100,000의 투자계약을 체결하다.
ㄷ. 회사의 토지를 담보로 하여 은행으로부터 ₩100,000을 현금으로 대출받다.
ㄹ. 출장 중인 종업원으로부터 현금 ₩100,000이 보통예금 통장에 입금된 것을 확인하다.

① ㄱ, ㄴ　　② ㄱ, ㄷ　　③ ㄴ, ㄹ　　④ ㄷ, ㄹ

04 다음의 괄호안에 들어갈 가장 적당한 말은?

복식부기에서는 하나의 거래가 발생하면 반드시 차변·대변에 원인·결과로 같은 금액이 기입되는데 이를 (　　)(이)라 한다.

① 발생주의　　② 거래의 이중성
③ 대차평균의 원리　　④ 수익비용대응의 원칙

05 다음 중 복식부기의 원리와 일치하지 않는 것은?

① 자산의 감소는 대변에 기록한다.
② 부채의 감소는 차변에 기입한다.
③ 수익의 발생은 차변에 기록한다.
④ 자본의 감소는 차변에 기록한다.

06 다음 중 거래요소의 결합관계를 바르게 짝지은 것은?

	차 변		대 변
①	자산의 증가	–	부채의 감소
②	자산의 감소	–	부채의 증가
③	자산의 증가	–	부채의 증가
④	자산의 감소	–	자본의 증가

07 다음과 같은 결합관계를 갖는 거래는?

(차변) 자산의 증가 – (대변) 수익의 발생

① 현금을 은행에 예금하다.
② 대여금을 현금으로 받다.
③ 상품을 외상으로 매입하다.
④ 은행예금에 대한 이자를 받다.

08 다음 중 거래의 결합관계 종류가 다른 하나는?

① 현금 ₩100,000을 당좌예금 계좌에 입금하다.
② 비품 ₩50,000을 구입하고 대금은 외상으로 하다.
③ 단기차입금에 대한 이자 ₩80,000을 현금으로 지급하다.
④ 상품 ₩120,000을 구입하고, 그 대금과 운반비 ₩4,000은 나중에 지급하기로 하다.

09 다음 중 거래의 종류와 해당 거래의 연결이 올바르지 않은 것은?

① 교환거래 : 상품 ₩1,000,000을 매출하기로 계약하고 매출대금의 10%를 현금으로 받다.
② 손익거래 : 당월분 사무실 전화요금 ₩50,000과 전기요금 ₩100,000이 보통예금 계좌에서 자동으로 이체되다.
③ 손익거래 : 사무실을 임대하고 1년치 임대료 ₩600,000을 보통예금 계좌로 입금받아 수익 계정으로 처리하다.
④ 혼합거래 : 단기차입금 ₩1,000,000과 장기차입금 ₩2,000,000을 보통예금 계좌에서 이체하여 상환하다.

10 다음의 T계정에 해당하는 계정과목으로 적합한 것은?

날짜	적요	금액	날짜	적요	금액
7/10	당좌예금	300,000	1/ 1	전기이월	150,000
7/10	현 금	150,000	6/15	차량운반구	550,000
12/31	차기이월	250,000			
		700,000			700,000

① 미수금　② 미지급금　③ 선급금　④ 외상매출금

11 다음은 현금계정의 일부이다. 1월 5일의 거래를 추정한 내용으로 맞는 것은?

현 금

1/5 대 여 금 500,000	
1/5 이자수익 30,000	

① 현금 ₩500,000을 대여하다.
② 현금 ₩500,000을 대여하고 이자 ₩30,000을 지급하다.
③ 대여금 ₩500,000을 회수하고 이자 ₩30,000을 지급하다.
④ 대여금 ₩500,000을 회수하고 이자 ₩30,000을 현금으로 받다.

12 다음의 거래를 추정한 것 중 틀린 것은?

현 금

(1) 700,000	
(2) 100,000	
(3) 50,000	

매출채권

	(2) 100,000

미수금

	(3) 50,000

급 여

(4) 50,000	

단기차입금

	(1) 700,000

미지급금

	(4) 50,000

① (1) 현금 ₩700,000을 차입하였다.
② (2) 매출채권 ₩100,000이 만기가 되어 현금으로 회수하였다.
③ (3) 미수금 ₩50,000을 현금으로 회수하였다.
④ (4) 급여 ₩50,000을 현금으로 지급하였다.

13 다음 글의 괄호 안에 들어갈 내용으로 가장 옳은 것은?

> 복식부기제도하에서 모든 회계거래는 반드시 어떤 계정의 차변과 다른 계정의 대변에 같은 금액을 기입한다. 따라서 아무리 많은 거래를 기입하더라도 계정 전체의 차변합계금액과 대변합계금액은 반드시 일치하여야 하는데 이것을 (　　)(이)라고 한다.

① 계정기입의 원칙　② 검증가능성
③ 거래요소의 결합관계　④ 대차평균의 원리

14 다음과 관련있는 장부는?

> • 총계정원장과 함께 주요부라 한다.
> • 거래의 발생순서에 따라 분개하여 기록하는 장부이다.

① 보조부　② 매입장
③ 분개장　④ 상품재고장

15 일정기간 동안에 발생한 거래가 총계정원장에 바르게 전기되었는지 점검하기 위해 작성하는 계정집계표는?

① 정산표　② 시산표
③ 재무상태표　④ 손익계산서

16 다음 중 시산표를 통해서 발견할 수 있는 오류는 어떤 것인가?

① 거래의 이중분개가 행해진 경우
② 특정계정의 차변에 전기할 것을 대변에 전기한 경우
③ 실제 거래금액과는 다르지만 대차 동일한 금액으로 전기한 경우
④ 거래의 분개시 차변과 대변의 금액은 일치하나 계정과목을 잘못 선택한 경우

17 다음 중 수정 전 시산표에서 발견할 수 있는 오류가 아닌 것은?

① 차변 분개를 누락한 경우
② 분개 내용을 대변에만 이중 전기한 경우
③ 차변과 대변 금액을 다르게 전기한 경우
④ 분개 내용의 차·대변 전기가 누락된 경우

18 다음 중 합계잔액시산표의 A와 B에 들어갈 금액으로 옳은 것은?

잔 액	합 계	계정과목	합 계	잔 액
50,000	A	매출채권	370,000	
	275,000	매입채무	308,000	B

	A	B		A	B
①	₩420,000	₩583,000	②	₩320,000	₩583,000
③	₩420,000	₩33,000	④	₩320,000	₩33,000

19 다음의 결산절차의 순서가 옳게 표시된 것은?

A. 거래의 발생　　B. 시산표 작성
C. 총계정원장 전기　　D. 재무제표 작성

① A→B→C→D　　② A→B→D→C
③ A→C→B→D　　④ A→D→B→C

20 다음 집합손익계정의 기입내용을 가장 적절하게 설명한 것은?

집합손익

12/31	이익잉여금	750,000	

① 이익잉여금 ₩750,000을 현금배당으로 지급
② 당기순손실 ₩750,000을 이익잉여금계정에 대체
③ 금전출자액 ₩750,000을 집합손익계정에 대체
④ 당기순이익 ₩750,000을 이익잉여금계정에 대체

21 다음의 등식 중 시산표 등식으로 옳은 것은?

① 기말자산+총비용+순이익=기말부채+기말자본+총수익
② 기말자산+총비용=기말부채+기초자본+총수익
③ 기말자산+총비용=기말부채+기초자본+총수익+순이익
④ 기말자산+총비용+순이익=기말부채+기말자본+총수익

해답 **부기의 원리**

01. ②	02. ③	03. ④	04. ②	05. ③	06. ③	07. ④	08. ③	09. ④	10. ②
11. ④	12. ④	13. ④	14. ③	15. ②	16. ②	17. ④	18. ③	19. ③	20. ④
21. ②									

해설

01. 부기상의 거래는 기업의 자산·부채·자본의 증가 또는 감소를 일으키는 모든 사건을 말한다.

02. ① 자산(비품)이 증가하고 자산(현금)이 감소하는 부기상의 거래이다.
② 자산(소모품)이 증가하고 부채(미지급금)가 증가하는 부기상의 거래이다.
③ 미이행계약이므로 부기상의 거래에 해당하지 아니한다.
④ 비용(재해손실)이 발생하고 자산(상품)이 감소하는 부기상의 거래이다.

03. 회계상의 거래는 자산, 부채, 자본에 증감 변화가 있어야 하므로, 주문, 계약 등은 회계상의 거래가 아니다.

04. 거래의 이중성이란 거래가 발생하면 재무제표의 두 가지 구성요소에 영향을 미치는 속성을 의미한다.

05. 수익의 발생은 대변에 기록한다.

06. 거래요소의 결합관계

차 변	대 변
자산의 증가	자산의 감소
부채의 감소	부채의 증가
자본의 감소	자본의 증가
비용의 발생	수익의 발생

07. ① 현금을 은행에 예입하다. → (차변) 자산의 증가 (대변) 자산의 감소
② 대여금을 현금으로 받다. → (차변) 자산의 증가 (대변) 자산의 감소
③ 상품을 외상으로 매입하다. → (차변) 자산의 증가 (대변) 부채의 증가

08. ③ 손익거래(비용발생-자산감소)
①, ②, ④는 교환거래이다. (④의 운반비는 상품 매입원가에 포함되므로 교환거래에 해당함)

09. ④ 교환거래에 해당하고 회계처리는 다음과 같다.
(차) 단기차입금(부채감소) (대) 보통예금(자산감소)
(차) 장기차입금(부채감소) (대) 보통예금(자산감소)
혼합거래는 하나의 거래에서 교환거래와 손익거래가 동시에 발생하는 거래이다.

10. 잔액이 대변에 표시되고 차량운반구의 구입과 관련된 계정과목은 "미지급금"이다.

11. 현금이 증가함과 동시에 대여금이 감소하고 이자수익이 발생하는 거래이다.

12. (4)번 거래는 (차) 급여 ₩50,000 (대) 미지급금 ₩50,000
'급여 ₩50,000을 아직 지급하지 않았다'로 추정할 수 있다.

13. 대차평균의 원리는 시산표상 분개 및 전기의 완전성이나 정확성을 검증하는 데 적용되는 원리이다.

14. 분개장, 즉 분개를 기입하는 장부에 대한 설명이다. 실무에서는 주로 전표를 이용해 거래를 기록하므로 전표철이 이에 해당한다.

15. 시산표란 분개와 전기가 올바르게 이루어졌는지의 여부를 검증하기 위하여 작성하는 계정집계표를 말한다.

16. 시산표의 검증기능은 차변합계와 대변합계의 불일치를 확인하거나 분개합계와의 대조를 통해 이루어진다. 분개와 전기가 동시에 잘못된 경우에는 오류를 발견하기 어렵다.

17. ④의 경우 차변, 대변이 모두 총계정원장에 누락되어 시산표에서 오류를 확인할 수 없다.

18. A : ₩370,000 + ₩50,000 = ₩420,000
B : ₩308,000 − ₩275,000 = ₩33,000

19. 거래의 발생 → 분개 → 전기 → 시산표 작성 → 계정마감 → 재무제표 작성
(A) (C) (B) (D)

20. 당기순이익을 이익잉여금으로 대체시키는 손익마감분개를 나타낸 것이다.

21. 시산표에는 기초자본과 총수익 및 총비용이 표시되며 장부마감 후 기말자본이 표시된다. 순이익은 별도 표시되지 않는다.

다음의 [기본자료]에서 주어진 거래내역을 이용하여 다음의 각 절차를 해보기로 하자.

(1) 분개하기

(2) 전기하기

(3) 시산표 작성하기

(4) 손익계산서 계정마감하기

(5) 재무상태표 계정마감하기

(6) 재무상태표 및 손익계산서 작성하기

(7) 정산표 작성하기

››› 기본자료

다음은 회계기간이 20X1년 1월 1일부터 동년 12월 31일까지인 하나상사의 20X1년 거래내역이다.

1월 1일 현금 ₩100,000을 출자하여 영업을 개시하다.
1월 3일 은행에서 현금 ₩50,000을 차입하다.
2월 6일 상품 ₩80,000을 현금으로 구입하다.
3월 4일 용역을 제공하고 수수료수익 ₩50,000을 현금으로 받다.
4월 20일 원가 ₩70,000인 상품을 ₩100,000에 판매하고 대금은 현금으로 받다.
7월 12일 상품 ₩140,000을 외상으로 구입하다.
8월 7일 원가 ₩110,000인 상품을 ₩150,000에 외상으로 판매하다.
9월 30일 매입채무 ₩110,000을 현금으로 지급하다.
10월 5일 매출채권 ₩115,000을 현금으로 받다.
11월 30일 종업원에 대한 급여 ₩95,000과 이자비용 ₩5,000을 현금으로 지급하다.
12월 31일 영업활동에 사용할 토지 ₩60,000과 건물 ₩55,000을 현금으로 구입하다.

(1) 분개하기

일 자	회 계 처 리	
1월 1일	(차)	(대)
1월 3일	(차)	(대)
2월 6일	(차)	(대)
3월 4일	(차)	(대)
4월 20일	(차)	(대)
7월 12일	(차)	(대)
8월 7일	(차)	(대)
9월 30일	(차)	(대)
10월 5일	(차)	(대)
11월 30일	(차)	(대)
12월 31일	(차)	(대)

(2) 전기하기

[자산]

현 금

상 품

매출채권

토 지

건 물

[부채]

차 입 금	

매입채무	

[자본]

자 본 금	

[수익]

수수료수익	

상품매출이익	

[비용]

급 여	

이자비용	

(3) 시산표 작성하기

진액시산표

하나상사 20X1.12.31.

현 금		매입채무	
매출채권		차 입 금	
상 품		자 본 금	
토 지		상품매출이익	
건 물		수수료수익	
급 여			
이자비용			
계		계	

(4) 손익계산서 계정마감하기

일 자	회 계 처 리	
12월 31일	(차)	(대)
	(차)	(대)
	(차)	(대)

[수익]

수수료수익

	3/ 4 현 금 50,000

상품매출이익

	4/20 현 금 30,000
	8/ 7 매출채권 40,000

[비용]

급 여

11/30 현 금 95,000	

이자비용

11/30 현 금 5,000	

[집합손익과 이익잉여금]

집합손익

이익잉여금

(5) 재무상태표 계정마감하기

[자산]

현 금

날짜	계정	금액	날짜	계정	금액
1/ 1	자 본 금	100,000	2/ 6	상 품	80,000
1/ 3	차 입 금	50,000	9/30	매입채무	110,000
3/ 4	수수료수익	50,000	11/30	급 여	95,000
4/20	상 품	70,000		이자비용	5,000
	상품매출이익	30,000	12/31	토 지	60,000
10/ 5	매출채권	115,000		건 물	55,000

상 품

날짜	계정	금액	날짜	계정	금액
2/ 6	현 금	80,000	4/20	현 금	70,000
7/12	매입채무	140,000	8/ 7	매출채권	110,000

매출채권

날짜	계정	금액	날짜	계정	금액
8/ 7	상 품	110,000	10/ 5	현 금	115,000
	상품매출이익	40,000			
				계	

토 지

날짜	계정	금액	날짜	계정	금액
12/31	현 금	60,000			

건 물

날짜	계정	금액	날짜	계정	금액
12/31	현 금	55,000			

[부채]

차 입 금

날짜	계정	금액	날짜	계정	금액
			1/ 3	현 금	50,000

매입채무

날짜	계정	금액	날짜	계정	금액
9/30	현 금	110,000	7/12	상 품	140,000

[자본]

자 본 금

날짜	계정	금액	날짜	계정	금액
			1/ 1	현 금	100,000

이익잉여금

날짜	계정	금액	날짜	계정	금액
			12/31	집합손익	20,000

(6) 재무상태표 및 손익계산서 작성하기

재무상태표

하나상사			20X1.12.31.
현 금		매입채무	
매출채권		차 입 금	
상 품		자 본 금	
토 지		이익잉여금	
건 물			
계		계	

손익계산서

하나상사 20X1.1.1.~20X1.12.31.

급 여		상품매출이익	
이자비용		수수료수익	
당기순이익			
계		계	

(7) 정산표 작성하기

정 산 표

계정과목	잔액시산표		손익계산서		재무상태표	
	차 변	대 변	차 변	대 변	차 변	대 변
현 금	₩10,000					
매 출 채 권	35,000					
상 품	40,000					
토 지	60,000					
건 물	55,000					
급 여	95,000					
이 자 비 용	5,000					
매 입 채 무		₩30,000				
차 입 금		50,000				
자 본 금		100,000				
상품매출이익		70,000				
수수료수익		50,000				
당기순이익						
계	₩300,000	₩300,000				

(1) 분개

일 자	회계처리			
1월 1일	(차) 현 금	100,000	(대) 자 본 금	100,000
1월 3일	(차) 현 금	50,000	(대) 차 입 금	50,000
2월 6일	(차) 상 품	80,000	(대) 현 금	80,000
3월 4일	(차) 현 금	50,000	(대) 수수료수익	50,000
4월 20일	(차) 현 금	100,000	(대) 상 품	70,000
			상품매출이익	30,000
7월 12일	(차) 상 품	140,000	(대) 매입채무	140,000
8월 7일	(차) 매출채권	150,000	(대) 상 품	110,000
			상품매출이익	40,000
9월 30일	(차) 매입채무	110,000	(대) 현 금	110,000
10월 5일	(차) 현 금	115,000	(대) 매출채권	115,000
11월 30일	(차) 급 여	95,000	(대) 현 금	100,000
	이자비용	5,000		
12월 31일	(차) 토 지	60,000	(대) 현 금	115,000
	건 물	55,000		

(2) 전기

[자산]

현 금

차변		대변	
1/ 1 자본금	100,000	2/ 6 상 품	80,000
1/ 3 차입금	50,000	9/30 매입채무	110,000
3/ 4 수수료수익	50,000	11/30 급 여	95,000
4/20 상 품	70,000	이자비용	5,000
상품매출이익	30,000	12/31 토 지	60,000
10/ 5 매출채권	115,000	건 물	55,000

상 품

차변		대변	
2/ 6 현 금	80,000	4/20 현 금	70,000
7/12 매입채무	140,000	8/ 7 매출채권	110,000

매출채권

8/ 7 상 품	110,000		10/ 5 현 금	115,000	
상품매출이익	40,000				

토 지

12/31 현 금	60,000		

건 물

12/31 현 금	55,000		

[부채]

차 입 금

		1/ 3 현 금	50,000

매입채무

9/30 현 금	110,000	7/12 상 품	140,000

[자본]

자 본 금

		1/ 1 현 금	100,000

[수익]

수수료수익

		3/ 4 현 금	50,000

상품매출이익

		4/20 현 금	30,000
		8/ 7 매출채권	40,000

[비용]

급 여

11/30 현 금	95,000		

이자비용

11/30 현 금	5,000		

(3) 시산표

잔액시산표

하나상사 20X1.12.31.

현 금	₩10,000	매 입 채 무	₩30,000
매 출 채 권	35,000	차 입 금	50,000
상 품	40,000	자 본 금	100,000
토 지	60,000	상품매출이익	70,000
건 물	55,000	수 수 료 수 익	50,000
급 여	95,000		
이 자 비 용	5,000		
계	₩300,000	계	₩300,000

합계시산표

하나상사 20X1.12.31.

차 변	계정과목	대 변
₩415,000	현 금	₩405,000
150,000	매 출 채 권	115,000
220,000	상 품	180,000
60,000	토 지	
55,000	건 물	
110,000	매 입 채 무	140,000
	차 입 금	50,000
	자 본 금	100,000
	상품매출이익	70,000
	수수료수익	50,000
95,000	급 여	
5,000	이 자 비 용	
₩1,110,000	계	₩1,110,000

합계잔액시산표

하나상사 20X1.12.31.

차 변		계정과목	대 변	
차 변	합 계		합 계	대 변
₩10,000	₩415,000	현 금	₩405,000	
35,000	150,000	매 출 채 권	115,000	
40,000	220,000	상 품	180,000	
60,000	60,000	토 지		
55,000	55,000	건 물		
	110,000	매 입 채 무	140,000	₩30,000
		차 입 금	50,000	50,000
		자 본 금	100,000	100,000
		상품매출이익	70,000	70,000
		수수료수익	50,000	50,000
95,000	95,000	급 여		
5,000	5,000	이 자 비 용		
₩300,000	₩1,110,000	계	₩1,110,000	₩300,000

(4) 손익계산서 계정마감하기

일 자	회 계 처 리			
12월 31일	(차) 상품매출이익 수수료수익 (수익소멸)	70,000 50,000	(대) 집합손익	120,000
	(차) 집합손익	100,000	(대) 급 여 이자비용 (비용소멸)	95,000 5,000
	(차) 집합손익	20,000	(대) 이익잉여금 (자본증가)	20,000

[수익]

수수료수익

12/31 집합손익	50,000	3/ 4 현 금	50,000

상품매출이익

12/31 집합손익	70,000	4/20 현 금	30,000
		8/ 7 매출채권	40,000
계	70,000	계	70,000

[비용]

급 여

11/30 현 금	95,000	12/31 집합손익	95,000

이자비용

11/30 현 금	5,000	12/31 집합손익	5,000

[집합손익과 이익잉여금]

집합손익

12/31 급 여	95,000	12/31 상품매출이익	70,000
이자비용	5,000	수수료수익	50,000
12/31 이익잉여금	20,000		
계	120,000	계	120,000

이익잉여금

		12/31 집합손익	20,000

(5) 재무상태표 계정마감하기

[자산]

현 금

1/ 1 자본금	100,000	2/ 6 상 품	80,000
1/ 3 차입금	50,000	9/30 매입채무	110,000
3/ 4 수수료수익	50,000	11/30 급 여	95,000
4/20 상 품	70,000	이자비용	5,000
상품매출이익	30,000	12/31 토 지	60,000
10/ 5 매출채권	115,000	건 물	55,000
		12/31 차기이월	10,000
계	415,000	계	415,000
1/ 1 전기이월	10,000		

상 품

2/ 6 현 금	80,000	4/20 현 금	70,000
7/12 매입채무	140,000	8/ 7 매출채권	110,000
		12/31 차기이월	40,000
계	220,000	계	220,000
1/ 1 전기이월	40,000		

매출채권

8/ 7 상　　품	100,000	10/ 5 현　　금	115,000
상품매출이익	50,000	12/31 차기이월	35,000
계	150,000	계	150,000
1/ 1 전기이월	35,000		

토　지

12/31 현　　금	60,000	12/31 차기이월	60,000
1/ 1 전기이월	60,000		

건　물

12/31 현　　금	55,000	12/31 차기이월	55,000
1/ 1 전기이월	55,000		

[부채]

차 입 금

12/31 차기이월	50,000	1/ 3 현　　금	50,000
		1/ 1 전기이월	50,000

매입채무

9/30 현　　금	110,000	7/12 상　　품	140,000
12/31 차기이월	30,000		
계	140,000	계	140,000
		1/ 1 전기이월	30,000

[자본]

자 본 금

12/31 차기이월	100,000	1/ 1 현　　금	100,000
		1/ 1 전기이월	100,000

이익잉여금

12/31 차기이월	20,000	12/31 집합손익	20,000
		1/ 1 전기이월	20,000

(6) 재무상태표 및 손익계산서 작성하기

재무상태표

하나상사　　　　20X1.12.31.

현　　금	₩10,000	매 입 채 무	₩30,000
매 출 채 권	35,000	차　입　금	50,000
상　　품	40,000	자　본　금	100,000
토　　지	60,000	이익잉여금	20,000
건　　물	55,000		
계	₩200,000	계	₩200,000

손익계산서

하나상사　　　　20X1.1.1.~20X1.12.31.

급　　여	₩95,000	상품매출이익	₩70,000
이 자 비 용	5,000	수수료수익	50,000
당기순이익	20,000		
계	₩120,000	계	₩120,000

(7) 정산표 작성하기

정 산 표

계정과목	잔액시산표		손익계산서		재무상태표	
	차 변	대 변	차 변	대 변	차 변	대 변
현 금	₩10,000				₩10,000	
매 출 채 권	35,000				35,000	
상 품	40,000				40,000	
토 지	60,000				60,000	
건 물	55,000				55,000	
급 여	95,000		₩95,000			
이 자 비 용	5,000		5,000			
매 입 채 무		₩30,000				₩30,000
차 입 금		50,000				50,000
자 본 금		100,000				100,000
상품매출이익		70,000		₩70,000		
수수료수익		50,000		50,000		
당기순이익			20,000			20,000
계	₩300,000	₩300,000	₩120,000	₩120,000	₩200,000	₩200,000

2025
알기쉬운 회계실무
accounting

PART

03 결 산

1 결산이란?

2 회계순환과정

3 결산수정분개의 유형

4 매출원가의 계산

5 감가상각

6 대손상각

7 손익의 결산정리

8 정산표

- 객관식 문제
- 스스로 결산하기

“결산이란 회계기말에 모든 장부를 정리하여
기업의 재무상태와 경영성과를 정확하게 파악하는 것을 말한다.”

1 결산이란?

결산이란 회계기말에 모든 장부를 정리하여 기업의 재무상태와 경영성과를 정확하게 파악하는 것을 말한다. 기업이 그 동안 열심히 일해서 벌어들인 성과를 정리하고 마무리하는 과정이다.

앞에서는 시산표의 금액을 수정없이 재무상태표와 손익계산서로 옮겨 작성하였지만 보통 시산표의 금액을 그대로 재무제표에 표시하는 것은 아니다. 시산표의 금액 중 일부는 회계기말에 수정해야 할 필요가 있기 때문이다.

예를 들어, 연초 ₩10,000,000에 구입한 차량운반구는 연말에 그 가치가 ₩8,000,000으로 하락하였으나 시산표상 ₩10,000,000으로 기록되어 있다. 1년간 업무에 사용하여 차량운반구의 가치가 감소하였으나 그 감소를 회계기간 중에는 기록하기가 어려울 것이다. 결산시점에 그 감소분을 비용으로 처리하는 것이 더 편리하다. 결산시점에 시산표상 ₩10,000,000을 수정하여 재무상태표에 ₩8,000,000으로 표시한다.

이러한 수정을 결산수정분개라고 한다. 결산수정분개가 필요한 이유는 다음과 같다.

첫째, 기업의 존속기간을 회계기간으로 구분하였기 때문이다. 재무제표는 회계기간을 1년, 6개월, 3개월 등으로 구분하여 작성하고 정보이용자들에게 공시한다. 많은 사람들이 이용하는 정보이므로 신중하게 작성하여야 하는데 정확한 인식과 측정을 위해 결산수정분개가 필요하다. 이를 테면, 현금으로 수수한 수익 또는 비용의 인식기간이 회계기간과 일치하지 않는 경우 그 수수액과 귀속금액의 차이를 조정하는 손익의 결산정리가 필요하다.

둘째, 재무상태와 경영성과에 관한 유용한 정보를 제공하기 위함이다. 회계기간 중 기록된 각 계정의 잔액을 기초로 재무제표를 작성할 경우 재무상태와 경영성과를 왜곡표시할 수 있다. 예를 들어, 건물·비품 등은 취득 이후 가치가 감소하였으나 구입 당시의 가격으로 기록되어 있어 가치감소분을 비용으로 인식하는 절차가 필요하다.

셋째, 일상적인 거래는 아니지만 결산기말에 반드시 인식하여야 할 회계처리를 반영하기 위한 것이다. 자산의 가치감소는 회계기간 중 지속적으로 발생하고 있으나 이를 발생 즉시 기록하는 것이 현실적으로 불가능하므로 결산기말 일괄적으로 회계처리하는 것이다.

넷째, 회계처리를 효율적으로 하기 위한 것이다. 회계기간 중 정확하게 기록하는 것이 비효율적인 경우 간단하게 회계처리한 뒤 결산기말에 수정하는 것이 효율적이다. 예를 들어 임차료는 기간경과에 따라 비용으로 인식하는 것이 원칙이지만 회계기간 중 현금지급시점에 지급액을 전액 비용으로 인식하였다가 결산기말 당 회계기간에 귀속되어야 할 금액으로 수정하는 것이 실무상 편리하다.

2 회계순환과정

회계순환과정(accounting cycle)이란 결산수정분개를 포함하여 거래의 발생으로부터 재무제표가 작성되기까지의 모든 결산절차를 말한다. 재무상태표의 각 계정잔액은 기말잔액이 차기이월되어 차기의 기초잔액이 된다. 재무제표의 작성과정은 전기재무제표로부터 차기재무제표까지의 연속된 과정 중의 일부이므로 '순환과정(cycle)'이라고 한다.

회계순환과정을 그림으로 나타내면 다음과 같다.

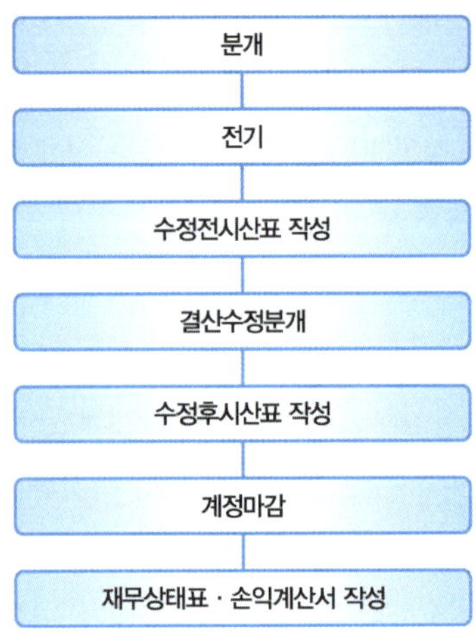

위의 절차는 앞에서 설명한 부기의 원리에 결산수정분개를 추가한 것이며 결산수정분개로 인하여 시산표를 수정전시산표(결산수정분개를 반영하기 전의 시산표)와 수정후시산표(결산수정분개를 반영한 후의 시산표)로 구분하였다는 점에 차이가 있을 뿐이다.

결산수정분개는 수정전시산표의 계정잔액을 회계학적 논리근거에 따라 재무제표에 표시하여야 할 금액으로 수정하는 절차이다. 결산수정분개 이외의 다른 절차는 이미 앞에서 설명한 바와 같으며 여기에서는 결산수정분개의 유형과 절차, 그리고 결산수정분개가 포함된 재무제표작성과정을 설명하기로 한다.

3 결산수정분개의 유형

결산수정분개는 다음의 네 가지 유형으로 구분할 수 있다.

① 매출원가의 계산
기초재고, 당기매입, 기말재고를 이용하여 매출원가를 계산하는 절차

② 감가상각
건물, 기계장치 등의 가치감소금액을 추산하여 당기의 비용으로 인식하는 절차

③ 대손상각
채권을 회수가능금액으로 평가하는 절차

④ 손익의 결산정리
회계기간 중 기록한 수익·비용을 정확한 수익·비용으로 조정하는 절차

4 매출원가의 계산

(1) 상품계정의 이중성격

우리는 지금까지 상품매매거래를 다음과 같이 회계처리하였다.

상품구입시점	(차) 상　　품	×××	(대) 현　　금	×××
	(자산증가)		(또는 매입채무)	
상품판매시점	(차) 현　　금	×××	(대) 상　　품	×××
	(또는 매출채권)		(자산감소)	
			상품매출이익	×××
			(수익발생)	

상품매매거래를 자산증가와 자산감소로 분석하여 단순하게 회계처리한 것이다. 그러나 이러한 회계처리는 상품매매기업의 중요한 수익항목인 매출액 대신 상품매출이익을 표시하고 비용항목인 매출원가가 나타나지 않는다.

다음의 예제를 통해 이러한 회계처리의 문제점을 파악하기로 한다.

예제 01 매출원가의 계산(1)

서울상사의 기초상품재고액은 ₩10,000이며 당기 중 다음과 같은 거래가 발생하였다.

(1) 상품 ₩90,000을 외상으로 매입하다.

(2) 원가 ₩80,000인 상품을 ₩120,000에 외상으로 판매하다.

(3) 서울상사의 기말상품재고액은 ₩20,000이다.

요구사항 ▼ 위의 거래를 각각 분개, 전기하고 기말시산표상의 관련계정을 나타내시오.

해답

1. 분개

	차변	금액	대변	금액
(1)	(차) 상 품	90,000	(대) 매입채무	90,000
(2)	(차) 매출채권	120,000	(대) 상 품	80,000
			상품매출이익	40,000

2. 전기

상 품

차변		대변	
전기이월	10,000	매출채권	80,000
매입채무	90,000		

상품매출이익

차변		대변	
		매출채권	40,000

매출채권

차변		대변	
상 품	80,000		
상품매출이익	40,000		

매입채무

차변		대변	
		상 품	90,000

3. 시산표

시산표

차변		대변	
상 품	20,000	상품매출이익	40,000
⋮		⋮	

상기 시산표상 상품은 재무상태표상 자산으로, 상품매출이익은 손익계산서상 수익으로 보고된다. 부분재무상태표와 부분손익계산서를 나타내면 다음과 같다.

재무상태표	
상　품　20,000	

손익계산서	
	상품매출이익　40,000

위의 재무제표는 상품계정의 변동을 자산증가와 자산감소만으로 분석한 결과이다. 이와 같이 분석하면 재무상태표상 재무상태는 적정하게 나타나지만 손익계산서상 경영성과는 불완전하게 표시된다. 상품매출이익은 매출액에서 매출원가를 차감한 금액이므로 상품매출이익만으로는 매출액과 매출원가를 알 수 없다.

원가가 얼마인 상품을 얼마에 판매하였는지 알아야만 상품매매거래의 결과를 제대로 평가할 수 있다. 매출액과 매출원가를 생략하고 상품매출이익만 표시하는 위의 회계처리는 바람직하지 않은 것이다. 매출액과 매출원가를 나타내기 위해서는 상품계정의 이중성격을 고려하여야 한다.

매출액과 매출원가는 상품구입과 판매에 따라 지속적으로 발생하며 자산증가 및 자산감소와 동시에 발생한다. 이를 상품계정의 이중성격이라 한다.

상품구입	자산(상품)의 증가 및 비용(매출원가)의 발생
상품판매	자산(상품)의 감소 및 수익(매출액)의 발생

상품이 판매되면 자산(상품)이 감소하고 수익(매출액)이 발생한다. 자산감소와 수익발생이 동시에 나타나며 수익발생은 자산감소를 포함하고 있다고 볼 수 있다. 상기 예제에서 매출액 ₩120,000은 상품감소금액 ₩80,000과 상품매출이익 ₩40,000을 합산한 금액이며, 두 가지 성격 중 수익발생으로 보는 것이 합리적이다.

매출원가는 판매된 상품의 원가이며 상품의 판매로 인한 상품감소액을 의미한다. 매출원가도 매출액과 마찬가지로 상품판매와 관련이 있지만 판매가격이 아닌 구입원가이므로 상품구입과 관련이 깊다. 상품의 구입과 판매는 기업의 주된 영업활동으로서 빈번하게 발생하며, 회계기간 중 구입한 상품은 대부분 판매되어 비용(매출원가)화된다. 상품매입액은 판매시점 이전까지는 자산증가로 볼 수 있지만 판매시점마다 자산이 비용으로 변화하므로 자산증가와 비용발생의 성격을 모두 가지고 있다는 것이다.

또한 매출원가는 다음과 같이 계산할 수도 있다.

	기초상품재고액	₩10,000
(+)	당기상품매입액	90,000
	판 매 가 능 상 품	100,000
(−)	기말상품재고액	(20,000)
	매 출 원 가	₩80,000

매출원가는 기초상품재고액에 당기상품매입액을 가산하고 기말상품재고액을 차감하여 계산한다. 매출원가의 관점에서 기초상품재고액와 당기상품매입액은 정(+)의 영향을, 기말상품재고액는 부(−)의 영향을 미치는 계산요소이다. 상품원가에 관련된 재무제표항목은 재무상태표상 상품 ₩20,000과 손익계산서상 매출원가 ₩80,000이며 당기상품매입액 ₩90,000은 대부분 매출원가에 포함된다는 것이다. 즉 당기상품매입액은 자산증가보다 비용발생의 성격에 가깝다.

이와 같이 상품계정의 증가와 감소는 이중성격을 가지고 있어서 단일과목으로는 그 내역을 정확하게 보고할 수 없으므로 분할하여 회계처리할 필요가 있다. 3분법은 상품계정의 이중성격 때문에 고안한 회계처리방법이다.

(2) 3분법

3분법은 상품계정을 상품, 매입 및 매출의 3개의 계정으로 분할하여 회계처리하는 방법을 말한다.

상품	기초상품재고액 또는 기말상품재고액을 표시하는 자산계정
매입	당기상품매입액을 표시하는 비용계정
매출	당기매출액을 표시하는 수익계정

상품계정은 재무상태표상 상품의 기초잔액(전기이월잔액)과 기말잔액을 표시하는 자산계정의 역할만을 수행하며 상품구입과 상품판매는 여기에 기록하지 아니한다.

매입계정은 상품매입원가를 기록하는 비용계정이며 매출계정은 상품매출액을 기록하는 수익계정이다. 상품구입과 상품판매에 따른 이중성격 중 자산증가·자산감소는 생략하고 비용발생·수익발생으로만 기록한다. 상품구입은 자산증가라기보다 비용발생으로, 상품판매는 자산감소라기보다 수익발생으로 간주한다는 것이다.

상품구입시점	(차) 매 입 (비용발생)	×××	(대) 현 금 (또는 매입채무)	×××
상품판매시점	(차) 현 금 (또는 매출채권)	×××	(대) 매 출 (수익발생)	×××

상품매매거래를 위와 같이 회계처리하게 되면 이와 관련하여 수정전시산표에는 다음과 같이 3가지 계정과목이 표시된다.

수정전시산표

상 품	×××	매 출	×××
매 입	×××	⋮	
⋮			

상기 시산표상 상품계정은 기초상품재고액(전기이월금액)을 표시하고 있고, 매입계정은 당기상품매입액을, 매출계정은 매출액을 표시하고 있다. 3분법에서의 '3'은 수정전시산표에 표시되는 상품매매 관련 계정과목의 갯수라는 것을 알 수 있다.

(3) 결산수정분개

상품에 관련된 결산수정분개는 손익계산서상 표시하여야 할 매출원가를 계산하여 기록하는 절차이다. 매출원가는 상품판매시점마다 기록할 수도 있고 결산시점에 일괄하여 기록할 수도 있다. 매출원가의 기록시점은 선택할 수 있으며 대부분의 기업은 결산시점에 일괄하여 기록하는 방법을 채택하고 있다. 상품매매거래가 대량으로 반복되는 상황에서 판매시점마다 매출원가를 기록하는 것이 비효율적이기 때문이다. 회계기간 중에는 좋은 상품을 신속히 구매하여 많은 고객에게 판매하는 것이 중요하며, 판매시점에 매출원가를 기록하는 것이 영업활동에 필수적인 절차는 아니라는 것이다. 매출원가는 매출액과 달리 판매시점에 기록하지 아니하여도 결산시점에 기말상품재고액만 파악하면 정확하게 계산할 수 있다. 일정기간 발생한 순이익을 측정함에 있어서 회계기간 중 기록한 매출액(수익)에 대응하는 매출원가(비용)는 결산시점에 기록하는 것이다.

매출원가계산을 위한 결산수정분개는 다음과 같다.

① (차) 매출원가	×××	(대) 상품(기초)	×××
(기초상품재고액을 매출원가계정에 가산한다)			
② (차) 매출원가	×××	(대) 매　　입	×××
(당기상품매입액을 매출원가계정에 가산한다)			
③ (차) 상품(기말)	×××	(대) 매출원가	×××
(기말상품재고액을 매출원가계정에서 차감한다)			

위의 분개는 매출원가계정의 관점에서 매출원가계산과정을 설명하는 회계처리이다. 매출원가는 기초상품재고액에 당기상품매입액을 가산하고 기말상품재고액을 차감하여 계산되므로 그 계산과정을 그대로 옮겨놓은 것이다.

예제 02 매출원가의 계산(2)

[예제 01]의 자료를 기초로 다음의 요구사항에 답하시오.

요구사항 ▼

1. 거래를 분개하고 수정전시산표상 관련 계정을 나타내시오.
2. 결산수정분개와 수정후시산표상 관련 계정을 나타내시오.
3. 재무상태표와 손익계산서의 관련 계정을 나타내시오.

해답

1. 기중거래분개와 수정전시산표

(1) 기중거래분개

① (차) 매　　입	90,000	(대) 매입채무	90,000
② (차) 매출채권	120,000	(대) 매　　출	120,000

(2) 수정전시산표

수정전시산표

상　품	10,000	매　출	120,000
매　입	90,000	⋮	
⋮			

2. 결산수정분개와 수정후시산표

(1) 결산수정분개

(차)	매출원가	10,000	(대)	상 품(기초)	10,000
	매출원가	90,000		매 입	90,000
	상 품(기말)	20,000		매출원가	20,000

(2) 수정후시산표

수정후시산표

상 품	20,000	매 출	120,000
매출원가	80,000	⋮	
⋮			

3. 재무상태표와 손익계산서

재무상태표

상 품	20,000		

손익계산서

매출원가	80,000	매 출	120,000

5 감가상각

(1) 의의

감가상각이란 기업이 장기간 사용할 목적으로 보유하는 건물, 비품, 기계장치 등의 가치감소분을 비용으로 인식하고 자산을 감소시키는 절차를 말한다. 건물 등은 사용이나 시간의 경과에 따라 가치가 감소하며 매각을 전제로 보유하는 상품과 구별된다.

자산의 가치감소는 일반적인 의미의 거래는 아니지만 '자산감소'라는 거래요소를 가져오는 부기상의 거래이다. 이러한 '자산감소'에 따라 발생하는 비용을 '감가상각비'라 한다. 감가상각비는 현금이 유출되지 아니하고 인식하는 비용이라는 점에서 보통의 비용과 다르지만, 수익을 창출하는 데 기여하고 소멸된 원가라는 점에서 비용의 요건을 충족한다.

예를 들어, 개인택시를 운전하는 김모범 씨는 ₩10,000,000에 구입한 자동차를 이용하여 지난 1년간 승객으로부터 수수료수익 ₩30,000,000을 현금으로 받았으며 연료비 ₩15,000,000을 현금지급하였다. ₩10,000,000에 구입한 자동차가 3년이 지나면 ₩1,000,000

의 잔존가액을 가진 고물차가 된다면 김모범 씨의 지난 1년간의 순이익은 다음과 같이 계산할 수 있다.

수수료수익	₩30,000,000	
연 료 비	(15,000,000)	
감가상각비	(3,000,000)	{=(₩10,000,000−₩1,000,000)×1/3}
순 이 익	₩12,000,000	

₩10,000,000에 구입한 자동차가 3년 후 ₩1,000,000의 잔존가액으로 남는다면 그 차액인 ₩9,000,000은 3년간의 비용이므로 이 중 1/3을 감가상각비로 인식한 것이다. 1년간의 정확한 경영성과를 측정하기 위해서는 현금으로 지급한 비용(연료비)뿐만 아니라 현금유출 없이 체계적으로 배분된 비용(감가상각비)도 수익에 대응시켜야 한다.

(2) 결산수정분개

감가상각 회계처리는 결산기말에 행하는 분개이다. 자산의 가치감소는 자산을 사용하는 과정이나 시간경과에 따라 지속적으로 일어나지만 회계처리시점이나 금액을 결정하는 것이 매우 어렵다. 결산기말에 회계기간 동안의 감가상각금액을 집계하여 한 번에 회계처리하는 것이 효율적이다. 감가상각에 관한 결산수정분개는 다음과 같다.

(차) 감가상각비 (비용발생)	×××	(대) 감가상각누계액 (자산감소)	×××

감가상각비와 함께 '감가상각누계액'이라는 평가계정을 계상하고 감가상각누계액은 관련 자산의 취득원가에서 차감하는 형식으로 표시한다. 평가계정(valuation account)이란 특정계정과목을 가산하거나 차감하는 성격의 계정과목을 말한다. 감가상각으로 인한 자산감소금액을 당해 자산에서 직접 차감하면 당초의 취득원가를 알 수 없으므로 평가계정을 이용한다. 이와 같이 회계처리하면 자산의 취득원가와 감가상각누계액은 물론 두 금액의 차액인 장부금액도 동시에 파악할 수 있다.

예를 들어, 개인택시를 운전하는 김모범 씨가 ₩10,000,000에 구입한 자동차에 대한 감가상각비 ₩3,000,000을 간접법에 의하여 회계처리하고 회계처리 직후 이를 재무상태표에 표시하면 다음과 같다.

(차) 감가상각비 (비용발생)	3,000,000	(대) 감가상각누계액 (자산감소)	3,000,000

재무상태표

차량운반구	10,000,000	
감가상각누계액	(3,000,000)	
⋮		

감가상각누계액은 회계처리상 대변에 계상하지만 평가계정이므로 재무상태표상 차변으로 옮겨 차량운반구를 차감하는 형식으로 표시한다. 차변과 대변의 합은 항상 일치하므로 항등식에서의 이항절차와 동일하게 대변잔액인 감가상각누계액을 차변으로 옮기면 부(−)의 금액으로 나타난다. 또한, 감가상각누계액은 과거부터 지금까지 계상한 감가상각비의 누계를 표시하는 재무상태표계정이므로 부채와 유사하게 잔액을 마감하여야 한다.

예제 03 감가상각

가람상사의 당기 감가상각에 관련된 거래는 다음과 같다.

1월 1일 기계장치를 구입하고 현금 ₩200,000을 지급하다.

12월 31일 기계장치에 대한 당기 감가상각비는 ₩40,000이다.

요구사항

1. 위의 기중거래를 분개하고 수정전시산표를 작성하시오.
2. 결산분개를 나타내고 수정후시산표를 작성하시오.
3. 재무상태표와 손익계산서의 관련 계정을 나타내시오.

해답

1. 기중거래분개와 수정전시산표

(1) 기중거래분개

일 자	회계처리			
1월 1일	(차) 기계장치	200,000	(대) 현 금	200,000

(2) 수정전시산표

수정전시산표

기계장치	200,000	
⋮		

2. 결산수정분개와 수정후시산표

(1) 결산수정분개

(차) 감가상각비 40,000 (대) 감가상각누계액 40,000

(2) 수정후시산표

수정후시산표

기계장치	200,000	감가상각누계액	40,000
감가상각비	40,000	⋮	
⋮			

3. 재무상태표와 손익계산서

재무상태표

기 계 장 치	200,000	
감가상각누계액	(40,000)	

손익계산서

감가상각비	40,000	

6 대손상각

(1) 의의

채권의 대손예상은 '자산감소'라는 거래요소를 가져오는 부기상의 거래이다. 보유중인 채권에 대한 대손예상액은 미래에 현금회수되지 않을 금액이지만 채권의 관점에서는 명목금액과 회수가능액의 차액만큼 자산이 감소한 것으로 본다. 채권의 가치감소를 대손상각이라 하는 것은 사용 중인 재화의 가치감소를 감가상각이라 하는 것과 유사하다.

예를 들어, 결산일 현재 매출채권 ₩100,000 중 ₩10,000이 회수불확실한 것으로 예상된다면 대손상각비 ₩10,000을 비용으로 처리하고 매출채권을 회수가능액인 ₩90,000으로 평가하여야 한다.

(2) 결산수정분개

대손상각 회계처리는 결산기말에 행하는 분개이다. 채권의 대손위험은 회계기간 중 시시각각 변동하므로 회계기간 중 금액을 결정하여 회계처리하는 것이 불가능하다. 결산기말 현재 보유 중인 채권에 대하여 대손상각비를 일괄계산하여 회계처리하는 것이 효율적이다. 대손상각에 관한 결산수정분개는 다음과 같다.

(차) 대손상각비 (비용발생)	×××	(대) 대손충당금 (자산감소)	×××

대손상각비와 함께 '대손충당금'이라는 평가계정을 계상하고 대손충당금은 관련 채권의 명목금액에서 차감하는 형식으로 표시한다. 대손은 언제, 어느 거래처에서 발생할지 예측하는 것이 불가능할 뿐만 아니라 대손예상은 당해 채권의 회수를 포기하는 것이 아니기 때문에 채권을 직접 차감할 수 없다. 이와 같이 회계처리하면 채권의 명목금액과 회수가능액을 동시에 파악할 수 있다.

예를 들어, 결산기말 현재 매출채권 ₩100,000에 대하여 ₩10,000의 대손이 예상되는 경우의 회계처리와 이를 재무상태표에 표시하면 다음과 같다.

(차) 대손상각비 (비용발생)	10,000	(대) 대손충당금 (자산감소)	10,000

재무상태표

매출채권	100,000	
대손충당금	(10,000)	
⋮		

대손충당금은 평가계정이므로 회계처리상 대변에 기록하지만 재무상태표상 차변으로 옮겨 매출채권에서 차감하는 형식으로 표시한다. 그 결과 손익계산서상 매출액에 대응하는 대손상각비를 표시하고 재무상태표상 매출채권의 명목가액과 회수가능금액을 동시에 나타낼 수 있다. 대손충당금은 재무상태표계정이므로 부채와 유사하게 잔액을 마감하여야 한다.

예제 04 대손상각

가람상사의 수정전시산표상 매출채권은 ₩100,000이며 동 매출채권에 대한 대손예상액은 ₩10,000이다.

요구사항 ▼

1. 결산분개를 나타내고 수정후시산표를 작성하시오.
2. 재무상태표와 손익계산서의 관련 계정을 나타내시오.

해답

1. 결산분개와 수정후시산표

(1) 결산분개

(차) 대손상각비 10,000 (대) 대손충당금 10,000

(2) 수정후시산표

수정후시산표

매출채권	100,000	대손충당금	10,000
대손상각비	10,000	⋮	
⋮			

2. 재무상태표와 손익계산서

재무상태표

매출채권	100,000	
대손충당금	(10,000)	

손익계산서

대손상각비	10,000	

7 손익의 결산정리

(1) 의의

손익의 결산정리는 이미 기록한 수익·비용이 당기에 인식하여야 할 금액과 일치하지 않는 경우 이를 조정하는 절차를 말한다. 손익계산서상 수익·비용은 발생주의에 의하여 인식하여야 하고 회계기간 중 현금주의에 의해 기록하였다가 수정하는 것이므로 이 절차는 현금주의에서 발생주의로의 수정이라 할 수 있다.

현금주의(cash basis)는 현금수취시점에 수익을 인식하고 현금지급시점에 비용을 인식하는 회계처리방식을 말한다. 이 방식은 회계처리가 간편하다는 점만 장점일 뿐 논리적인 근거가 없고 정확한 경영성과를 보고할 수 없는 비합리적인 방식이므로 회계원칙에서 인정하지 아니한다.

발생주의(accrual basis)는 수익·비용이 발생한 시점에 인식하는 회계처리방식을 말한다. 다시 말하면 수익·비용이 귀속되어야 할 회계기간은 현금유출입의 원인이 발생한 시점이며, 현금유출입시점에 관계없이 합리적인 귀속시점을 결정하는 방식이다. 손익계산서상 정확한 당기순이익을 보고하기 위해서는 현금주의가 아닌 발생주의에 의하여 수익·

비용을 인식하여야 한다. 예를 들어, 당기에 현금으로 수취한 수익이라 할지라도 귀속기간이 차기 이후에 해당하면 당기에 수익인식하지 아니하며, 차기 이후에 현금으로 수취할 예정이지만 당기에 수익을 인식할 수도 있다.

수익·비용의 인식은 발생주의가 원칙이지만, 시간의 경과에 따라 인식하는 수익·비용은 회계기간 중 현금주의로 기록하였다가 결산기말 손익의 결산정리를 통해 발생주의로 수정한다.

수익·비용의 이연, 수익·비용의 예상, 소모품 회계처리로 구분하여 설명하기로 한다.

(2) 수익·비용의 이연

수익·비용의 이연은 현금으로 수수한 수익·비용을 차기 이후의 수익·비용으로 인식하기 위해 조정하는 것을 말한다. 즉 발생주의에 의한 수익·비용의 인식시점이 현금주의보다 늦게 나타나는 경우의 결산수정분개이다.

예를 들어, 당기 7월 1일에 수수한 현금에 해당하는 수익·비용의 정확한 귀속기간이 당기 7월 1일부터 차기 6월 30일까지이고 회계기간은 1월 1일부터 12월 31일까지인 경우가 이에 해당한다. 당기 현금수수액 중 차기 1월 1일부터 6월 30일까지의 기간에 귀속되는 수익·비용이 이연대상이며 이를 그림으로 도시하면 다음과 같다.

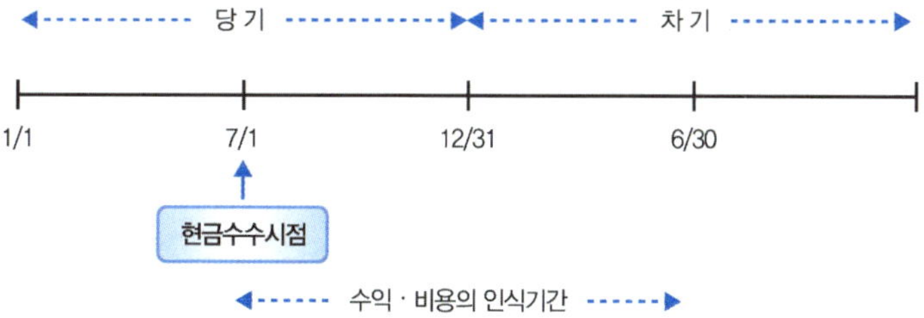

① 수익의 이연(선수수익)

회계기간 중 이미 계상한 수익 중 차기 이후의 수익이 포함되어 있는 경우 이를 당해 수익에서 차감하고 선수수익이라는 부채로 계상하는 결산수정분개이다. 선수수익은 미래에 재화나 용역을 제공하여야 하는 현재의 의무로 부채에 해당한다. 선수수익은 수익의 이연절차에 따라 계상하는 부채이며 선불로 수수하는 임대료, 이자수익 등을 대상으로 한다.

회계기간 중 차기분을 포함하여 임대료를 현금수취하고 결산기말 현재 차기 이후에 인식하여야 할 수익을 이연시키는 회계처리를 예시하면 다음과 같다.

기중회계처리

(차) 현　　금 (자산증가)	×××	(대) 임 대 료 (수익발생)	×××

결산수정분개

(차) 임 대 료 (수익소멸)	×××	(대) 선수임대료 (부채증가)	×××

* 차기 이후에 인식하여야 할 금액

상기 결산수정분개에서는 수익이 소멸된 것처럼 표시하고 있으나 수익이 소멸된 것이 아니라 기중회계처리에서 수익을 과대계상하였으므로 이를 차감한다는 의미이다. 즉 실무편의상 회계기간 중 수취한 현금을 전액 당기수익으로 기록하였다가 결산 시 일괄적으로 차기 이후의 수익을 임대료에서 차감하고 선수임대료로 계상한다.

② 비용의 이연(선급비용)

회계기간 중 이미 계상한 비용에 차기 이후의 비용이 포함되어 있는 경우, 이를 당해 비용에서 차감하고 선급비용이라는 자산으로 계상하는 결산수정분개이다. 선급비용은 미래에 재화나 용역을 제공받는 권리로 자산에 해당한다. 선급비용은 비용의 이연절차에 따라 계상하는 자산이며 선불로 지급하는 임차료, 보험료, 이자비용 등을 대상으로 한다.

회계기간 중 차기분을 포함하여 보험료를 현금지급하고 결산기말 현재 차기 이후에 인식하여야 할 비용을 이연시키는 회계처리를 예시하면 다음과 같다.

기중회계처리

(차) 보 험 료 (비용발생)	×××	(대) 현 금 (자산감소)	×××

결산수정분개

(차) 선급보험료 (자산증가)	×××	(대) 보 험 료 (비용소멸)	×××

* 차기 이후에 인식하여야 할 금액

수익의 이연과 마찬가지로 상기 결산수정분개에서의 비용소멸은 기중회계처리에서 기록된 비용의 과대계상금액을 차감하는 의미이다. 회계기간 중 비용을 현금지급하는 시점에는 전부 비용으로 인식하였다가 결산시 기간미경과분을 일괄 차감하여 회계실무의 효율성을 높일 수 있다.

예제 05 수익·비용의 이연

임대료 및 보험료와 관련된 거래내역은 다음과 같다.

4월 1일 현금수취일부터 차기 3월 31일까지의 임대료 ₩120,000을 현금으로 받다.

9월 1일 현금지급일부터 차기 8월 31일까지의 보험료 ₩12,000을 현금으로 지급하다.

요구사항

1. 위의 기중거래를 분개하고 수정전시산표를 작성하시오.
2. 결산수정분개를 나타내고 수정후시산표를 작성하시오.
3. 재무상태표와 손익계산서의 관련 계정을 나타내시오.

해답

1. 기중거래분개와 수정전시산표

(1) 기중거래분개

일 자	회 계 처 리			
4월 1일	(차) 현 금	120,000	(대) 임 대 료	120,000
9월 1일	(차) 보 험 료	12,000	(대) 현 금	12,000

(2) 수정전시산표

수정전시산표

보 험 료	12,000	임 대 료	120,000
⋮		⋮	

2. 결산수정분개와 수정후시산표

(1) 결산수정분개

① (차) 임 대 료 30,000 (대) 선수임대료 30,000

* ₩120,000×3/12=₩30,000

② (차) 선급보험료 8,000 (대) 보 험 료 8,000

* ₩12,000×8/12=₩8,000

(2) 수정후시산표

수정후시산표

선급보험료	8,000	선수임대료	30,000
보 험 료	4,000	임 대 료	90,000
⋮		⋮	

3. 재무상태표와 손익계산서

재무상태표

선급보험료	8,000	선수임대료	30,000
⋮		⋮	

손익계산서

보 험 료	4,000	임 대 료	90,000
⋮		⋮	

(3) 수익·비용의 예상

수익·비용의 예상은 차기 이후에 현금수수가 이루어지는 경우 이 중 당기에 인식하여야 할 수익·비용을 미리 인식하는 절차를 말한다. 이는 발생주의에 의한 수익·비용의 인식시점이 현금주의보다 빨리 나타나는 경우의 결산수정분개이다.

예를 들어, 차기 6월 30일에 수수할 현금에 해당하는 수익·비용의 정확한 귀속기간이 당기 7월 1일부터 차기 6월 30일까지이고 회계기간은 1월 1일부터 12월 31일까지인 경우가 이에 해당한다. 당기 7월 1일부터 12월 31일까지의 기간에 귀속되는 수익·비용이 예상대상이며 이를 그림으로 도시하면 다음과 같다.

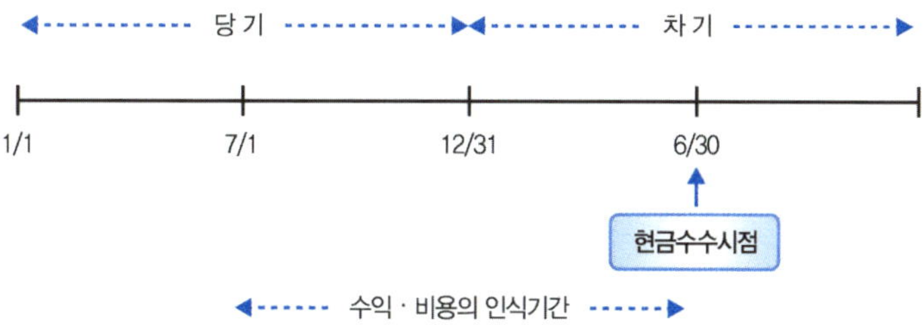

① 수익의 예상(미수수익)

차기 이후에 현금으로 받을 수익 중 당기분을 수익으로 인식하고 미수수익이라는 자산을 계상하는 결산수정분개이다. 미수수익은 미래에 현금을 수취할 권리이므로 자산에 해당한다. 미수수익은 수익의 예상절차에 따라 계상하는 자산이며 후불로 수수하는 이자수익, 임대료 등을 대상으로 한다.

회계기간 중 현금수입이 없어 이자수익을 인식하지 아니하고 결산기말 현재 당기에 인식하여야 할 수익을 예상하는 회계처리를 예시하면 다음과 같다.

기중회계처리

– 분개 없음 –

결산수정분개

(차) 미수이자 (자산증가)	×××	(대) 이자수익 (수익발생)	×××

* 당기에 인식하여야 할 금액

기중회계처리에서 현금수입이 없어 아무런 수익을 계상하지 아니하고 결산분개에서 차기 이후에 수취할 금액 중 당기에 귀속되는 금액을 수익으로 인식한다. 상기 결산분개에서 결산시 수익이 발생한 것이 아니라 기중 인식한 수익이 과소계상되어 그 금액만큼 수익에 가산하는 의미로 보아야 한다.

② 비용의 예상(미지급비용)

차기 이후에 현금으로 지급할 비용 중 당기분을 비용으로 인식하고 미지급비용이라는 부채를 계상하는 결산수정분개이다. 미지급비용은 미래현금을 지급하여야 할 의무이므로 부채에 해당한다. 미지급비용은 비용의 예상절차에 따라 계상하는 부채이며 후불로 수수하는 이자비용, 임차료 등을 대상으로 한다.

회계기간 중 현금지출이 없어 이자비용을 인식하지 아니하고 결산기말 현재 당기에 인식하여야 할 비용을 예상하는 회계처리를 예시하면 다음과 같다.

기중회계처리

— 분개 없음 —

결산수정분개

(차) 이자비용 (비용발생)	×××*	(대) 미지급이자 (부채증가)	×××

* 당기에 인식하여야 할 금액

기중회계처리에서 현금지출이 없어 아무런 비용을 계상하지 아니하고 결산분개에서 차기 이후에 지급할 금액 중 당기에 귀속되는 금액을 비용으로 인식한다. 수익의 예상과 마찬가지로 결산시 비용이 발생한 것이 아니라 기중 인식한 비용이 과소계상되어 그 금액만큼 비용에 가산한다는 의미이다.

예제 06 **수익·비용의 예상**

이자수익과 이자비용에 관련된 거래내역은 다음과 같다.

3월 1일 현금 ₩100,000을 이자율 연 12%, 1년 후 원금 및 이자지급조건으로 거래처에 대여하다.

7월 1일 은행에서 이자율 연 12%, 1년 후 원금 및 이자 일시상환조건으로 ₩200,000을 차입하다.

요구사항 ▼

1. 위의 기중거래를 분개하고 수정전시산표를 작성하시오.
2. 결산수정분개를 나타내고 수정후시산표를 작성하시오.
3. 재무상태표와 손익계산서의 관련 계정을 나타내시오.

해답

1. 기중거래분개와 수정전시산표

(1) 기중거래분개

일 자	회 계 처 리			
3월 1일	(차) 대 여 금	100,000	(대) 현 금	100,000
7월 1일	(차) 현 금	200,000	(대) 차 입 금	200,000

(2) 수정전시산표

수정전시산표

대 여 금	100,000	차 입 금	200,000
이자비용	0	이자수익	0
⋮		⋮	

2. 결산수정분개와 수정후시산표

(1) 결산수정분개

① (차) 미수이자 10,000 (대) 이자수익 10,000

* ₩100,000×12%×10/12=₩10,000

② (차) 이자비용 12,000 (대) 미지급이자 12,000

* ₩200,000×12%×6/12=₩12,000

(2) 수정후시산표

수정후시산표

대 여 금	100,000	차 입 금	200,000
미수이자	10,000	미지급이자	12,000
이자비용	12,000	이자수익	10,000
⋮		⋮	

3. 재무상태표와 손익계산서

재무상태표

대 여 금	100,000	차 입 금	200,000
미수이자	10,000	미지급이자	12,000
⋮		⋮	

손익계산서

이자비용	12,000	이자수익	10,000
⋮		⋮	

(4) 소모품

소모품(supplies)이란 기업의 영업활동에 사용할 목적으로 구입하여 소비하는 문구, 서식, 청소도구 등을 말한다. '소모품'은 자산으로 분류하며 소비된 소모품의 원가는 '소모품비'라는 비용으로 인식하여야 한다.

소모품은 구입시 자산으로 처리하였다가 소비되는 시점에 소비된 금액을 비용으로 인식하는 것이 원칙이다. 그러나 구입시점으로부터 단기간 내 소멸되는 소모품에 대하여 소비시점마다 회계처리하는 것은 비능률적이므로 회계기간 중 소모품의 구입에 대해서만 회계처리하고 결산시 미사용금액을 파악하여 소모품비와 소모품잔액을 결정하는 것이 일반적인 회계관행이다. 또한, 소모품은 자산으로 분류하여 관리할 만큼 중요한 금액이 아니고 보유기간이 매우 짧으므로 구입시 비용으로 처리하였다가 결산시 미사용금액을 자산으로 계상하는 분개를 할 수도 있다.

즉 소모품 회계처리는 결산수정분개이며 회계처리방법은 구입시점에 자산으로 처리하는 방법과 비용으로 처리하는 방법의 두 가지가 있다.

① 구입시 자산으로 계상하는 방법

구입시 자산으로 계상하는 경우 결산기말 당기 사용금액을 소모품에서 차감하고 소모품비를 인식하는 결산수정분개를 하여야 한다.

구입시점

(차) 소 모 품 (자산증가)	×××	(대) 현 금 (자산감소)	×××

사용시점

– 분개 없음 –

결산수정분개

(차) 소모품비 (비용발생)	×××	(대) 소 모 품 (자산감소)	×××

* 사용금액

② 구입시 비용으로 계상하는 방법

구입시 비용으로 계상하는 경우 결산기말 현재 미사용금액을 소모품비에서 차감하고 소모품을 계상하는 결산수정분개를 하여야 한다.

구입시점

(차) 소모품비 (비용발생)	×××	(대) 현　　금 (자산감소)	×××

사용시점

– 분개 없음 –

결산수정분개

(차) 소 모 품 (자산증가)	×××	(대) 소모품비 (비용소멸)	×××

* 미사용금액

예제 07 **소모품**

소모품에 관련된 거래내역은 다음과 같다.

5월 21일 사무용 소모품 ₩30,000을 구입하고 대금은 현금으로 지급하다.
12월 31일 결산일 현재 소모품 미사용금액은 ₩9,000이다.

소모품 구입시 자산으로 계상하는 방법과 비용으로 계상하는 방법으로 구분하여 다음의 요구사항에 답하시오.

요구사항 ▼

1. 위의 기중거래를 분개하고 수정전시산표를 작성하시오.
2. 결산수정분개를 나타내고 수정후시산표를 작성하시오.
3. 재무상태표와 손익계산서의 관련 계정을 나타내시오.

해답

1. 기중거래분개와 수정전시산표

(1) 기중거래분개

일 자	자산으로 계상하는 방법			비용으로 계상하는 방법		
5월 21일	소 모 품	30,000		소모품비	30,000	
	현 금		30,000	현 금		30,000

(2) 수정전시산표

자산으로 계상하는 방법

차변	금액	대변
소 모 품	30,000	
⋮		

비용으로 계상하는 방법

차변	금액	대변
소모품비	30,000	
⋮		⋮

2. 결산수정분개와 수정후시산표

(1) 결산수정분개

일 자	자산으로 계상하는 방법			비용으로 계상하는 방법		
12월 31일	소모품비	21,000		소 모 품	9,000	
	소 모 품		21,000	소모품비		9,000

* ₩30,000 − ₩9,000 = ₩21,000　* 미사용금액

(2) 수정후시산표(두 방법의 결과가 일치)

수정후시산표

차변	금액	대변
소 모 품	9,000	
소모품비	21,000	
⋮		

3. 재무상태표 및 손익계산서

재무상태표

차변	금액	대변
소 모 품	9,000	
⋮		⋮

손익계산서

차변	금액	대변
소모품비	21,000	
⋮		

8 정산표

정산표는 수정전시산표에 결산수정분개를 반영하여 재무제표가 작성되는 과정을 집계하는 형식으로 작성한다. 결산수정분개가 없는 정산표는 불완전한 것이며 결산수정분개를 포함하여 작성한 정산표가 완전한 형태이다. 대차평균의 원리를 이용하여 결산과정에서 발생할 수 있는 계산오류를 방지하고 결산과정을 한눈에 파악하기 위하여 작성하는 서식이다.

정산표는 효율적인 결산을 위한 도구일 뿐이며 결산 이후 상당기간 보존하여야 할 영구적인 회계장부에 해당하지 아니한다. 결산이 복잡한 경우에만 작성해보는 서식이므로 정산표의 작성은 선택적 절차에 불과하다. 전산화된 환경에서는 계산상의 오류가 발생하지 않기 때문에 요즘 정산표를 작성하는 기업은 거의 없다. 정산표의 작성절차를 파악하는 것은 결산수정분개로 인하여 수정된 금액이 재무제표에 기록되는 과정을 이해하는 데 있으며, 나아가 둘 이상의 기업 간 재무제표를 결합하여 작성하는 고급회계분야(연결재무제표·결합재무제표작성 등)에서 응용된다.

정산표는 8위식[1] 정산표가 일반적이며 그 양식과 작성절차를 설명하면 다음과 같다.

정 산 표

계정과목	수정전시산표		결산수정분개		손익계산서		재무상태표	
	차 변	대 변	차 변	대 변	차 변	대 변	차 변	대 변
자 산	×××						×××	
부 채		×××						×××
자 본		×××						×××
수 익		×××				×××		
비 용	×××				×××			
당기순이익					④×××			④×××
계	×××	×××	×××	×××	×××	×××	×××	×××
	①		②		③			

[작성절차]

① 수정전시산표상 자산, 부채, 자본, 수익 및 비용의 각 계정과목과 잔액을 기록한다.
② 결산수정분개상의 금액을 해당 계정과목의 차변 또는 대변에 기록하고, 계정과목이 없으면 신규 설정하여 기록한다.
③ 결산수정분개 후 수정된 금액을 계정과목별로 적절히 구분하여 손익계산서와 손익계산서의 해당란에 기입한다.
④ 손익계산서상 차변(비용)과 대변(수익)의 합을 비교하여 당기순이익(또는 손실)을 산출하고 그 금액을 손익계산서 차변과 재무상태표의 대변에 각각 기록한다.

1) 8위식이란 정산표상 표시되는 열(column)의 수, 즉 차변·대변의 개수를 기준으로 부여한 명칭이며 필요에 따라 6위식으로 축소하거나 10위식으로 확장할 수도 있다.

01 다음 중 결산분개와 관련이 없는 것은?

① 선수임대료의 계상
② 법인세비용의 계상
③ 대손충당금의 설정
④ 단기매매금융자산의 취득

02 결산정리사항으로 볼 수 없는 거래는 다음 중 어느 것인가?

① 매매차익을 얻을 목적으로 취득한 주식의 결산일 현재 시가하락
② 사업용 기계장치에 대한 감가상각비의 계상
③ 매출채권에 대한 대손충당금의 설정
④ 개업 10주년 기념 제품단가의 일시적 인하

03 다음 중 회계순환과정에 대한 설명으로 옳은 것은?

① 거래발생 순서대로 계정과목과 금액을 차변과 대변으로 나누어 기록하는 것을 말한다.
② 회계상의 거래를 식별하는 과정을 말한다.
③ 정보이용자와 경영자 사이의 정보전달이 반복되는 과정을 말한다.
④ 회계상의 거래의 인식, 측정 및 보고가 매 회계기간 반복되는 과정을 말한다.

04 회계순환과정에서 나타나는 다음의 절차를 순서대로 맞게 배열한 것은 어느 것인가?

A. 재무제표 작성	B. 결산수정분개
C. 수정전 시산표	D. 계정마감

① C→B→D→A
② C→D→B→A
③ D→C→A→B
④ C→D→B→A

05 다음 중 회계의 순환 과정 순서로 올바른 것은?

A. 분개	B. 시산표 작성
C. 결산수정분개	D. 거래의 발생
E. 총계정원장의 마감	F. 결산보고서 작성 절차
G. 전기(총계정원장)	

① A－B－C－D－E－F－G ② B－A－D－G－C－E－F
③ D－A－G－B－C－E－F ④ D－A－G－C－B－F－E

06 주어진 자료에서 기초상품재고액을 계산하면?

당기매출액	₩3,800,000	당기상품매입액	₩3,000,000
기말상품재고액	1,000,000	매출총이익	500,000

① ₩1,000,000 ② ₩900,000
③ ₩1,300,000 ④ ₩1,500,000

07 다음은 손익결산정리 후 나타나는 경과계정에 대한 설명이다. 그 설명이 옳지 않은 것은?

① 선급비용 : 이미 지급한 비용 중 차기 이후에 비용으로 되는 것
② 미수수익 : 당기에 속하는 수익 중 아직 받지 못한 것
③ 선수수익 : 일반적 상거래에서 발생한 선수액
④ 미지급비용 : 발생한 비용으로서 지급되지 아니한 것

08 국제상사는 당기(회계기간 : 1.1.~12.31.) 11월 1일에 향후 6개월분의 임차료 ₩900,000을 현금지급하였다. 이 거래에 대하여 다음과 같이 분개하였다면 기말 결산분개로 옳은 것은?

(차) 선급임차료	900,000	(대) 현　　금	900,000

① (차) 임　차　료 300,000 (대) 선급임차료 300,000
② (차) 임　차　료 150,000 (대) 선급임차료 150,000
③ (차) 선급임차료 300,000 (대) 임　차　료 300,000
④ (차) 임　차　료 600,000 (대) 선급임차료 600,000

09 과천상사는 당기 10월 1일 화재보험에 가입하고 연간 보험료 ₩240,000을 현금으로 지급하였다. 과천상사의 결산일이 매년 12월 31일이라면 결산수정분개 후 재무제표상 관련계정의 잔액이 올바른 것은?

① 보험료 ₩180,000
② 선급보험료 ₩180,000
③ 미지급보험료 ₩60,000
④ 선수보험료 ₩60,000

10 다음은 건국상사(회계기간 : 1.1.~12.31)의 계정별원장의 일부이다. 다음의 자료를 토대로 당기 이자비용의 거래내역을 바르게 설명한 것은?

이자비용

차변	금액	대변	금액
10/31 보통예금	₩300,000	12/31 집합손익	₩500,000
12/31 미지급비용	200,000		
	₩500,000		₩500,000

① 당기에 현금으로 지급한 이자금액은 ₩300,000이다.
② 당기에 발생한 이자비용이지만 아직 지급하지 않은 금액은 ₩500,000이다.
③ 당기분 이자비용은 ₩500,000이다.
④ 차기로 이월되는 이자비용은 ₩500,000이다.

11 결산후 손익계산서상 당기순이익이 ₩300,000으로 확인하였으나 결산과정에서 다음 사항이 누락되었음을 알게 되었다.

• 임대료 선수분	₩30,000	• 이자비용 미지급액	₩50,000

수정후 정확한 당기순이익을 계산하면 얼마인가?

① ₩220,000
② ₩280,000
③ ₩320,000
④ ₩380,000

12 다음의 결산수정분개를 행한 경우 잔액시산표 합계액의 변동을 가져오지 않는 것은?

① 차기 회수할 이자수익 중 당기분 계상 ② 감가상각비의 계상
③ 매출채권에 대한 대손충당금의 설정 ④ 보험료 중 기간미경과분 선급보험료 계상

13 경남기업의 수정 전 잔액시산표 합계금액은 ₩7,500,000이다. 다음의 결산수정분개를 반영한다면 수정 후 잔액시산표 합계금액은 얼마인가?

• 이자수익 미수금액	₩30,000
• 소모품 미사용액	20,000
• 보험료 기간미경과액	50,000
• 감가상각비	100,000

① ₩7,580,000 ② ₩7,620,000
③ ₩7,630,000 ④ ₩7,670,000

14 다음의 결산정리사항 중 당기순이익을 증가시키는 것으로만 묶인 것은?

① 미수이자의 계상, 선수임대료의 계상
② 선수임대료의 계상, 감가상각비의 계상
③ 선급보험료의 계상, 대손충당금의 설정
④ 미수임대료의 계상, 대손충당금의 환입

15 미지급비용을 누락한 경우 재무제표에 미치는 영향은?

① 부채의 과대계상 ② 자산의 과소계상
③ 비용의 과대계상 ④ 비용의 과소계상

16 기말재고자산을 과소평가한 경우 나타나는 현상으로 옳은 것은?

	매출원가	당기순이익		매출원가	당기순이익
①	과대계상	과대계상	②	과소계상	과소계상
③	과소계상	과대계상	④	과대계상	과소계상

해답 **결 산**

01. ④ 02. ④ 03. ④ 04. ① 05. ③ 06. ③ 07. ③ 08. ① 09. ② 10. ③
11. ① 12. ④ 13. ③ 14. ④ 15. ④ 16. ④

해설

01. 단기매매금융자산의 취득은 결산수정분개가 아니라 회계기간 중에 이루어지는 회계처리이다.

02. 제품판매단가의 일시적 인하는 결산수정분개가 될 수 없다. 결산일 현재 제품의 회복불능한 가치하락이라면 결산수정분개에 해당한다.

03. 회계순환과정을 거래의 발생으로부터 재무제표가 작성되기까지의 모든 과정을 말하며 매 회계기간 반복되는 것이다.

04. 수정전시산표 작성 → 결산수정분개 → (수정후시산표 작성) → 계정마감 → 재무제표 작성

05. 거래의 발생 → 분개(분개장) → 전기(총계정원장) → 결산예비절차(시산표작성 → 결산수정분개) → 결산본절차(총계정원장마감) → 결산보고서 작성 절차(손익계산서와 재무상태표 작성)

06. 매출원가＝매출액－매출총이익
＝₩3,800,000－₩500,000
＝₩3,300,000
기초상품재고액을 X라 하면, 기초상품재고액＋당기상품매입액－기말상품재고액＝매출원가
X＋₩3,000,000－₩1,000,000＝₩3,300,000
X＝₩1,300,000

07. 선수금에 대한 설명이다. 선수수익은 이미 현금으로 받은 수익 중 차기 이후에 속하는 것을 말한다.

08. 임차료 지급액을 기중 선급임차료로 처리하였으므로 결산수정분개는 경과분에 상당하는 임차료(＝₩900,000×2/6)를 인식하는 회계처리를 하여야 한다.

09. (1) 일자별 회계처리

10/1	(차) 보 험 료	240,000	(대) 현 금	240,000
12/31	(차) 선급보험료	180,000	(대) 보 험 료	180,000

* ₩240,000×9/12＝₩180,000

(2) 재무제표 잔액
재무상태표 : 선급보험료 ₩180,000
손익계산서 : 보 험 료 60,000

10. 10/31 이자비용 지급시

(차) 이자비용	300,000	(대) 보통예금	300,000

12/31 결산분개

(차) 이자비용	200,000	(대) 미지급이자	200,000

12/31 손익계정대체

(차) 집합손익	500,000	(대) 이자비용	500,000

11. (1) 결산수정분개

(차) 임 대 료	30,000	(대) 선수임대료	30,000
(차) 이자비용	50,000	(대) 미지급이자	50,000

(2) 수정후 당기순이익

수정전 당기순이익	₩300,000
임 대 료 선 수 분	(30,000)
이자비용 미지급액	(50,000)
수정후 당기순이익	₩220,000

12.

① (차) 미 수 이 자	×××	(대) 이 자 수 익	×××(증가)
② (차) 감 가 상 각 비	×××	(대) 감가상각누계액	×××(증가)
③ (차) 대 손 상 각 비	×××	(대) 대 손 충 당 금	×××(증가)
④ (차) 선 급 보 험 료	×××	(대) 보 험 료	×××(불변)

선급보험료의 계상은 차변(보험료 계정)의 감소와 차변(선급보험료 계정)의 증가를 가져오므로 변동 없다.

13.

수정전 합계금액	₩7,500,000	
이자수익 미수금액	30,000	(증가)
소모품 미사용액	–	(불변)
보험료 기간미경과액	–	(불변)
감 가 상 각 비	100,000	(증가)
수정후 합계금액	₩7,630,000	

14. 순이익 증가 : 미수이자의 계상, 선급보험료의 계상, 대손충당금의 환입
순이익 감소 : 선수임대료의 계상, 감가상각비의 계상, 대손충당금의 설정

15. 비용 및 부채의 과소계상으로 재무제표에 영향을 미친다.

16. 기초상품재고액 + 당기상품매입액 – 기말상품재고액 = 매출원가(▲)
매출액 – 매출원가(▲) = 당기순이익(▼)

스스로 결산하기

다음의 [기본자료]에서 주어진 거래내역을 이용하여 다음의 각 절차를 해보기로 하자.

(1) 분개하기

(2) 전기하기

(3) 수정전시산표 작성하기

(4) 결산수정분개하기

(5) 수정후시산표 작성하기

(6) 손익계산서 계정마감하기

(7) 재무상태표 계정마감하기

(8) 재무상태표 및 손익계산서 작성하기

(9) 정산표 작성하기

››› 기본자료

가람상사의 기초시점(1월 1일) 현재 재무상태표와 당기 중 발생한 거래는 다음과 같다.

재무상태표

현 금	₩480,000	자 본 금	₩500,000
상 품	20,000		
계	₩500,000	계	₩500,000

1월 2일 기계장치를 구입하고 현금 ₩200,000을 지급하다.

2월 1일 상품 ₩60,000을 외상으로 매입하다.

3월 1일 현금 ₩100,000을 이자율 연 12%, 1년 후 원금 및 이자지급조건으로 거래처에 대여하다.

3월 14일 원가 ₩50,000인 상품을 ₩70,000에 현금판매하다.

4월 1일 1년분 임대료 ₩120,000을 현금으로 받다.

6월 9일 상품 ₩140,000을 매입하여 현금 ₩40,000을 지급하고 나머지는 외상으로 하다.

7월 1일 은행에서 이자율 연 12%, 1년 후 원금 및 이자 일시상환조건으로 ₩200,000을 차입하다.

9월 1일 1년분 보험료 ₩12,000을 현금으로 지급하다.

10월 21일 사무용 소모품 ₩30,000을 구입하고 대금은 현금으로 지급하다. 단, 구입액을 자산으로 처리할 것.

12월 20일 원가 ₩120,000인 상품을 ₩160,000에 판매하여 이 중 ₩60,000은 현금으로 받고 나머지는 외상으로 하다.

››› 결산정리사항

(1) 기말상품재고액은 ₩50,000이다.
(2) 기계장치에 대한 당기 감가상각비는 ₩40,000이다.
(3) 매출채권에 대하여 ₩10,000의 대손이 예상된다.
(4) 임대료 중 ₩30,000은 기간이 미경과하였다.
(5) 보험료 중 ₩8,000은 차기분이다.
(6) 대여금에 대한 당기분 이자수익은 ₩10,000이다.
(7) 차입금에 대한 당기분 이자비용은 ₩12,000이다.
(8) 소모품 미사용잔액은 ₩9,000이다.

(1) 분개하기

일 자	회 계 처 리	
1월 2일	(차)	(대)
2월 1일	(차)	(대)
3월 1일	(차)	(대)
3월 14일	(차)	(대)
4월 1일	(차)	(대)
6월 9일	(차)	(대)
7월 1일	(차)	(대)
9월 1일	(차)	(대)
10월 21일	(차)	(대)
12월 20일	(차)	(대)

(2) 전기하기

현 금

차변	대변
1/ 1 전기이월 480,000	

상 품

차변	대변
1/ 1 전기이월 20,000	

기계장치

차변	대변

대 여 금

차변	대변

매 입

차변	대변

매 출

차변	대변

매출채권

차변	대변

매입채무

차변	대변

보 험 료

차변	대변

임 대 료

차변	대변

소 모 품

차변	대변

차 입 금

차변	대변

자 본 금

차변	대변
	1/ 1 전기이월 500,000

(3) 수정전시산표 작성하기

수정전시산표

계정	금액	계정	금액
현　　금		매입채무	
매출채권		차 입 금	
상　　품		자 본 금	
소 모 품		매　　출	
대 여 금		임 대 료	
기계장치			
매　　입			
보 험 료			
계		계	

(4) 결산수정분개하기

	회 계 처 리	
(1)	(차)	(대)
(2)	(차)	(대)
(3)	(차)	(대)
(4)	(차)	(대)
(5)	(차)	(대)
(6)	(차)	(대)
(7)	(차)	(대)
(8)	(차)	(대)

매출원가

상 품

1/ 1 전기이월 20,000	

매 입

2/ 1 매입채무 60,000	
6/ 9 현 금 40,000	
매입채무 100,000	

감가상각누계액

대손충당금

감가상각비

대손상각비

보 험 료

9/ 1 현 금 12,000	

임 대 료

	4/ 1 현 금 120,000

선급보험료

선수임대료

미수이자

미지급이자

이자비용

이자수익

소 모 품

10/21 현 금 30,000	

소모품비

(5) 수정후시산표 작성하기

수정후시산표

차변	금액	대변	금액
현 금		매 입 채 무	
매 출 채 권		선 수 임 대 료	
상 품		미 지 급 이 자	
소 모 품		차 입 금	
선 급 보 험 료		대 손 충 당 금	
미 수 이 자		감가상각누계액	
대 여 금		자 본 금	
기 계 장 치		매 출	
매 출 원 가		임 대 료	
보 험 료		이 자 수 익	
감 가 상 각 비			
대 손 상 각 비			
소 모 품 비			
이 자 비 용			
계		계	

(6) 손익계산서계정 마감하기

마감분개

(1) (차) (대) 집합손익

(2) (차) 집합손익 (대)

(3) (차) 집합손익 (대) 이익잉여금

매출원가

차변	금액	대변	금액
12/31 상품(기초)	20,000	12/31 상품(기말)	50,000
12/31 매 입	200,000		

매 출

차변	금액	대변	금액
		3/14 현 금	70,000
		12/20 현 금	60,000
		매출채권	100,000

감가상각비

차변	금액	대변	금액
		12/31 집합손익	40,000

대손상각비

차변	금액	대변	금액
12/31 대손충당금	10,000		

보 험 료

차변	금액	대변	금액
9/ 1 현 금	12,000	12/31 선급보험료	8,000

임 대 료

차변	금액	대변	금액
12/31 선수임대료	30,000	4/ 1 현 금	120,000

이자비용

차변	금액	대변	금액
12/31 미지급이자	12,000		

이자수익

차변	금액	대변	금액
		12/31 미수이자	10,000

소모품비

차변	금액	대변	금액
12/31 소 모 품	21,000		

집합손익

차변	금액	대변	금액

이익잉여금

차변	금액	대변	금액

(7) 재무상태표계정 마감하기

현 금

차변	금액	대변	금액
1/ 1 전기이월	480,000	1/ 2 기계장치	200,000
3/14 매 출	70,000	3/ 1 대 여 금	100,000
4/ 1 임 대 료	120,000	6/ 9 매 입	40,000
7/ 1 차 입 금	200,000	9/ 1 보 험 료	12,000
12/20 매 출	60,000	10/21 소 모 품	30,000

매입채무

차변	금액	대변	금액
		2/ 1 매 입	60,000
		6/ 9 매 입	100,000

상 품

차변			대변		
1/ 1	전기이월	20,000	12/31	매출원가	20,000
12/31	매출원가	50,000			

자 본 금

차변			대변		
			1/ 1	전기이월	500,000

기계장치

차변			대변		
1/ 2	현 금	200,000			

감가상각누계액

차변			대변		
			12/31	감가상각비	40,000

매출채권

차변			대변		
12/20	매 출	100,000			

대손충당금

차변			대변		
			12/31	대손상각비	10,000

선급보험료

차변			대변		
12/31	보 험 료	8,000			

선수임대료

차변			대변		
			12/31	임 대 료	30,000

대 여 금

차변			대변		
3/ 1	현 금	100,000			

차 입 금

차변			대변		
			7/ 1	현 금	200,000

미수이자

차변			대변		
12/31	이자수익	10,000			

미지급이자

차변			대변		
			12/31	이자비용	12,000

소 모 품

차변			대변		
10/21	현 금	30,000	12/31	소모품비	21,000

이익잉여금

차변			대변		
			12/31	집합손익	73,000

(8) 재무상태표 및 손익계산서 작성하기

재무상태표

차변	금액	대변	금액
현 금		매입채무	
매출채권		선수임대료	
대손충당금		미지급이자	
상 품		차 입 금	
소 모 품		자 본 금	
선급보험료		이익잉여금	
미수이자			
대 여 금			
기계장치			
감가상각누계액			
계		계	

손익계산서

차변	금액	대변	금액
매출원가		매 출	
보 험 료		임 대 료	
감가상각비		이자수익	
대손상각비			
소모품비			
이자비용			
당기순이익			
계		계	

(9) 정산표 작성하기

정 산 표

계정과목	수정전시산표		결산수정분개		손익계산서		재무상태표	
	차 변	대 변	차 변	대 변	차 변	대 변	차 변	대 변
현 금	548,000							
매 출 채 권	100,000							
상 품	20,000							
소 모 품	30,000							
선 급 보 험 료								
미 수 이 자								
대 여 금	100,000							
기 계 장 치	200,000							
매 입	200,000							
매 출 원 가								
보 험 료	12,000							
감 가 상 각 비								
대 손 상 각 비								
소 모 품 비								
이 자 비 용								
매 입 채 무		160,000						
선 수 임 대 료								
미 지 급 이 자								
차 입 금		200,000						
대 손 충 당 금								
감가상각누계액								
자 본 금		500,000						
매 출		230,000						
임 대 료		120,000						
이 자 수 익								
당 기 순 이 익								
계	1,210,000	1,210,000						

스스로 결산하기 해답

(1) 분개하기

일 자	회 계 처 리			
1월 2일	(차) 기계장치	200,000	(대) 현 금	200,000
2월 1일	(차) 매 입	60,000	(대) 매입채무	60,000
3월 1일	(차) 대 여 금	100,000	(대) 현 금	100,000
3월 14일	(차) 현 금	70,000	(대) 매 출	70,000
4월 1일	(차) 현 금	120,000	(대) 임 대 료	120,000
6월 9일	(차) 매 입	140,000	(대) 현 금	40,000
			매입채무	100,000
7월 1일	(차) 현 금	200,000	(대) 차 입 금	200,000
9월 1일	(차) 보 험 료	12,000	(대) 현 금	12,000
10월 21일	(차) 소 모 품	30,000	(대) 현 금	30,000
12월 20일	(차) 현 금	60,000	(대) 매 출	160,000
	매출채권	100,000		

(2) 전기하기

현 금

차변		대변	
1/ 1 전기이월	480,000	1/ 2 기계장치	200,000
3/14 매 출	70,000	3/ 1 대 여 금	100,000
4/ 1 임 대 료	120,000	6/ 9 매 입	40,000
7/ 1 차 입 금	200,000	9/ 1 보 험 료	12,000
12/20 매 출	60,000	10/21 소 모 품	30,000

상 품

차변		대변	
1/ 1 전기이월	20,000		

기계장치

차변		대변	
1/ 2 현 금	200,000		

대 여 금

차변		대변	
3/ 1 현 금	100,000		

매 입

차변		대변	
2/ 1 매입채무	60,000		
6/ 9 현 금	40,000		
매입채무	100,000		

매 출

차변		대변	
		3/14 현 금	70,000
		12/20 현 금	60,000
		매출채권	100,000

매출채권

차변		대변	
12/20 매 출	100,000		

매입채무

차변		대변	
		2/ 1 매 입	60,000
		6/ 9 매 입	100,000

보험료	
9/ 1 현 금 12,000	

임대료	
	4/ 1 현 금 120,000

소모품	
10/21 현 금 30,000	

차입금	
	7/ 1 현 금 200,000

자본금	
	1/ 1 전기이월 500,000

(3) 수정전시산표 작성하기

수정전시산표

현 금	₩548,000	매입채무	₩160,000
매출채권	100,000	차 입 금	200,000
상 품	20,000	자 본 금	500,000
소 모 품	30,000	매 출	230,000
대 여 금	100,000	임 대 료	120,000
기계장치	200,000		
매 입	200,000		
보 험 료	12,000		
계	₩1,210,000	계	₩1,210,000

(4) 결산수정분개하기

(1)	(차) 매 출 원 가	20,000	(대) 상 품(기초)	20,000
	매 출 원 가	200,000	매 입	200,000
	상 품(기말)	50,000	매 출 원 가	50,000
(2)	(차) 감 가 상 각 비	40,000	(대) 감가상각누계액	40,000
(3)	(차) 대 손 상 각 비	10,000	(대) 대 손 충 당 금	10,000
(4)	(차) 임 대 료	30,000	(대) 선 수 임 대 료	30,000
(5)	(차) 선 급 보 험 료	8,000	(대) 보 험 료	8,000
(6)	(차) 미 수 이 자	10,000	(대) 이 자 수 익	10,000
(7)	(차) 이 자 비 용	12,000	(대) 미 지 급 이 자	12,000
(8)	(차) 소 모 품 비	21,000	(대) 소 모 품	21,000

매출원가

차변	금액	대변	금액
12/31 상품(기초)	20,000	12/31 상품(기말)	50,000
12/31 매 입	200,000		

상 품

차변	금액	대변	금액
1/ 1 전기이월	20,000	12/31 매출원가	20,000
12/31 매출원가	50,000		

매 입

차변	금액	대변	금액
2/ 1 매입채무	60,000	12/31 매출원가	200,000
6/ 9 현 금	40,000		
매입채무	100,000		
계	200,000	계	200,000

감가상각누계액

차변	금액	대변	금액
		12/31 감가상각비	40,000

대손충당금

차변	금액	대변	금액
		12/31 대손상각비	10,000

감가상각비

차변	금액	대변	금액
12/31 감가상각누계액	40,000		

대손상각비

차변	금액	대변	금액
12/31 대손충당금	10,000		

보 험 료

차변	금액	대변	금액
9/ 1 현 금	12,000	12/31 선급보험료	8,000

임 대 료

차변	금액	대변	금액
12/31 선수임대료	30,000	4/ 1 현 금	120,000

선급보험료

차변	금액	대변	금액
12/31 보 험 료	8,000		

선수임대료

차변	금액	대변	금액
		12/31 임 대 료	30,000

미수이자

차변	금액	대변	금액
12/31 이자수익	10,000		

미지급이자

차변	금액	대변	금액
		12/31 이자비용	12,000

이자비용

차변	금액	대변	금액
12/31 미지급이자	12,000		

이자수익

차변	금액	대변	금액
		12/31 미수이자	10,000

소 모 품

차변	금액	대변	금액
10/21 현 금	30,000	12/31 소모품비	21,000

소모품비

차변	금액	대변	금액
12/31 소 모 품	21,000		

(5) 수정후시산표 작성하기

수정후시산표

현 금	₩548,000	매 입 채 무	₩160,000
매 출 채 권	100,000	선 수 임 대 료	30,000
상 품	50,000	미 지 급 이 자	12,000
소 모 품	9,000	차 입 금	200,000
선 급 보 험 료	8,000	대 손 충 당 금	10,000
미 수 이 자	10,000	감가상각누계액	40,000
대 여 금	100,000	자 본 금	500,000
기 계 장 치	200,000	매 출	230,000
매 출 원 가	170,000	임 대 료	90,000
보 험 료	4,000	이 자 수 익	10,000
감 가 상 각 비	40,000		
대 손 상 각 비	10,000		
소 모 품 비	21,000		
이 자 비 용	12,000		
계	₩1,282,000	계	₩1,282,000

(6) 손익계산서계정 마감하기

(1) (차)	매 출	230,000	(대) 집합손익	330,000
	임 대 료	90,000		
	이자수익	10,000		
(2) (차)	집합손익	257,000	(대) 매출원가	170,000
			보 험 료	4,000
			감가상각비	40,000
			대손상각비	10,000
			소모품비	21,000
			이자비용	12,000
(3) (차)	집합손익	73,000	(대) 이익잉여금	73,000

매출원가

차변	금액	대변	금액
12/31 상품(기초)	20,000	12/31 상품(기말)	50,000
12/31 매 입	200,000	12/31 집합손익	170,000
계	220,000	계	220,000

상 품

차변	금액	대변	금액
1/ 1 전기이월	20,000	12/31 매출원가	20,000
12/31 매출원가	50,000	12/31 차기이월	50,000
계	70,000	계	70,000
1/ 1 전기이월	50,000		

매 입

차변	금액	대변	금액
2/ 1 매입채무	60,000	12/31 매출원가	200,000
6/ 9 현 금	40,000		
매입채무	100,000		
계	200,000	계	200,000

매 출

차변	금액	대변	금액
12/31 집합손익	230,000	3/14 현 금	70,000
		12/20 현 금	60,000
		매출채권	100,000
계	230,000	계	230,000

감가상각비

차변	금액	대변	금액
12/31 감가상각누계액	40,000	12/31 집합손익	40,000

대손상각비

차변	금액	대변	금액
12/31 대손충당금	10,000	12/31 집합손익	10,000

보 험 료

차변	금액	대변	금액
9/ 1 현 금	12,000	12/31 선급보험료	8,000
		12/31 집합손익	4,000
계	12,000	계	12,000

임 대 료

차변	금액	대변	금액
12/31 선수임대료	30,000	4/ 1 현 금	120,000
12/31 집합손익	90,000		
계	120,000	계	120,000

이자비용

차변	금액	대변	금액
12/31 미지급이자	12,000	12/31 집합손익	12,000

이자수익

차변	금액	대변	금액
12/31 집합손익	10,000	12/31 미수이자	10,000

소모품비

차변	금액	대변	금액
12/31 소 모 품	21,000	12/31 집합손익	21,000

집합손익

차변	금액	대변	금액
12/31 매출원가	170,000	12/31 매 출	230,000
보 험 료	4,000	임 대 료	90,000
감가상각비	40,000	이자수익	10,000
대손상각비	10,000		
소모품비	21,000		
이자비용	12,000		
12/31 이익잉여금	73,000		
계	330,000	계	330,000

이익잉여금

차변	금액	대변	금액
		12/31 집합손익	73,000

(7) 재무상태표계정 마감하기

현 금

차변	금액	대변	금액
1/ 1 전기이월	480,000	1/ 2 기계장치	200,000
3/14 매 출	70,000	3/ 1 대 여 금	100,000
4/ 1 임 대 료	120,000	6/ 9 매 입	40,000
7/ 1 차 입 금	200,000	9/ 1 보 험 료	12,000
12/20 매 출	60,000	10/21 소 모 품	30,000
		12/31 차기이월	548,000
계	930,000	계	930,000
1/ 1 전기이월	548,000		

매입채무

차변	금액	대변	금액
12/31 차기이월	160,000	2/ 1 매 입	60,000
		6/ 9 매 입	100,000
계	160,000	계	160,000
		1/ 1 전기이월	160,000

상 품

차변	금액	대변	금액
1/ 1 전기이월	20,000	12/31 매출원가	20,000
12/31 매출원가	50,000	12/31 차기이월	50,000
계	70,000	계	70,000
1/ 1 전기이월	50,000		

기계장치

차변	금액	대변	금액
1/ 2 현 금	200,000	12/31 차기이월	200,000
1/ 1 전기이월	200,000		

감가상각누계액

차변	금액	대변	금액
12/31 차기이월	40,000	12/31 감가상각비	40,000
		1/ 1 전기이월	40,000

매출채권

차변	금액	대변	금액
12/20 매 출	100,000	12/31 차기이월	100,000
1/ 1 전기이월	100,000		

대손충당금

차변	금액	대변	금액
12/31 차기이월	10,000	12/31 대손상각비	10,000
		1/ 1 전기이월	10,000

자 본 금

차변	금액	대변	금액
12/31 차기이월	500,000	1/ 1 전기이월	500,000
		1/ 1 전기이월	500,000

선급보험료

차변	금액	대변	금액
12/31 보 험 료	8,000	12/31 차기이월	8,000
1/ 1 전기이월	8,000		

선수임대료

차변	금액	대변	금액
12/31 차기이월	30,000	12/31 임 대 료	30,000
		1/ 1 전기이월	30,000

대 여 금

차변	금액	대변	금액
3/ 1 현 금	100,000	12/31 차기이월	100,000
1/ 1 전기이월	100,000		

차 입 금

차변	금액	대변	금액
12/31 차기이월	200,000	7/ 1 현 금	200,000
		1/ 1 전기이월	200,000

미수이자

차변	금액	대변	금액
12/31 이자수익	10,000	12/31 차기이월	10,000
1/ 1 전기이월	10,000		

미지급이자

차변	금액	대변	금액
12/31 차기이월	12,000	12/31 이자비용	12,000
		1/ 1 전기이월	12,000

소 모 품

10/21 현 금	30,000	12/31 소모품비	21,000
		12/31 차기이월	9,000
계	30,000	계	30,000
1/ 1 전기이월	9,000		

이익잉여금

12/31 차기이월	73,000	12/31 집합손익	73,000
		1/ 1 전기이월	73,000

(8) 재무상태표 및 손익계산서 작성하기

재무상태표

현 금	₩548,000	매 입 채 무	₩160,000
매 출 채 권	100,000	선 수 임 대 료	30,000
대 손 충 당 금	(10,000)	미 지 급 이 자	12,000
상 품	50,000	차 입 금	200,000
소 모 품	9,000	자 본 금	500,000
선 급 보 험 료	8,000	이 익 잉 여 금	73,000
미 수 이 자	10,000		
대 여 금	100,000		
기 계 장 치	200,000		
감가상각누계액	(40,000)		
계	₩975,000	계	₩975,000

손익계산서

매 출 원 가	₩170,000	매 출	₩230,000
보 험 료	4,000	임 대 료	90,000
감 가 상 각 비	40,000	이 자 수 익	10,000
대 손 상 각 비	10,000		
소 모 품 비	21,000		
이 자 비 용	12,000		
당 기 순 이 익	73,000		
계	₩330,000	계	₩330,000

(9) 정산표 작성하기

정 산 표

계정과목	수정전시산표		결산수정분개		손익계산서		재무상태표	
	차 변	대 변	차 변	대 변	차 변	대 변	차 변	대 변
현 금	548,000						548,000	
매출채권	100,000						100,000	
상 품	20,000		(1) 50,000	(1) 20,000			50,000	
소 모 품	30,000			(8) 21,000			9,000	
선급보험료			(5) 8,000				8,000	
미수이자			(6) 10,000				10,000	
대 여 금	100,000						100,000	
기계장치	200,000						200,000	
매 입	200,000			(1) 200,000				
매출원가			(1) 20,000	(1) 50,000	170,000			
			(1) 200,000					
보 험 료	12,000			(5) 8,000	4,000			
감가상각비			(2) 40,000		40,000			
대손상각비			(3) 10,000		10,000			
소모품비			(8) 21,000		21,000			
이자비용			(7) 12,000		12,000			
매입채무		160,000						160,000
선수임대료				(4) 30,000				30,000
미지급이자				(7) 12,000				12,000
차 입 금		200,000						200,000
대손충당금				(3) 10,000				10,000
감가상각누계액				(2) 40,000				40,000
자 본 금		500,000						500,000
매 출		230,000				230,000		
임 대 료		120,000	(4) 30,000			90,000		
이자수익				(6) 10,000		10,000		
당기순이익					④ 73,000			④ 73,000
계	1,210,000	1,210,000	401,000	401,000	330,000	330,000	1,025,000	1,025,000

① ② ③

① 수정전시산표상 자산, 부채, 자본, 수익 및 비용을 기록하고 차변의 합계(₩1,210,000)가 대변의 합계와 일치하는지를 확인한다.

② 결산수정분개상의 금액을 해당 계정과목의 차변 또는 대변에 기록하고, 신규 설정된 계정과목(선급보험료, 미수이자, 매출원가, 감가상각비, 대손상각비, 소모품비, 이자비용, 선수임대료, 미지급이자, 대손충당금,

감가상각누계액, 이자수익)과 금액을 추가기입한다. 기입 후 차변의 합계(₩401,000)가 대변의 합계와 일치하는지를 확인한다.

③ 결산수정분개 후 수정된 금액을 계정과목별로 적절히 구분하여 손익계산서와 손익계산서의 해당란에 기입한다.

④ 손익계산서상 대변(수익)의 합계(₩330,000)가 차변(비용)의 합계(₩257,000)를 초과하면 그 초과금액이 당기순이익이며, 이를 손익계산서의 차변에 기록하여 손익계산서의 대차를 일치시킨다. 또한, 동 금액은 재무상태표상 차변합계(₩1,025,000)가 대변합계(₩952,000)를 초과하는 금액이므로 대변에 기록하여 재무상태표의 대차를 일치시킨다.

?! 잠깐 전산회계시스템에서의 결산절차

기업실무에서는 전산회계시스템을 이용하여 결산절차를 수행한다. 앞에서의 결산절차는 수작업을 기준으로 설명한 것이며 전산회계시스템에서는 그 절차가 전산화되어 있다는 점을 감안하여 이해하여야 한다. 결산업무를 실무에 적용하려면 전산회계시스템에서의 용어와 절차를 앞에서의 내용과 연관지어 적용하면 된다.

중소기업에서 주로 사용하는 더존회계프로그램[2]을 기준으로 전산회계시스템에서의 결산절차를 간략히 소개하기로 한다.

1. 전표입력

거래를 전표에 입력하는 것이 "분개 및 전기"에 해당하며 전표입력과 동시에 분개장 및 원장에 분개 및 전기가 즉시 이루어진다.

전표입력은 매입매출전표입력과 일반전표입력으로 구분된다.

- **매입매출전표** : 부가가치세의 신고와 관련된 거래를 입력하는 전표
- **일반전표** : 매입매출전표에 입력하는 거래 이외의 거래를 입력하는 전표

(1) 매입매출전표

매입매출전표는 부가가치세의 신고와 관련된 매출매입거래를 입력하는 전표로서 세금계산서, 계산서, 신용카드, 현금영수증 등의 증빙자료를 대상으로 한다. 거래유형별(과세, 면세, 카과, 현과 등)로 코드가 구분되어 있으므로 코드를 선택한 후 계정과목, 거래처, 적요, 금액 등을 해당일자에 입력한다.

거래유형과 입력할 증빙자료를 일부 예시하면 다음과 같다.

① **과세** : 세금계산서(부가가치세가 별도로 부과되는 매출매입거래)

② **면세** : 계산서(부가가치세가 면제되는 매출매입거래)

③ **카과** : 신용카드전표(신용카드로 거래된 과세매출매입거래)

④ **현과** : 현금영수증(현금영수증으로 거래된 과세매출매입거래)

2) 다른 회계프로그램은 용어나 절차가 약간 다를 수 있지만 데이터의 처리절차와 논리는 거의 대부분 일치하므로 흐름을 이해하는 데에만 초점을 맞추기로 한다.

(2) 일반전표

일반전표는 매입매출전표에 입력하는 거래 이외의 모든 거래를 대상으로 하며 일반영수증, 간이영수증, 공과금영수증, 통장, 계약서 등의 증빙자료를 대상으로 한다. 거래유형별(출금, 입금, 대체차변, 대체대변, 결산차변, 결산대변)로 코드가 구분되어 있으므로 코드를 선택한 후 계정과목, 거래처, 적요, 금액 등을 해당일자에 입력한다.

거래유형별 입력방법은 다음과 같다.

① **출금** : 현금지출거래(대변계정과목이 현금이므로 차변계정과목만 입력)

② **입금** : 현금입금거래(차변계정과목이 현금이므로 대변계정과목만 입력)

③ **대체차변·대변** : 현금이 포함되지 않는 거래(차변과 대변을 모두 입력)

④ **결산차변·대변** : 결산분개(자동이 아닌 수동으로 하는 경우이며 차변과 대변을 모두 입력)

2. 수정전시산표 확인

결산일 현재 결산분개를 반영하지 않은 수정전 합계잔액시산표를 출력하여 확인한다. 회계기간 중 오류 또는 누락여부, 세무신고내용과 장부의 일치 여부, 채권·채무의 기말잔액, 고정자산의 증감내역 등을 파악하여야 한다.

(1) 데이터체크

데이터체크는 입력된 전표 중 차변과 대변의 금액이 일치하지 않거나 이월작업에서 발생한 오류 등을 자동으로 체크하는 기능버튼이다. 입력 당시 잘못 입력했거나 데이터 수정 작업 중 정상데이터를 잘못 삭제하는 등의 오류를 찾아낼 수 있다. 확인된 오류는 해당 전표를 직접 수정한 뒤 데이터체크를 다시 한 번 실시하여 오류수정 여부를 확인한다. 이 작업은 결산시점 이전에도 자주 실시하여 오류를 바로잡아주는 것이 좋다.

(2) 부가가치세신고서 대조

부가가치세신고서의 매출액, 매입액, 고정자산매입, 부가세대급금, 부가세예수금 등이 시산표에 제대로 반영되어 있는지 확인한다. 매출액의 누락여부, 고정자산매각에 따른 수입금액 제외여부, 고정자산구입액과 고정자산원장의 대조, 부가세대급금과 부가세예수금의 상계금액확인 등의 절차를 수행한다.

(3) 원천세신고서 대조

원천세신고서의 급여내역과 제조원가 및 판매비와관리비에 계상된 금액이 일치하는지를 확인한다. 또한, 급여공제항목인 사회보험료가 예수금으로 계상되고 회사부담 사회보험료가 당기비용(복리후생비, 보험료 등)으로 적절히 반영되어 있는지 확인한다.

(4) 채권·채무의 기말잔액확정

외상매출금, 받을어음, 미수금 등의 채권과 외상매입금, 지급어음, 미지급금 등의 채무가 결산일 현재 정확한 잔액으로 표시되어 있는지 확인하여야 한다. 채권·채무담당자의 거래처별 기말잔액자료를 장부상의 거래처별 원장잔액과 대조하여 차이가 있을 경우 입출금내역을 추적하여 올바르게 수정한다.

(5) 현금 및 예금조정

현금 및 예금조정은 통장, 금융거래확인서 등을 통해 거래금액과 잔액을 확인하고 누락되거나 잘못된 내용을 바로잡는 절차이다. 현금과 예금은 다른 계정과목에 비하여 거래가 빈번하고 정확한 잔액을 맞추기가 까다로운 항목이다. 회계담당자가 거래내역을 정확하게 입력하려고 노력하더라도 원인불명의 차이가 발생할 수 있다. 예금거래내용 중 결산시점까지 원인규명이 되지 아니한 금액은 가지급금 또는 가수금으로 처리하는 것이 일반적이다.

(6) 가지급금인정이자의 계산

가지급금 중 특수관계자에 대한 것은 그 가지급금의 사용기간에 대하여 일정한 이자율을 곱하여 산출한 이자상당액을 이자수익으로 인식하여야 한다. 이를 인정이자라 하는데 특수관계자의 금전사용에 대하여 최소한의 이자를 기업의 소득으로 보기 위한 것이다. 인정이자는 결산에 미리 반영하는 방법과 세무조정사항으로 처리하는 방법이 있는데 결산에 반영하는 것이 추후 세무신고부담을 줄이는 효과가 있어 더 합리적이다. 결산에 반영하면 세무조정할 필요는 없다.

3. 결산자료입력

결산자료입력은 수동결산분개와 자동결산분개로 구분한다.

(1) 수동결산

수동결산은 자동결산자료입력메뉴에서 처리되지 않는 다음의 기말정리사항으로 일반전표에서 입력(결산차변·결산대변)한다.

① 선급비용·선수수익의 계상

② 미지급비용·미수수익의 계상

③ 유가증권평가, 재고자산평가, 외화자산·부채평가

④ 사채할인발행차금상각, 현재가치할인차금상각

(2) 자동결산

자동결산은 자동결산자료입력메뉴에서 입력하는 다음의 항목이다.

① 기말재고자산(원재료, 재공품, 제품, 상품)

② 감가상각비

③ 퇴직급여(충당부채의 설정)

④ 대손상각비(대손충당금의 설정)

⑤ 법인세비용

위의 항목은 메뉴상의 해당란에 금액을 입력한 뒤 "전표추가"를 하면 자동분개로 반영된다. 자동결산으로 작업하면 결산자료의 수정이 필요할 때 일괄적으로 삭제 후 재입력이 가능하다. 다만, 자동결산항목이라도 이 메뉴에서 처리하지 않고 수동결산처럼 일반전표에서 입력하여도 상관없다.

4. 재무제표확정

(1) 재무제표 확정순서

전산회계시스템에서는 다음의 순서에 따라 재무제표를 작성하여야 한다.

수정전 합계잔액시산표 → 제조원가명세서 → 손익계산서 →
이익잉여금처분계산서 → 재무상태표 → 마감후 합계잔액시산표

제조원가명세서에서 당기제품제조원가를 손익계산서에 반영하고, 손익계산서에서 당기순이익을 결정하여 이익잉여금처분계산서에 반영한 다음, 이익잉여금처분계산서에서 결정된 미처분이익잉여금을 재무상태표에 반영하는 흐름이다. 특히 이익잉여금처분계산서를 확정한 직후 "전표추가"하여야 하는데 이는 손익마감분개를 일반전표에 자동반영하는 작업이므로 재무상태표 작성 직전에 반드시 해야 한다.

(2) 명세서 작성

결산이 완료되어 재무제표가 확정되면 각 계정과목에 대한 상세내역을 명세서로 작성한다. 결산부속명세서, 영수증수취명세서, 경비 등의 송금명세서 등을 작성하여야 한다. 출력하고자 하는 계정과목과 출력형태를 선택하여 불러오기 후 재무제표 계정과목과의 일치 여부를 확인하여야 한다.

(3) 마감후 이월

마감후 이월은 당기 자료의 입력을 잠금상태(Lock)로 바꾸어 추가입력이나 수정이 불가능하게 하고 다음 회계연도로 회계정보를 이월시키는 절차이다. 재무제표 확정이후 자료변경을 방지하기 위한 것이므로 반드시 결산이 완료된 이후에 수행하여야 한다.

2025
알기쉬운 회계실무
accounting

PART 04

회계기준과 재무제표

“재무제표는 기업이 일정한 회계기간마다 정기적으로 작성하여 보고하는 회계정보의 정형화된 서식이며, 재무상태, 경영성과, 자본변동 및 현금흐름에 관한 정보를 제공한다.”

재무제표란 기업에 관련된 이해관계자에게 기업의 재무상태, 경영성과 등을 보고하기 위하여 일정한 서식으로 작성한 회계보고서를 말한다. 재무제표는 회계순환과정을 통해 완성되는 재무회계의 최종 생산품이라 할 수 있다.

우리나라의 회계기준에서 규정하는 재무제표의 종류는 다음과 같다.

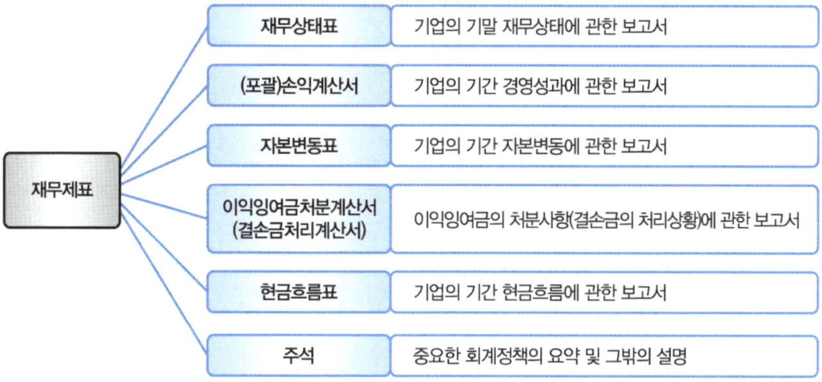

우리나라의 회계기준은 한국채택국제회계기준, 일반기업회계기준 및 중소기업회계기준의 세 가지로 구분[1]된다. 한국채택국제회계기준(Korean−International Financial Reporting Standards, 이하 'K−IFRS'라 한다)은 상장기업과 금융회사에 적용하는 회계기준이고 일반기업회계기준은 비상장기업 중 외부감사 대상에 적용하는 회계기준이며 중소기업회계기준[2]은 외부감사 대상이 아닌 비상장중소기업에 적용하는 회계기준이다. 세 기준은 일부 세부사항에서 차이가 있지만 본서에서 다루는 내용에 있어서 거의 차이가 없으므로 특별한 언급이 없다면 세 기준에 공통된 내용으로 이해하여야 할 것이다.

각 회계기준에서 규정하는 재무제표의 종류는 다음과 같다.

K−IFRS	일반기업회계기준	중소기업회계기준
재무상태표	재무상태표	대차대조표[3]
포괄손익계산서	손익계산서	손익계산서
자본변동표	자본변동표	자본변동표 또는
현금흐름표	현금흐름표	이익잉여금처분계산서(결손금처리계산서)
주석	주석	주석

1) 비영리조직 회계기준(2018년 시행) 등의 특수분야 회계기준이 제정되거나 제정 중이며, 회계기준의 체계에서 별도로 분류하기로 한다.

2) 2013년 2월 1일 고시된 중소기업회계기준(법무부고시 제2013−0029호)은 외부감사 대상이 아닌 주식회사를 대상으로 제정되었으며 2014.1.1. 이후 개시하는 회계연도부터 적용한다.

3) K−IFRS와 일반기업회계기준은 주식회사의 외부감사에 관한 법률에 따라 "재무상태표"의 명칭을 사용하고 중소기업회계기준은 상법에 따라 "대차대조표"의 명칭을 사용한다.

재무제표에는 이미 앞에서 언급한 재무상태표와 손익계산서 외에도 자본변동표, 이익잉여금처분계산서, 현금흐름표 및 주석이 포함된다. K-IFRS에서는 손익계산서의 당기순이익에 기타포괄손익을 가감하여 총포괄이익을 산출하는 형식의 포괄손익계산서를 규정하고 있는데 기타포괄손익을 제외하면 일반기업회계기준의 손익계산서와 동일하다. 또한, K-IFRS와 일반기업회계기준에서는 이익잉여금처분계산서(결손금처리계산서)를 재무제표의 종류에 열거하지 않으나 이를 주석에 포함하는 것으로 본다.

한편, 중소기업회계기준에서는 자본변동표 또는 이익잉여금처분계산서(결손금처리계산서) 중 하나를 선택하여 작성하도록 규정하고 있다. 중소기업회계기준은 재무제표의 범위에 현금흐름표가 제외되고 자본변동표 등의 작성을 선택할 수 있으므로 다른 기준보다 재무제표의 작성의무가 경감된 것이다.

재무상태표는 유일한 정태적 보고서로서 자산·부채·자본의 기초 및 기말잔액을 나타내고 나머지 재무제표는 동태적 보고서로서 회계기간 동안 재무상태표의 전체 항목 또는 일부 항목의 변동내역을 나타낸다. 이를 도시하면 다음과 같다.

[표 4-1] 재무제표의 상호관계

(포괄)손익계산서는 일정기간 동안 자산·부채의 변동원인 중 경영성과에 관련된 정보, 즉 수익·비용의 내역을 나타내는 재무제표이다. 자본변동표 또는 이익잉여금처분계산서는 자본전체 또는 일부를 대상으로 하여 자본항목의 증가와 감소내역을 보고하는 재무제표이고, 현금흐름표는 현금및현금성자산을 대상으로 하여 현금유입과 유출내역을 나타내는 재무제표이다. 기초와 기말시점 재무상태표를 통해 계산된 관련 항목의 증감액은 나머지 재무제표상 변동금액과 일치하므로 각 재무제표는 상호 밀접한 관계를 가지고 있는 것이다.

주석은 재무제표상 계정과목과 금액으로 나타낼 수 없는 정보를 별지에 설명하는 것을 말한다. 재무상태표, (포괄)손익계산서, 자본변동표, 이익잉여금처분계산서 및 현금흐름표에 표시된 개별항목은 주석의 관련정보와 상호 연결시켜 표시한다.

이 장에서는 재무제표양식과 구성요소를 살펴보기로 한다.

1 재무상태표

재무상태표는 기업의 일정시점 재무상태를 나타내는 정태적 보고서로 자산, 부채 및 자본으로 구성되어 있다. 또한 이용자들이 구성요소를 좀더 효과적으로 이해할 수 있도록 소분류항목을 두고 있다.

재무상태표의 양식을 K-IFRS, 일반기업회계기준 및 중소기업회계기준으로 구분하여 예시하면 다음과 같다.

[K-IFRS]

재무상태표

ㅇㅇ회사	20XX년 X월 X일
자 산	
유동자산	×××
현금및현금성자산	
단기매매금융자산	
매출채권	
재고자산	
비유동자산	×××
투자자산	
유형자산	
무형자산	
기타비유동자산	
자산총계	×××
부 채	
유동부채	×××
비유동부채	×××
부채총계	×××
자 본	
자 본 금	×××
이익잉여금	×××
기타자본요소	×××
자본총계	×××
부채및자본총계	×××

[일반기업회계기준]

재무상태표

ㅇㅇ회사	20XX년 X월 X일
자 산	
유동자산	×××
당좌자산	
재고자산	
비유동자산	×××
투자자산	
유형자산	
무형자산	
기타비유동자산	
자산총계	×××
부 채	
유동부채	×××
비유동부채	×××
부채총계	×××
자 본	
자 본 금	×××
자본잉여금	×××
자본조정	×××
기타포괄손익누계액	×××
이익잉여금	×××
자본총계	×××
부채및자본총계	×××

[중소기업회계기준]

대차대조표

ㅇㅇ회사	20XX년 X월 X일
자 산	
유동자산	×××
당좌자산	
재고자산	
비유동자산	×××
투자자산	
유형자산	
무형자산	
기타비유동자산	
자산총계	×××
부 채	
유동부채	×××
비유동부채	×××
부채총계	×××
자 본	
자 본 금	×××
자본잉여금	×××
자본조정	×××
이익잉여금	×××
자본총계	×××
부채및자본총계	×××

K-IFRS에서는 재무상태표에 포함할 최소한의 항목을 대분류 수준에서 예시하고 있으며 개별항목에 대하여는 상세하게 예시하지 않고 있다. 기업의 재무상태를 이해하는 데 목적적합한 정보를 제공하기 위해 기업과 거래의 성격에 따라 사용된 용어와 항목의 순서 또는 유사 항목의 통합방법을 변경할 수 있다.

일반기업회계기준에서는 대부분의 기업이 재무상태표에 표시할 것으로 예상되는 항목을 예시하고 있다. 예시된 항목의 금액이나 성격으로 보아 해당 기업에 중요하지 않은 경우에는 이들 항목의 별도 표시를 생략할 수 있다.

중소기업회계기준에서의 대차대조표는 일반기업회계기준의 재무상태표와 거의 일치하지만 자본 중 기타포괄손익누계액이 없다는 점이 다르다.

1) 자산의 분류

재무상태표의 자산은 유동성 기준으로 크게 유동자산과 비유동자산으로 구분하고 유동성이 높은 항목부터 배열한다. 유동성이란 영업활동을 통해 자산이 현금화되는 속도를 말한다.

자산의 표시방법은 '유동성/비유동성 구분법'과 '유동성 순서에 따른 표시방법'이 있는데 유동성/비유동성 구분법은 유동자산과 비유동자산으로 구분하여 그 분류 내에 각 항목을 배열하는 방법이며 유동성 순서에 따른 표시방법은 구분없이 모든 자산을 유동성의 순서에 따라 표시하는 방법이다.

K-IFRS에서는 두 가지 방법 중 하나를 선택할 수 있도록 규정하고 있으며 일반기업회계기준에서는 유동성/비유동성법만 규정하고 있다.

(1) 유동자산

자산은 다음의 경우에 유동자산으로 분류한다.

i) 기업의 정상영업주기 내에 실현될 것으로 예상하거나 정상영업주기 내에 판매하거나 소비할 의도가 있다.

ii) 주로 단기매매목적으로 보유하고 있다.

iii) 보고기간 후 12개월 이내에 실현될 것으로 예상한다.

iv) 현금이나 현금성자산으로서, 교환이나 부채상환목적으로의 사용에 대한 제한기간이 보고기간 후 12개월 이상이 아니다.

영업주기는 영업활동을 위한 자산의 취득시점부터 그 자산이 현금이나 현금성자산으로 실현되는 시점까지 소요되는 기간이다. 정상영업주기를 명확히 식별할 수 없는 경우에는 그 기간이 12개월인 것으로 가정하고, 정상적인 영업주기 내에 실현되는 매출채권, 상품 등은 1년 내에 실현되지 않더라도 유동자산에 포함된다.

유동자산은 당좌자산과 재고자산으로 분류할 수 있다.

당좌자산은 특별한 절차를 거치지 않아도 쉽게 현금으로 회수되거나 소멸하는 자산으로서 재고자산이 아닌 유동자산을 말한다.

계정과목

- **현금및현금성자산** : 통화 및 타인발행수표 등 통화대용증권과 당좌예금·보통예금 및 현금성자산으로 한다.
- **단기금융상품** : 금융기관이 취급하는 정기예금·정기적금·사용이 제한되어 있는 예금 및 기타 정형화된 상품 등으로 단기매매 또는 단기보유목적이며 재무상태표일로부터 1년 이내 현금화될 것으로 기대되는 것을 말한다.
- **단기매매금융자산** : 주로 단기간 내에 매각하거나 재매입할 목적으로 취득하는 금융자산을 말한다.
- **매출채권** : 일반적 상거래에서 발생한 외상매출금과 받을어음을 말한다.
- **단기대여금** : 회수기한이 1년 내에 도래하는 대여금을 말한다.
- **미수금** : 일반적 상거래 이외에서 발생한 미수채권을 말한다.
- **미수수익** : 당기에 속하는 수익 중 미수액으로 한다.
- **선급금** : 상품·원재료 등의 매입을 위하여 선급한 금액으로 한다.
- **선급비용** : 선급된 비용 중 1년 내에 비용으로 되는 것을 말한다.

재고자산은 정상적인 영업활동과정에서 판매를 목적으로 보유하는 자산 또는 판매될 제품의 제조과정에서 사용·소비되는 재화를 말한다. 판매절차를 통해 현금화되는 속성이 있다.

계정과목

- **상품** : 판매를 목적으로 구입한 상품·미착상품·적송품 등으로 하며 부동산매매업에 있어서 판매를 목적으로 소유하는 토지·건물 기타 이와 유사한 부동산은 상품에 포함하는 것으로 한다.
- **제품** : 판매를 목적으로 제조한 생산품·부산물 등으로 한다.
- **반제품** : 자가제조한 중간제품과 부분품 등으로 한다.
- **재공품** : 제품 또는 반제품의 제조를 위하여 제조과정에 있는 것으로 한다.
- **원재료** : 원료·재료·매입부분품·미착원재료 등으로 한다.
- **저장품** : 소모품·소모공구기구비품·수선용부분품 및 기타 저장품을 말한다.

(2) 비유동자산

비유동자산은 유동자산 이외의 자산을 말하며 투자자산, 유형자산, 무형자산 및 기타비유동자산으로 분류할 수 있다.

투자자산은 장기투자목적, 즉 다른 회사를 지배하거나 시세차익 또는 장기적인 투자이윤을 목적으로 보유하는 자산이다. 1년 이내 현금화할 의도가 없으므로 비유동자산에 해당하고 미래에 처분을 통해 현금화된다.

계정과목

- **장기금융상품** : 단기금융상품 이외의 금융상품을 말한다.
- **만기보유금융자산** : 만기가 고정되었고 지급금액이 확정되었거나 확정될 수 있는 금융자산으로서 만기까지 보유할 적극적인 의도와 능력이 있는 것을 말한다.
- **관계기업투자주식** : 투자자가 유의적인 영향력이 있는 피투자회사의 주식을 말한다.
- **매도가능금융자산** : 단기매매금융자산이나 만기보유금융자산으로 분류되지 않는 금융자산을 말한다.
- **투자부동산** : 투자의 목적 또는 비영업용으로 소유하는 토지·건물 및 기타의 부동산을 말한다.
- **장기대여금** : 유동자산에 속하지 아니하는 장기의 대여금을 말한다.

유형자산은 영업활동에 장기간 사용할 목적으로 보유하는 실물자산이다. 재화의 생산이나 용역의 제공, 타인에 대한 임대 또는 자체적 사용을 통해 현금화된다.

계정과목

- **토지** : 대지·임야·전답·잡종지 등을 말한다.
- **건물** : 건물과 냉난방·전기·통신 및 기타의 건물부속설비를 말한다.
- **구축물** : 교량·궤도·정원설비 및 기타의 토목설비 또는 공작물 등을 말한다.
- **기계장치** : 기계장치·운송설비(콘베이어·호이스트·기중기 등)와 기타의 부속설비를 말한다.
- **선박** : 선박과 기타의 수상운반구를 말한다.
- **차량운반구** : 철도차량·자동차 및 기타의 육상운반구 등을 말한다.
- **건설중인자산** : 유형자산의 건설을 위한 재료비·노무비 및 경비로 하되, 건설을 위하여 지출한 도급금액을 포함한다.

무형자산은 영업활동에 장기간 사용할 목적으로 보유하는 무형의 자산이다. 형태는 없으나 유형자산과 마찬가지로 사용과정에서 현금화된다.

계정과목

- **영업권** : 개별적으로 식별하여 별도로 인식할 수 없으나, 사업결합에서 획득한 그 밖의 자산에서 발생하는 미래경제적효익을 나타내는 자산을 말한다.
- **산업재산권** : 일정기간 독점적·배타적으로 이용할 수 있는 권리로서 특허권·실용신안권·디자인권·상표권·상호권·상품명 등을 말한다.
- **개발비** : 신제품·신기술 등의 개발과 관련하여 발생한 비용(소프트웨어 개발과 관련된 비용을 포함)으로서 개별적으로 식별가능하고 미래의 경제적효익을 확실하게 기대할 수 있는 것을 말한다.
- **저작권** : 문학·학술·예술의 범위에 속하는 창작물에 대하여 저작자나 권리승계인이 행사하는 저작물에 대한 배타적·독점적 권리를 말한다.

기타비유동자산은 투자자산, 유형자산, 무형자산에 속하지 않는 비유동자산을 말한다.

계정과목

- **임차보증금** : 전세권·전신전화가입권·임차보증금·영업보증금 등을 말한다.
- **장기매출채권** : 유동자산에 속하지 아니하는 일반적 상거래에서 발생한 장기의 외상매출금 및 받을어음으로 한다.
- **장기미수금** : 유동자산에 속하지 아니하는 일반적 상거래 이외에서 발생한 장기의 미수채권을 말한다.

2) 부채의 분류

재무상태표의 부채는 유동부채와 비유동부채로 구분하고 유동성이 높은 항목부터 배열한다.

(1) 유동부채

부채는 다음의 경우에 유동부채로 분류한다.

i) 정상영업주기 내에 결제될 것으로 예상하고 있다.
ii) 주로 단기매매목적으로 보유하고 있다.
iii) 보고기간 후 12개월 이내에 결제하기로 되어 있다.
iv) 보고기간 후 12개월 이상 부채의 결제를 연기할 수 있는 무조건의 권리를 가지고 있지 않다.

계정과목

- **매입채무** : 일반적 상거래에서 발생한 외상매입금과 지급어음을 말한다.
- **단기차입금** : 금융기관으로부터의 당좌차월액과 1년 내에 상환될 차입금으로 한다.
- **미지급금** : 일반적 상거래 이외에서 발생한 채무(미지급비용을 제외한다)로 한다.
- **선수금** : 수주공사·수주품 및 기타 일반적 상거래에서 발생한 선수액으로 한다.
- **예수금** : 일반적 상거래 이외에서 발생한 일시적 제 예수액으로 한다.
- **미지급비용** : 발생된 비용으로서 지급되지 아니한 것으로 한다.
- **선수수익** : 받은 수익 중 차기 이후에 속하는 금액으로 한다.
- **미지급법인세** : 회사가 납부하여야 할 법인세부담액 중 아직 납부하지 않은 금액을 말한다.

(2) 비유동부채

비유동부채는 유동부채 이외의 부채를 말한다.

계정과목

- **사채** : 기업이 많은 자금을 다수인으로부터 조달하기 위해 발행하는 채권으로 1년 후에 상환되는 가액을 말한다.
- **장기차입금** : 1년 후에 상환되는 차입금을 말한다.
- **판매보증충당부채** : 제품판매 후 품질을 보증하는 경우의 관련 부채를 말한다.
- **장기매입채무** : 유동부채에 속하지 아니하는 일반적 상거래에서 발생한 장기의 외상매입금 및 지급어음을 말한다.
- **장기선수금** : 유동부채에 속하지 아니하는 수주공사·수주품 및 일반적 상거래에서 발생한 선수액을 말한다.

3) 자본의 분류

자본은 발생의 원천, 법적 제약, 확정 여부 등에 따라 자본금, 이익잉여금 및 기타자본요소로 분류한다.

(1) 자본금

자본금이란 기업이 발행한 주식의 액면가액을 말한다. 주주가 납입하여 증가한 자본금액 중 발행한 주식의 액면가액만을 자본금으로 분류하고 이를 초과하는 금액은 자본금이 아닌 다른 과목(주식발행초과금)으로 분류한다.

예를 들어, 주주가 현금 ₩120을 출자하여 액면가액 ₩100인 주식을 발행한 경우의 회계처리는 다음과 같다.

(차) 현 금	120	(대) 자 본 금	100
		주식발행초과금	20

자본금은 주주의 상대적 지위를 상징적으로 나타내기 위해 상법규정에 따라 액면가액으로 기록한다. 설립 이후 기업의 가치가 증가하면 주식의 발행가액이 변동하게 되고 서로 다른 발행가액으로 납입한 주주의 상대적 의결권을 규정할 필요가 있기 때문이다.

(2) 이익잉여금

이익잉여금은 기업의 순이익 중 사외로 유출되지 않고 내부에 유보되어 누적된 금액을 말한다. 기업이 벌어들인 순이익은 소유주에게 배당금으로 분배되며 소유주에게 분배된 후 남은 잔액을 이익잉여금으로 보고한다. 이익잉여금은 법령이나 계약에 의하여 별도로 적립한 적립금과 미처분이익잉여금으로 구성된다.

계정과목

- **법정적립금** : 법령의 규정에 의하여 적립된 이익준비금 및 기타 법정적립금 등을 말한다.
- **임의적립금** : 정관의 규정 또는 주주총회의 결의로 적립된 금액으로서 사업확장적립금·감채기금적립금·배당평균적립금·결손보전적립금 및 세법상 적립하여 일정기간이 경과한 후 환입될 준비금 등을 말한다.
- **미처분이익잉여금** : 이익잉여금 중 처분이 제한된 법정적립금 및 임의적립금을 제외한 나머지 금액을 말한다.

(3) 기타자본요소

기타자본요소는 자본거래에서 발생한 차손익이나 손익거래에서 발생한 포괄손익을 말하며 자본잉여금, 자본조정 및 기타포괄손익누계액으로 분류할 수 있다. 다만, 중소기업회계기준에서는 자본잉여금과 자본조정으로만 분류하며 기타포괄손익누계액은 나타내지 아니한다.

자본잉여금은 주식발행시 자본금을 초과하여 납입한 금액과 자본거래에 의해 발생한 차익을 말한다.

계정과목

- **주식발행초과금** : 주식발행가액(증자의 경우에 신주발행수수료 등 신주발행을 위하여 직접 발생한 기타의 비용을 차감한 후의 가액을 말한다)이 액면가액을 초과하는 경우 그 초과하는 금액으로 한다.
- **감자차익** : 자본감소의 경우에 그 자본금의 감소액이 주식의 소각, 주금의 반환에 요한 금액과 결손의 보전에 충당한 금액을 초과한 때에 그 초과금액으로 한다.
- **자기주식처분이익** : 자기주식의 재발행가액이 취득원가를 초과하면 그 초과액을 말하며 자기주식처분손실을 차감한 금액으로 한다.

자본조정은 자본거래에 해당하지만 최종 납입자본으로 볼 수 없거나 자본의 차감성격인 항목을 말한다.

계정과목

- **주식할인발행차금** : 주식발행가액이 액면가액에 미달하는 경우 그 미달하는 금액으로 한다.
- **감자차손** : 자본감소의 경우에 그 자본금의 감소액이 주식의 소각, 주금의 반환에 요한 금액과 결손의 보전에 충당한 금액에 미달한 때에 그 미달금액으로 한다.
- **자기주식** : 회사가 이미 발행한 주식을 주주로부터 취득한 경우 그 취득가액으로 한다.
- **자기주식처분손실** : 자기주식의 재발행가액이 취득원가에 미달하면 그 미달금액을 말한다.

기타포괄손익누계액은 손익거래에 의해 발생한 포괄손익 중 이익잉여금에 포함되지 않는 항목의 재무상태표일 현재 잔액을 말한다.

계정과목

- **매도가능금융자산평가손익** : 매도가능금융자산을 시가법에 의하여 평가하는 경우 그 평가손익을 말한다.
- **해외사업환산손익** : 해외지점, 해외사업소 또는 해외소재 지분법적용대상회사의 외화표시 자산·부채를 현행환율법에 의하여 환산하는 경우의 환산차액을 말한다.

한편, 중소기업회계기준에서는 상기 계정과목 중 해외사업환산손익은 자본조정으로 분류하고 있으며 매도가능금융자산평가손익은 회계처리하지 않아 대차대조표에 표시되지 아니한다.

예제 01 재무상태표

다래㈜의 20X1년 12월 31일 현재 재무상태표 계정과목과 잔액은 다음과 같다.

현금및현금성자산	₩76,000	장기금융상품	₩274,000
사　　채	800,000	매출채권	360,000
자 본 금	2,000,000	단기매매금융자산	85,000
단기차입금	80,000	감가상각누계액	240,000
상　　품	150,000	영 업 권	300,000
매입채무	275,000	토　　지	1,000,000
주식발행초과금	500,000	장기차입금	1,500,000
장기대여금	500,000	건설중인자산	645,000
매도가능금융자산	840,000	자기주식	80,000
건　　물	1,200,000	법정적립금	20,000
미처분이익잉여금	255,000	단기금융상품	160,000
매도가능금융자산평가이익	150,000	임대보증금	160,000
임차보증금	400,000	판매보증충당부채	90,000

요구사항 ▼ 다래㈜의 결산일 현재 재무상태표를 K-IFRS에 따라 계정식으로 작성하시오.

해답

재무상태표

다래㈜　　　　　　　　　　　　　　　　　　　　　　20X1.12.31.

자　　산		**부　　채**	
유동자산		**유동부채**	
현금및현금성자산	₩76,000	매입채무	₩275,000
단기금융상품	160,000	단기차입금	80,000
단기매매금융자산	85,000	**비유동부채**	
매출채권	360,000	사　　채	800,000
상　　품	150,000	장기차입금	1,500,000
비유동자산		판매보증충당부채	90,000
투자자산		임대보증금	160,000
장기금융상품	274,000	**부채총계**	2,905,000
매도가능금융자산	840,000		
장기대여금	500,000	**자　　본**	
유형자산		**자 본 금**	2,000,000
토　　지	1,000,000	**이익잉여금**	
건　　물	1,200,000	법정적립금	20,000

감가상각누계액	(240,000)	미처분이익잉여금	255,000
건설중인자산	645,000	**기타자본요소**	
무형자산		주식발행초과금	500,000
영업권	300,000	자기주식	(80,000)
기타비유동자산		매도가능금융자산평가이익	150,000
임차보증금	400,000	**자본총계**	2,845,000
자산총계	₩5,750,000	**부채및자본총계**	₩5,750,000

2 (포괄)손익계산서

(포괄)손익계산서는 기업의 일정기간 경영성과를 나타내는 동태적 보고서이다.

K-IFRS에서는 포괄손익계산서의 양식으로 규정하고 있으며 일반기업회계기준과 중소기업회계기준에서는 손익계산서의 양식으로 규정하고 있는데 세 양식을 예시하면 다음과 같다.

[K-IFRS]

포괄손익계산서

○○회사	20XX년 X월 X일~20XX년 X월 X일
매 출 액	×××
매출원가	(×××)
매출총이익	×××
물류원가	(×××)
관 리 비	(×××)
영업이익	×××
기타수익	×××
금융원가	(×××)
기타비용	(×××)
법인세비용차감전순이익	×××
법인세비용	×××
계속영업이익	×××
중단영업이익	×××
당기순이익	×××
기타포괄손익	×××
총포괄이익	×××

[일반기업회계기준]

손익계산서

○○회사	20XX년 X월 X일~20XX년 X월 X일
매 출 액	×××
매출원가	(×××)
매출총이익	×××
판매비와관리비	(×××)
영업이익	×××
영업외수익	×××
영업외비용	(×××)
법인세비용차감전계속사업손익	×××
계속사업손익법인세비용	(×××)
계속사업이익	×××
중단사업손익	×××
당기순이익	×××

[중소기업회계기준]

손익계산서

○○회사	20XX년 X월 X일~20XX년 X월 X일
매 출 액	×××
매출원가	(×××)
매출총이익	×××
판매비와관리비	(×××)
영업이익	×××
영업외수익	×××
영업외비용	(×××)
법인세비용차감전순이익	×××
법인세비용	(×××)
당기순이익	×××

구분이익 계산산식

- **매출총이익**=매출액−매출원가
- **영업이익**=매출총이익−물류원가−관리비(또는 영업이익=매출총이익−판매비와관리비)
- **법인세비용차감전순이익**=영업이익+기타수익−금융원가−기타비용
- **법인세비용차감전계속사업손익**=영업이익+영업외수익−영업외비용
- **계속영업(사업)이익**=법인세비용차감전순이익(계속사업손익)−(계속사업손익)법인세비용
- **당기순이익**=계속영업(사업)이익+중단영업(사업)이익
- **총포괄이익**=당기순이익±기타포괄손익

포괄손익계산서는 기존의 당기순손익뿐만 아니라 기타포괄손익을 가감하여 그 합계인 포괄손익을 표시하는 양식이다. 당기순이익까지의 계산과정은 세 기준이 거의 유사하며 일부 용어와 배열만 다르다. 중단사업이 없는 경우 중소기업회계기준의 손익계산서는 일반기업회계기준과 일치한다.

한편, K−IFRS에서는 영업손익을 포괄손익계산서에 반드시 표시하도록 규정하고 있음에 유의하여야 한다. 영업손익의 기업 간 비교가능성을 높일 수 있도록 영업손익의 산정기준을 명확히 하고 포괄손익계산서의 본문에 포함시킨 것이다. 종전 K−IFRS에서는 포괄손익계산서 본문에 영업이익을 표시하지 않고 영업손익에 관련된 주요 항목과 금액 등을 주석으로 기재할 수 있다고 규정한 바 있다.

위와 같은 수익·비용의 분류를 '기능별 분류법'이라 한다. 비용을 매출원가·물류원가·관리활동원가 등과 같이 기능별로 분류하여 나타내면 재무제표이용자에게 좀 더 목적적합한 정보를 제공할 수 있다는 것이 장점이지만 자의적인 배분으로 주관이 개입될 수 있다는 단점도 있다.

반면, 당기손익에 포함된 비용을 그 성격(예 : 감가상각비, 원재료의 구입, 운송비, 종업원급여와 광고비)별로 통합하여 포괄손익계산서를 작성할 수도 있다. 이를 '성격별 분류법'이라 하며 이 방법에 따른 포괄손익계산서 양식은 다음과 같다.

❙ K-IFRS 성격별 분류법 ❙

포괄손익계산서

○○회사	20XX년 X월 X일~20XX년 X월 X일	
매 출 액		×××
기타수익		×××
총 비 용		
제품과 재공품의 변동	×××	
원재료와 소모품의 사용액	×××	
종업원급여비용	×××	
감가상각비와 기타상각비	×××	
기타비용	×××	(×××)
법인세비용차감전순이익		×××
법인세비용		×××
계속영업이익		×××
중단영업이익		×××
당기순이익		×××
기타포괄손익		×××
총포괄이익		×××

K-IFRS에서는 성격별 분류법에 따른 포괄손익계산서도 함께 예시하고 있다. 비용의 기능별 분류 또는 성격별 분류에 대한 선택은 역사적·산업적 요인과 기업의 성격에 따라 다르다. 각 방법이 상이한 유형의 기업별로 장점이 있기 때문에 신뢰성 있고 목적적합한 표시방법을 각 기업의 경영진이 선택하면 된다.

본서는 기능별 분류법에 따른 포괄손익계산서를 주로 사용하기로 한다.

(1) 매출액

기업의 주된 영업활동인 재화의 판매 또는 용역의 제공에 의하여 발생하는 수익을 말한다. 상품·제품매출, 위탁·시용·할부매출 등이 이에 해당한다.

(2) 매출원가

영업활동에서 수익을 창출하는 데 직접적으로 기여하고 소멸된 재화나 용역의 원가를 말한다. 상품·제품매출원가가 이에 해당한다.

(3) 물류원가·관리비 또는 판매비와관리비

재화나 용역의 판매활동 또는 기업의 관리와 유지에서 발생하는 비용으로 매출원가에 속하지 아니하는 모든 영업비용을 말한다.

계정과목

- **급여** : 임직원의 근로용역제공에 대한 대가로 지급하는 비용을 말하며 임원급여·급료·임금 및 제 수당을 포함한다.
- **복리후생비** : 임직원의 복리후생을 위하여 지출하는 비용으로 한다.
- **임차료** : 임대차계약에 의거하여 부동산 또는 동산을 빌리고 그 대가로 지출하는 비용을 말한다.
- **접대비** : 회사의 영업과 관련하여 거래처에 재화나 서비스를 제공하는 데 소요되는 비용을 말한다.
- **감가상각비** : 유형자산의 원가를 체계적이고 합리적인 절차에 따라 배분한 비용을 말한다.
- **무형자산상각비** : 무형자산의 원가를 체계적이고 합리적인 절차에 따라 배분한 비용을 말한다.
- **세금과공과** : 국가 또는 지방자치단체가 부과하는 조세와 각종 공공단체의 부과금, 벌금, 과태료 및 과징금을 말한다.
- **광고선전비** : 제품의 판매촉진이나 기업이미지 등의 선전효과를 위하여 불특정다수인을 대상으로 지출하는 비용을 말한다.
- **연구비** : 새로운 과학적, 기술적 지식을 얻기 위해 수행하는 독창적이고 계획적인 탐구활동인 연구활동에 소요된 비용을 말한다.
- **경상개발비** : 상업적인 생산 또는 사용 전에 연구결과나 관련 지식을 새롭거나 현저히 개량된 재료·장치·제품·공정·시스템 및 용역의 생산을 위한 계획이나 설계에 적용하는 활동인 개발활동에 소요된 비용 중 무형자산의 인식요건을 갖추지 못한 것을 말한다.
- **대손상각비** : 대금의 회수가 불확실한 매출채권에 대하여 설정하는 비용을 말한다.

(4) 기타수익·금융원가·기타비용 또는 영업외수익·영업외비용

기업의 주된 영업활동이 아닌 활동으로부터 발생한 수익(비용)과 차익(차손)으로서 중단영업이익에 해당하지 않는 것을 말한다.

계정과목

- **이자수익** : 타인에게 돈을 빌려주거나 은행에 현금을 예치하여 수취하는 이자를 말한다.
- **이자비용** : 타인이나 은행에서 조달한 차입금에 대하여 지급하는 이자를 말한다.
- **배당금수익** : 기업의 주식을 보유함으로써 받는 현금배당을 말한다.
- **임대료** : 부동산 또는 동산을 임대하고 타인으로부터 그 사용에 대한 대가로 수취하는 금액을 말한다.
- **기타의대손상각비** : 매출채권 이외의 채권의 회수불확실한 금액에 대하여 설정하는 비용을 말한다.
- **기부금** : 기업의 정상적인 영업활동과 무관하게 금전 또는 기타의 경제적 이익을 타인에게 무상으로 제공하는 경우 당해 금전 등의 가액을 말한다.
- **단기금융자산처분손익** : 단기매매금융자산을 처분하는 과정에서 발생한 처분가액과 장부금액과의 차액을 말한다.
- **단기금융자산평가손익** : 단기매매금융자산을 결산기말에 공정가치로 평가함으로써 발생하는 손익을 말한다.
- **외환차손익** : 외화채권·채무의 완결시점에 수수하는 금액과 장부금액의 차액을 말한다.
- **외화환산손익** : 외화채권·채무를 결산기말에 현행환율로 환산한 금액과 장부금액과의 차액을 말한다.
- **지분법손익** : 관계기업투자주식을 지분법에 의하여 평가한 결과 피투자자의 당기순손익 중 투자자의 지분에 해당하는 금액을 말한다.
- **장기금융자산손상차손** : 매도가능금융자산·만기보유금융자산 등의 장기금융자산의 회수가능액 또는 공정가치가 하락하여 회복할 가능성이 없는 경우 감액하는 금액을 말한다.
- **투자자산처분손익** : 투자자산을 처분하는 경우 처분가액과 장부금액의 차액을 말한다.
- **유형자산처분손익** : 유형자산을 처분하는 경우 처분가액과 장부금액의 차액을 말한다.
- **사채상환손익** : 회사가 발행한 사채를 중도에 상환하는 경우 상환금액과 장부금액의 차액을 말한다.

(5) 법인세비용 또는 계속사업손익법인세비용

법인세비용차감전순이익(계속사업손익)에 대응하여 발생한 법인세비용을 말하며 중단영업(사업)이익에 배분되는 법인세비용을 포함하지 아니한다. 법인세비용은 법인세법 등의 법령에 의하여 당해 연도에 부담할 법인세와 이에 부가되는 세액의 합계에 이연법인세[4]의 변동액을 가감하여 산출한 금액이다.

(6) 중단영업이익 또는 중단사업손익

중단영업이익(사업손익)은 중단사업[5] 으로부터 발생한 세후 영업손익과 기타손익으로서 중단영업에 속한 자산이나 처분자산집단의 처분으로 인하여 또는 순공정가치의 측정으로 인하여 인식된 세후 중단영업손익을 포함한다. 중단영업이익에 관련된 세부내역은 주석이나 (포괄)손익계산서의 별도항목으로 표시할 수 있다.

(7) 기타포괄손익

기타포괄손익은 당기발생분과 재분류조정을 나타낸다. 전기 이전에 인식한 금액은 이미 기초 기타포괄손익누계액에 포함되어 있으므로 당기 발생분을 반영한다. 재분류조정은 과거기간에 인식한 금액을 당기손익으로 재분류하는 것을 의미하며 이를 반영한다. 기타포괄손익은 관련 법인세효과를 차감한 순액으로 표시하는 방법이나 법인세효과 반영 전 금액과 법인세효과를 각각 표시하는 방법 중의 하나를 선택할 수 있다.

(8) 주당이익

주당이익은 발행 또는 발행 가능한 보통주 1주당 당기순손익을 말한다. 기본주당이익과 희석주당이익으로 구분하여 (포괄)손익계산서에 표시하거나 주석으로 공시한다.

예제 02 포괄손익계산서

다래㈜의 20X1년 포괄손익계산서 작성을 위한 자료는 다음과 같다.

이자수익	₩35,000	당기상품매입액	₩3,500,000
법인세비용	120,000	퇴직급여	150,000
투자자산처분이익	80,000	감가상각비	240,000
중단영업손실	50,000	급 여	300,000
사채상환손실	100,000	매 출 액	4,600,000
이자비용	50,000	접 대 비	65,000

4) 회계이익과 과세소득의 차이 중 일시적 차이에 대한 법인세효과를 이연법인세라 한다. 이연법인세에 관련된 구체적인 내용은 중급회계 서적을 참조하기 바란다.

5) 중단사업은 일정한 계획하에 중단하거나 포기하는 특정사업을 말하며 계속사업의 반대개념이다. 중단사업의 경영성과는 (포괄)손익계산서의 별도항목으로 표시한다. 구체적인 내용은 전문서적을 참조하기 바란다.

대손상각비	25,000	단기금융자산평가이익	40,000
기타포괄이익	15,000	기초상품재고액	125,000
기말상품재고액	150,000		

요구사항 ▼ 다래㈜의 당기 포괄손익계산서를 작성하시오.

해답

포괄손익계산서

다래㈜ 20X1.1.1.~20X1.12.31.

매 출 액		₩4,600,000
매출원가		3,475,000
기초상품재고액	₩125,000	
당기상품매입액	3,500,000	
기말상품재고액	(150,000)	
매출총이익		1,125,000
물류원가·관리비		(780,000)
급 여	300,000	
판매보증비	150,000	
접 대 비	65,000	
감가상각비	240,000	
대손상각비	25,000	
영업이익		345,000
기타수익		155,000
이자수익	35,000	
단기금융자산평가이익	40,000	
투자자산처분이익	80,000	
금융원가		(50,000)
이자비용	50,000	
기타비용		(100,000)
사채상환손실	100,000	

법인세비용차감전순이익	350,000
법인세비용	(120,000)
계속영업이익	230,000
중단영업손실	(50,000)
당기순이익	180,000
기타포괄이익	15,000
총포괄이익	₩195,000

3 자본변동표

자본변동표는 한 회계기간 동안 발생한 소유주지분의 변동을 표시하는 재무보고서이다. 자본을 구성하고 있는 자본금, 이익잉여금 및 기타자본요소의 각 항목별로 기초잔액, 변동사항, 기말잔액을 표시한다.

자본변동표 양식을 예시하면 다음과 같다.

자본변동표

○○회사 20XX년 1월 1일~20XX년 12월 31일

구 분	자 본 금	이 익 잉여금	기 타 자본요소	총 계
20XX.1.1.	×××	×××	×××	×××
연차배당		(×××)		(×××)
처분후이익잉여금		×××		×××
유상증자	×××		×××	×××
당기순이익		×××		×××
자기주식 취득			(×××)	(×××)
매도가능금융자산평가이익			×××	×××
20XX.12.31.	×××	×××	×××	×××

자본은 연차배당, 유상증자, 자기주식의 취득, 매도가능금융자산의 평가 및 순이익 등의 원인으로 변동하게 된다. 자본변동표는 이러한 변동내역을 전체적으로 파악할 수 있도록 작성한 서식이다.

4 이익잉여금처분계산서 · 결손금처리계산서

이익잉여금처분계산서는 기업의 일정기간 미처분이익잉여금의 변동내역을 나타내는 서식이며 당기순이익과 이익처분을 포함한다.

이익잉여금처분계산서를 예시하면 다음과 같다.

이익잉여금처분계산서

제 X 기	20XX년 X월 X일부터 20XX년 X월 X일까지	제 X 기	20XX년 X월 X일부터 20XX년 X월 X일까지
처분예정일	20XX년 X월 X일	처분확정일	20XX년 X월 X일

회사명 (단위 : 원)

구 분	당 기		전 기	
미처분이익잉여금		×××		×××
전기이월미처분이익잉여금 (또는 전기이월미처리결손금)	×××		×××	
중간배당액	×××		×××	
당기순이익(또는 당기순손실)	×××		×××	
임의적립금등의이입액		×××		×××
×××적립금	×××		×××	
×××적립금	×××		×××	
합 계		×××		×××
이익잉여금처분액		×××		×××
이익준비금	×××		×××	
기타법정적립금	×××		×××	
주식할인발행차금상각액	×××		×××	

배당금				
현금배당	×××		×××	
주식배당	×××		×××	
……	×××		×××	
차기이월미처분이익잉여금		×××		×××

한편, 당기순손실이 누적되어 미처리결손금이 발생한 경우에는 결손금처리계산서를 작성하여야 한다. 결손금처리계산서는 미처리결손금의 발생과 이익잉여금 또는 자본잉여금에 의한 결손보전내역을 표시하는 보고서이다.

결손금처리계산서

제 × 기	20XX년 X월 X일부터 20XX년 X월 X일까지	제 × 기	20XX년 X월 X일부터 20XX년 X월 X일까지
처리예정일	20XX년 X월 X일	처리확정일	20XX년 X월 X일

회사명 (단위 : 원)

구 분	당 기		전 기	
미처리결손금		×××		×××
전기이월미처리결손금 (또는 전기이월미처분이익잉여금)	×××		×××	
중간배당액	×××		×××	
당기순이익(또는 당기순손실)	×××		×××	
결손금처리액		×××		×××
임의적립금이입액	×××		×××	
법정적립금이입액	×××		×××	
자본잉여금이입액	×××		×××	
차기이월미처리결손금		×××		×××

5 현금흐름표

현금흐름표는 한 회계기간 동안 발생한 현금유입과 현금유출에 관한 정보를 제공하는 재무보고서이다. 회계기간 중 현금의 증감을 영업활동 현금흐름, 투자활동 현금흐름 및 재무활동 현금흐름으로 구분하여 작성한다.

현금흐름표를 예시하면 다음과 같다.

현금흐름표

○○회사 20XX년 X월 X일~20XX년 X월 X일		
영업활동 현금흐름		×××
투자활동 현금흐름		×××
투자활동 현금유입액	×××	
투자활동 현금유출액	×××	
재무활동 현금흐름		×××
재무활동 현금유입액	×××	
재무활동 현금유출액	×××	
현금및현금성자산의 순증가		×××
기초의 현금및현금성자산		×××
기말의 현금및현금성자산		×××

현금흐름표는 재무상태표와 포괄손익계산서가 제공할 수 없는 자금흐름에 관한 정보를 제공함으로써 다른 재무제표를 보완하는 기능을 수행한다. 특히, 영업활동으로 인한 현금흐름은 직접법과 간접법의 두 가지 방법으로 작성할 수 있다.

(1) 영업활동 현금흐름

영업활동은 기업의 주요 수익창출활동을 말하며 투자활동과 재무활동에 속하지 아니하는 거래를 모두 포함한다. 주로 제품의 생산과 판매활동, 상품과 용역의 구매와 판매활동 및 관리활동이라 할 수 있다.

영업활동 현금흐름을 예시하면 다음과 같다.

| 영업활동 현금흐름 |

(가) 재화의 판매와 용역제공에 따른 현금유입
(나) 로열티, 수수료, 중개료 및 기타수익에 따른 현금유입
(다) 재화와 용역의 구입에 따른 현금유출
(라) 종업원과 관련하여 직·간접으로 발생하는 현금유출
(마) 보험회사의 경우 수입보험료, 보험금, 연금 및 기타 급부금과 관련된 현금유입과 현금유출
(바) 법인세의 납부 또는 환급. 다만, 재무활동과 투자활동에 명백히 관련되는 것은 제외
(사) 단기매매목적으로 보유하는 계약에서 발생하는 현금유출과 현금유입
(아) 투자활동과 재무활동에 속하지 아니하는 거래에서 발생된 현금유출입

(2) 투자활동

투자활동은 장기성자산 및 현금성자산에 속하지 않는 기타 투자자산의 취득과 처분활동을 말한다. 유·무형자산, 다른 기업의 지분상품이나 채무상품 등의 취득과 처분활동, 제3자에 대한 대여 및 회수활동을 포함한다.

투자활동 현금흐름을 예시하면 다음과 같다.

| 투자활동 현금흐름 |

(가) 유형자산, 무형자산 및 기타 장기성 자산의 취득에 따른 현금유출. 이 경우 현금유출에는 자본화된 개발원가와 자가건설 유형자산에 관련된 지출이 포함된다.
(나) 유형자산, 무형자산 및 기타 장기성 자산의 처분에 따른 현금유입
(다) 다른 기업의 지분상품이나 채무상품 및 조인트벤처 투자지분의 취득에 따른 현금유출(현금성자산으로 간주되는 상품이나 단기매매목적으로 보유하는 상품의 취득에 따른 유출액은 제외)
(라) 다른 기업의 지분상품이나 채무상품 및 조인트벤처 투자지분의 처분에 따른 현금유입(현금성자산으로 간주되는 상품이나 단기매매목적으로 보유하는 상품의 처분에 따른 유입액은 제외)
(마) 제3자에 대한 선급금 및 대여금(금융회사의 현금 선지급과 대출채권은 제외)
(바) 제3자에 대한 선급금 및 대여금의 회수에 따른 현금유입(금융회사의 현금 선지급과 대출채권은 제외)
(사) 선물계약, 선도계약, 옵션계약 및 스왑계약에 따른 현금유출. 단기매매목적으로 계약을 보유하거나 현금유출이 재무활동으로 분류되는 경우는 제외한다.
(아) 선물계약, 선도계약, 옵션계약 및 스왑계약에 따른 현금유입. 단기매매목적으로 계약을 보유하거나 현금유입이 재무활동으로 분류되는 경우는 제외한다.

(3) 재무활동

재무활동은 기업의 납입자본과 차입금의 크기 및 구성내용에 변동을 가져오는 활동을 말한다. 여기에는 자본과 차입금의 조달, 환급 및 상환에 관한 활동을 포함한다.

재무활동 현금흐름을 예시하면 다음과 같다.

| 재무활동 현금흐름 |

(가) 주식이나 기타 지분상품의 발행에 따른 현금유입
(나) 주식의 취득이나 상환에 따른 소유주에 대한 현금유출
(다) 담보·무담보부사채 및 어음의 발행과 기타 장·단기차입에 따른 현금유입
(라) 차입금의 상환에 따른 현금유출
(마) 리스이용자의 금융리스부채 상환에 따른 현금유출

6 주석

주석(註釋)이란 재무제표상의 해당 과목이나 금액에 기호를 붙이고 난외 또는 별지에 동일한 기호를 표시하여 그 내용을 설명하는 것을 말한다. 주석은 다음의 정보를 제공한다.

i) 재무제표 작성 근거와 사용한 구체적인 회계정책에 대한 정보
ii) 회계기준에서 요구하는 정보이지만 재무제표 어느 곳에도 표시되지 않는 정보
iii) 재무제표 어느 곳에도 표시되지 않지만 재무제표를 이해하는 데 목적적합한 정보

예를 들어, 특수관계자와의 채권·채무내역에 대한 주석표시는 다음과 같다.

재무상태표

○○회사 20XX년 X월 X일

자 산		부 채	
장기대여금(주석3)	×××	매입채무(주석3)	×××
⋮		⋮	

재무제표에 관한 주석

⋮

3. 특수관계자와의 채권·채무내역은 다음과 같다.

계정과목	금 액	특수관계자명
장기대여금	×××	A회사
매입채무	×××	B회사
⋮		

특수관계자와의 거래는 일반적인 거래와 다르게 이루어질 수 있으므로 그 내역을 재무제표이용자에게 전달하기 위해 주석을 이용하는 것이다. 상기 재무상태표에서는 장기대여금과 매입채무 잔액에 포함된 특수관계자와의 채권·채무금액을 공시하기 위하여 당해 과목에 주석번호를 표시하고 별지에 그 내역을 설명하고 있다.

?! 잠깐 미결산계정의 정리

미결산계정은 기중 거래가 이미 발생하였으나 그 거래를 처리할 계정과목이나 금액이 확정되지 않은 경우에 그 거래를 일시적으로 처리하기 위한 계정을 말한다. 미결산계정에 해당하는 항목은 다음과 같다.

가지급금 : 여비 등으로 사용하기 위해 현금지급되었으나 아직 내역이 확정되지 않은 금액
가수금 : 현금입금되었으나 그 내역이 불분명한 금액
현금과부족 : 현금보유액과 장부금액이 일치하지 않는 경우 차이금액을 표시하는 임시계정
인출금 : 개인기업에서 대표자가 개인용도로 현금지출하는 경우 사용하는 임시계정

회계기간 중에는 미결산계정을 사용할 수 있으나 재무제표에는 표시할 수 없으며 결산시 정확한 계정과목으로 대체하여야 한다.

01 다음 중 한국채택국제회계기준에서 규정하는 재무제표에 포함되지 않는 것은?

① 재무상태표　　② 포괄손익계산서
③ 이익잉여금처분계산서　　④ 현금흐름표

02 재무제표는 정태적 보고서와 동태적 보고서로 나눌 수 있다. 다음 중 동태적 보고서에 해당하지 않은 것은?

① 재무상태표　　② 포괄손익계산서
③ 자본변동표　　④ 현금흐름표

03 다음에서 설명하는 자산에 해당하지 않은 것은?

> 판매를 목적으로 하지 않고 장기간에 걸쳐 영업활동에 사용되는 물리적 실체가 있는 자산

① 산업재산권　　② 차량운반구　　③ 기계장치　　④ 토지

04 재무상태표의 부채는 유동부채와 비유동부채로 구분한다. 다음 중 구분이 달리 표시되는 것은?

① 단기차입금　　② 미지급법인세
③ 선수금　　④ 판매보증충당부채

05 다음 중 비유동부채의 증가를 가져오는 거래로 옳은 것은?

① 결산 시 이자 미지급분 ₩100,000을 계상하다.
② 상품을 ₩1,500,000에 매입하고 1개월 후 지급의 약속어음을 발행하여 지급하다.
③ 업무용 컴퓨터를 ₩800,000에 구입하고 대금은 20일 후에 지급하기로 하다.
④ 거래은행으로부터 2년 후 상환조건으로 ₩1,000,000을 차입하다.

06 한국채택국제회계기준에 따른 재무상태표의 표시방법에 대한 다음 설명 중 옳지 않은 것은?

① 유동성비유동성구분법과 유동성순서에 다른 표시방법 중의 하나를 선택할 수 있다.
② 재무상태표에 대분류 수준으로 항목을 나타내고 주석에 세부적인 항목을 나타낼 수 있다.
③ 자본을 크게 자본금, 이익잉여금 및 기타자본구성요소의 3가지로 분류하고 있다.
④ 부채는 유동부채, 장기차입부채, 장기충당부채 및 기타비유동부채의 4가지로 분류하고 있다.

07 한국채택국제회계기준에서 재무상태표상 자본항목의 분류로 제시한 것은 다음 중 어느 것인가?

① 자본금－자본잉여금－이익잉여금
② 자본금－이익잉여금－기타자본요소
③ 보통주자본금－우선주자본금－이익잉여금
④ 자본금－자본조정－이익잉여금

08 일반기업회계기준에 따른 재무제표의 작성에 대한 다음 설명 중 옳지 않은 것은?

① 재무상태표의 자본은 자본금, 자본잉여금, 자본조정, 기타포괄손익누계액 및 이익잉여금으로 구분한다.
② 재무상태표는 유동성배열법에 의해서 작성한다.
③ 손익계산서에 당기순손익과 기타포괄손익을 합산하여 총포괄손익을 표시한다.
④ 손익계산서상 구분이익은 매출총이익, 영업이익, 법인세비용차감전계속사업손익, 계속사업이익 및 당기순이익의 5가지이다.

09 다음 거래의 분개 시 (가), (나)에 해당하는 차변 계정과목으로 옳은 것은?

> (가) 거래처 직원의 결혼 축의금 ₩100,000을 현금으로 지급하다.
> (나) 자매결연학교에 학교발전기금으로 ₩500,000의 현금을 지급하다.

① (가) 기부금 (나) 접대비 ② (가) 접대비 (나) 기부금
③ (가) 접대비 (나) 복리후생비 ④ (가) 복리후생비 (나) 기부금

10 다음 중 영업이익에 영향을 미치는 계정과목으로만 짝지어진 것은?

① 통신비, 대손상각비, 이자비용 ② 급여, 소모품비, 유형자산처분손실
③ 세금과공과, 광고선전비, 기부금 ④ 임차료, 수도광열비, 세금과공과

11 다음 중 포괄손익계산서상 물류원가 또는 관리비에 해당하지 않는 것은?

① 감가상각비 ② 퇴직급여
③ 세금과공과 ④ 기타의 대손상각비

12 다음 비용 중 포괄손익계산서의 기능별 분류상 기타비용에 해당하는 것은?

① 광고선전비 ② 기부금 ③ 접대비 ④ 대손상각비

13 한국채택국제회계기준에 따른 포괄손익계산서에 포함되어야 할 항목으로 볼 수 없는 것은 어느 것인가?

① 매출총손익 ② 금융비용 ③ 법인세비용 ④ 당기순손익

14 다음을 모두 충족시키는 계정과목으로 옳은 것은?

- 영업활동에서 반복적으로 발생한다.
- 총계정원장의 잔액은 항상 차변에 남는다.
- 자본을 감소시키는 원인이 된다.

① 임차료 ② 이자비용
③ 개발비 ④ 유형자산처분손실

15 한국채택국제회계기준에 대한 다음 설명 중 틀린 것은?

① 한국채택국제회계기준은 상장법인만이 적용가능한 회계기준이다.
② 비상장법인은 일반회계기준을 적용하며 한국채택국제회계기준을 적용하여 회계처리할 수도 있다.
③ 중소기업회계기준은 주식회사의 외부감사에 관한 법률상 외부회계감사 대상법인이 아닌 중소기업의 회계처리에 적용된다.
④ 중소기업회계기준 적용대상인 기업이라도 일반기업회계기준을 적용할 수 있다.

16 다음 중 결산 재무상태표에 표시할 수 없는 계정과목은 무엇인가?

① 단기차입금 ② 인출금 ③ 임차보증금 ④ 선급비용

17 다음의 자료가 설명하는 내용의 계정과목으로 올바른 것은?

금전을 수취하였으나 그 내용이 확정되지 않은 경우에 임시로 사용하는 계정과목이다.

① 미지급비용 ② 미지급금 ③ 가수금 ④ 외상매입금

해 답

회계기준과 재무제표

01. ③ 02. ① 03. ① 04. ④ 05. ④ 06. ④ 07. ② 08. ③ 09. ② 10. ④
11. ④ 12. ② 13. ① 14. ① 15. ① 16. ② 17. ③

해설

01. K-IFRS에서 규정하는 재무제표에는 재무상태표, 포괄손익계산서, 자본변동표, 현금흐름표 및 주석을 포함한다. 이익잉여금처분계산서는 재무제표의 명칭에 해당하지 아니한다.

02. 재무상태표는 재무제표 중 유일한 정태적 보고서이다. 재무상태표를 제외한 나머지 재무제표(포괄손익계산서, 자본변동표 및 현금흐름표)는 동태적 보고서이다.

03. 유형자산에 대한 설명이다. 산업재산권은 무형자산으로서 물리적 형태가 없는 자산이다.

04. 판매보증충당부채는 비유동부채이고, 나머지는 유동부채로 구분 표시한다.

05. 상환기간이 1년 이상인 장기부채로 비유동부채가 된다.

06. 부채는 유동부채와 비유동부채로 분류하거나 유동성 순서에 따라 표시한다.

07. K-IFRS에서는 재무상태표상 자본을 자본금, 이익잉여금 및 기타자본요소로 분류하고 있다.

08. 일반기업회계기준에서 손익계산서는 당기순이익까지만 표시하고 기타포괄손익을 포함한 총포괄이익은 주석으로 나타낸다.

09. 거래처 직원의 결혼 축의금은 접대비로 판매비와관리비이며, 자매결연학교에 학교발전기금으로 지급한 것은 기부금으로 영업외비용에 속한다.

10. 매출총이익에서 판매비와관리비(임차료, 수도광열비, 통신비, 대손상각비, 세금과공과, 광고선전비,급여, 소모품비)를 차감하면 영업이익이 계산된다.

11. 기타의 대손상각비는 비매출채권에 대한 대손비용으로서 기타비용으로 분류한다.

12. 기부금은 기타비용으로 분류하고 나머지 비용은 물류원가 또는 관리비로 분류한다.

13. 수익, 금융비용, 지분법관련손익, 법인세비용, 중단영업관련손익, 당기순손익의 최소한의 항목들을 포괄손익계산서에 포함하도록 하고 있다.

14. 임차료는 물류원가, 관리비 또는 판매비와관리비에 해당하며 나머지는 기타비용 또는 영업외비용(이자비용, 유형자산처분손실)과 무형자산(개발비)이다.

15. 한국채택국제회계기준은 상장기업뿐만 아니라 적용을 희망하는 비상장기업도 적용할 수 있다.

16. 결산 재무상태표에서는 미결산항목인 가수금, 가지급금, 현금과부족, 인출금을 확정된 계정과목으로 대체하여야 한다.

17. 미결산계정인 가수금에 해당하는 설명이다.

2025
알기쉬운 회계실무

PART 05 현금예금과 금융상품

1 개요
2 현금
3 은행예금
4 금융상품
5 재무제표 공시

- 객관식 문제

“현금예금과 금융상품은 재무상태표상 현금 및 현금성 자산, 단기금융상품, 장기금융상품 등의 계정과목으로 공시된다.”

1 개요

현금예금과 금융상품은 기업이 보유하는 자산 중에서 특별한 절차없이 현금으로의 전환이 용이한 대표적인 금융자산이다. 현금은 대금의 지불수단으로 즉시 사용할 수 있는 금융자산이고, 은행예금은 필요에 따라 현금으로 쉽게 전환하거나 일정한 투자수익을 얻을 목적으로 금융기관에 예치한 금융자산이며, 금융상품은 투자성향과 위험선호도 등의 조건을 은행예금보다 더욱 다양하게 변화시킨 금융자산이다. 금융자산은 기업의 유동성과 지급능력의 척도를 나타낸다.

기업은 지급불능위험과 기회비용을 고려하여 현금예금 및 금융상품에 적절히 분산투자하여야 한다. 기업이 실물자산에 많은 자금을 투자하여 금융자산이 부족한 경우에는 지급불능위험에 처할 수 있고, 금융자산을 과다하게 보유한 경우에는 실물자산에 투자하여 벌어들일 수 있는 이익을 놓치게 된다. 대부분의 기업은 정교하게 세운 자금소요계획에 따라 한 치의 오차없이 금융자산을 관리한다. 금융자산의 금액과 만기 등 미래현금흐름의 금액과 시기를 투자일정과 일치시켜야 하므로 각 금융자산의 세부항목별로 관리하는 것이 바람직하다.

현금예금과 금융상품은 재무상태표상 현금및현금성자산, 단기금융상품, 장기금융상품 등의 계정과목으로 공시된다. 현금및현금성자산, 단기금융상품은 유동자산에 해당하는 과목이고, 장기금융상품은 투자자산에 해당하는 과목이다. 재무제표상 공시되는 계정과목임에도 불구하고 회계기간 중에는 각 금융자산의 세부항목별로 관리되며 결산시 유사항목을 통합하여 재무상태표에 공시하는 것이다.

회계기간 중 사용하는 계정과목과 재무상태표에 나타내는 계정과목의 관계는 다음과 같다.

수정전시산표

현　　금	×××	⋮
당좌예금	×××	
정기적금	×××	
양도성예금증서	×××	
⋮		

재무상태표

유동자산	
현금및현금성자산	×××
단기금융상품	×××
⋮	
비유동자산	
장기금융상품	×××
⋮	

재무제표에 공시하는 계정과목은 오로지 결산시점에만 사용하는 용어이며 회계기간 중에는 현금, 당좌예금, 정기적금, 양도성예금증서 등의 구체적인 금융자산 명칭을 기준으로 회계처리한다. 또한, 재무상태표에 표시되는 각 계정과목은 다음 회계기간이 개시되면 다시 본래의 명칭으로 환원시켜야 한다.

재무상태표상 계정과목에도 불구하고 금융자산을 현금, 은행예금(당좌예금, 정기적금 등), 금융상품(양도성예금증서 등)으로 구분하여 설명하기로 한다.

2 현금

1) 의의

현금은 기업이 보유하는 자산 중 유동성이 가장 높은 자산으로 교환의 매개수단이며 가치의 측정기준이다. 현금은 사용제한 없이 일반지급수단으로 사용할 수 있는 것을 말하며 통화뿐만 아니라 통화대용증권을 포함한다.

현금 = 통화 + 통화대용증권

① 통화

지폐·주화 등의 화폐

② 통화대용증권

타인발행수표(가계수표, 당좌수표, 은행자기앞수표 등), 송금수표, 우편환, 만기도래어음·공사채이자표, 배당지급통지서 등

일반적으로 현금은 통화를 의미하지만 회계상 현금은 대금지급수단으로 사용할 수 있는 통화대용증권까지 포함한다. 통화대용증권은 타인에게 제시하면 즉시 통화를 수취하거나 대가지급이 완료되므로 통화와 다름이 없다. 통화대용증권을 수취하거나 지급하는 경우 현금을 수취 또는 지급하는 것으로 회계처리하면 된다.

예제 01

현금거래

다음 거래를 분개하고 현금 총계정원장에 전기하시오.

1월 2일 현금 ₩300,000과 은행자기앞수표 ₩200,000을 출자하여 영업을 개시하다.

8일 종각상사로부터 영업용 비품을 구입하고 대금 ₩300,000은 현금으로 지급하다.

15일 낙원상사로부터 상품을 구입하고 대금 ₩200,000은 은행자기앞수표로 지급하다.

18일 허리우드상사에 상품을 판매하고 대금 ₩250,000은 허리우드상사발행 제일은행앞 당좌수표로 받다.

20일 안국상사에 용역을 제공하고 수수료수익 ₩80,000은 우편환으로 받다.

31일 무기명사채이자표 ₩120,000 중 ₩10,000이 금일 만기가 되었다.

해답

(1) 분개

1월 2일	(차) 현금	500,000	(대) 자본금	500,000
8일	(차) 비품	300,000	(대) 현금	300,000
15일	(차) 매입	200,000	(대) 현금	200,000
18일	(차) 현금	250,000	(대) 매출	250,000
20일	(차) 현금	80,000	(대) 수수료수익	80,000
31일	(차) 현금	10,000	(대) 이자수익	10,000

(2) 전기

현금

1/ 2	자본금	500,000	1/ 8	비품	300,000
1/18	매출	250,000	1/15	매입	200,000
1/20	수수료수익	80,000			
1/31	이자수익	10,000			

2) 현금출납장

현금출납장은 현금의 수입과 지출내역을 상세히 기록하는 현금계정에 대한 보조원장을 말한다. 이 보조원장은 우리가 보통 작성하는 금전출납부와 동일한 형식이며 현금출납장의 수입·지출의 합계와 잔액이 항상 총계정원장과 일치하여야 한다.

[예제 01]의 거래내역을 현금출납장에 기입하면 다음과 같다.

현금출납장

일 자	적 요	수 입	지 출	잔 액
1월 2일	현금과 수표를 출자하여 영업을 개시하다.	500,000		500,000
8일	종각상사로부터 영업용 비품을 구입하다.		300,000	200,000
15일	낙원상사로부터 상품을 매입하다.		200,000	0
18일	허리우드상사에 상품을 매출하다.	250,000		250,000
20일	안국상사에 용역제공하고 수수료수익을 받다.	80,000		330,000
31일	무기명사채이자표가 금일 만기도래하다.	10,000		340,000

3) 소액현금제도

소액현금제도(petty cash fund system)란 소액경비를 사전승인절차 없이 간단한 절차에 의하여 현금으로 지급하고 이후 사후승인과 함께 현금을 다시 보충하는 제도를 말한다. 이를 전도금제도라고도 한다.

기업의 운전자금은 대부분 은행예금으로 관리하며 자금지출은 적절한 승인절차를 거쳐 수표 또는 어음[1]으로 이루어지고 있다. 그러나 영업사원의 교통비, 일당 등의 소액지출에 대해서까지 수표 또는 어음을 발행하는 것은 비효율적이다. 이 경우 일정금액 이하의 일상적인 지출에 대하여는 현금을 보유하였다가 이를 간단한 절차로써 현금지급하는 것이 효율적이다. 또한, 소액현금은 대부분 회계부서가 아닌 부서, 지점 및 영업소에서 정확한 지출내역을 즉시 회계처리할 수 없는 경우에 나타나기도 한다. 본사의 회계부서에서는 각 부서, 지점 등에 대체된 소액현금 설정액만을 기록하였다가 일정시점마다 그 사용내역에 대한 보고를 받고 장부에 반영한다.

소액현금제도는 정액자금전도제와 부정액자금전도제로 구분한다.

(1) 정액자금전도제

정액자금전도제란 소액현금을 일정한 금액으로 사전에 설정하고 일정기간 후 소액경비지출에 대한 보고를 받으면 지출액과 동일한 금액을 보충하는 제도를 말한다.

1) 수표나 어음은 당좌예금에 대한 인출수단으로 수표발행시점이나 어음만기시점에 발행금액을 당좌예금에서 차감한다. 은행예금을 이용하여 대금지급하는 것이므로 기업에서 현금을 취급할 필요가 없다는 것이다.

회계처리는 다음과 같다.

① 소액현금 설정시점

(차) 소액현금	×××	(대) 은행예금	×××

② 경비지출

– 분개 없음 –

③ 경비지출 보고 및 보충

(차) 여비교통비	×××	(대) 소액현금	×××
통 신 비	×××		
소모품비	×××		
(차) 소액현금	×××	(대) 은행예금	×××

소액현금을 설정하면 소액현금계정[2]으로 처리하고 소액현금 지출시점에서는 아무런 회계처리를 하지 아니한다. 회계처리가 중요하지 않거나 본사의 회계부서에서 경비지출내역을 즉시 확인할 수 없기 때문이다. 다만, 소액현금 담당자는 회계처리를 하지 않더라도 경비 관련 영수증을 현금과 함께 보관하고 현금보유액과 영수증금액의 합계가 사전에 설정한 정액자금과 항상 일치하도록 관리하여야 한다.

정액자금 = 현금보유액 + 영수증금액

소액경비지출을 보고하면 지출액과 동일한 금액만큼 은행예금에서 현금인출하여 보충하며 보충 후 현금잔액은 정액자금과 일치하게 된다. 소액경비 회계처리와 소액현금 보충회계처리를 동시에 행하면 소액경비가 은행예금에서 직접 지출되고 현금잔액을 항상 정액자금으로 표시하는 결과가 된다.

예제 02 소액현금

다음 거래를 분개하고 현금 총계정원장에 전기하시오.

11월 1일 본사의 은행예금에서 ₩100,000을 인출하여 부산지점의 11월분 소액현금으로 설정하다.

11월 30일 부산지점으로부터 11월분 소액경비지출과 소액현금잔액에 관한 보고를 받고 부족금액을 은행예금에서 인출하여 보충하다.

2) '전도금'으로 표시하기도 하며 미사용잔액은 결산일 현재 재무상태표상 현금및현금성자산에 통합표시한다.

지출내역		현금잔액(11/30)
여 비 교 통 비	₩25,000	₩10,000
통 신 비	49,000	
소 모 품 비	16,000	
계	₩90,000	

해답

1. 분개

일 자		회 계 처 리			
11월 1일		(차) 소액현금	100,0000	(대) 은행예금	100,000
11월 30일	①	(차) 여비교통비	25,000	(대) 소액현금	90,000
		통 신 비	49,000		
		소모품비	16,000		
	②	(차) 소액현금	90,000	(대) 은행예금	90,000

2. 전기

소액현금			
11/ 1 은행예금	100,000	11/30 여비교통비	25,000
11/30 은행예금	90,000	통 신 비	49,000
		소모품비	16,000

11월 1일부터 11월 30일까지 소액경비가 발생하였으나 발생시점에 회계처리하지 아니하고 보고시점인 11월 30일에 일괄적으로 경비지출에 관한 회계처리를 한다. 보고직후 동일한 지출액을 보충하면 현금계정은 항상 정액자금 ₩100,000의 잔액을 유지하게 된다.

(2) 부정액자금전도제

부정액자금전도제란 소액현금을 일정한 금액으로 사전에 설정하지 않고 수시로 보충하는 제도를 말한다. 정액자금전도제와 다른 점은 현금계정잔액이 일정하게 유지되는 것이 아니라 보충할 때마다 변동한다는 것이다.

앞의 [예제 02]에서 11월 30일 소액경비지출과 소액현금잔액에 관한 보고를 받고 은행예금에서 ₩120,000을 인출하여 보충하였다면 보충시점의 회계처리는 다음과 같다.

일 자	회 계 처 리			
11월 30일	① (차) 여비교통비	25,000	(대) 소액현금	90,000
	통 신 비	49,000		
	소모품비	16,000		
	② (차) 소액현금	120,000	(대) 은행예금	120,000

4) 현금과부족

현금과부족(cash over and short)이란 현금보유액과 장부금액이 일치하지 않는 경우 차이금액을 표시하는 임시계정을 말한다.

현금은 도난이나 분실의 위험이 높고 빈번하게 거래되어 실제보유액과 장부금액이 일시적으로 일치하지 않을 수 있는데, 현금과부족은 그 불일치금액을 임시 관리하기 위한 계정이다. 예를 들어 소액경비 보고시 증빙이 일부 누락되어 사용금액과 일치하지 않는 경우 현금과부족(불일치금액)을 별도 관리하면 이후 불일치금액에 상당하는 증빙을 찾기가 용이하다.

현금과부족은 현금보유액이 장부금액에 미달하면 차변잔액으로 표시하고 현금보유액이 장부금액을 초과하면 대변잔액으로 표시한다. 불일치원인을 조사하여 원인이 밝혀지면 현금과부족을 해당 계정으로 대체하는 것이 원칙이며 결산기말까지 그 원인이 밝혀지지 않으면 부족액은 잡손실(영업외비용)로, 초과액은 잡이익(영업외수익)으로 처리한다.

예제 03 현금과부족

다음 거래를 분개하시오. 각 상황은 상호 독립적이다.

[상황 1]

11월 30일 현금의 장부잔액은 ₩10,000이지만 현금보유액은 ₩2,000이며 그 원인은 아직 알 수 없다.

12월 15일 위 부족액 중 ₩5,000은 광고선전비의 기입누락으로 밝혀졌다.

12월 31일 결산일이 되었으나 나머지 부족액에 대한 원인을 알 수 없다.

[상황 2]

11월 30일 현금의 장부잔액은 ₩10,000이지만 현금보유액은 ₩34,000이며 그 원인은 아직 알 수 없다.

12월 20일 위 초과액 중 ₩20,000은 매출채권이 회수된 것을 기입하지 않았음이 밝혀졌다.

12월 31일 결산일이 되었으나 나머지 초과액에 대한 원인을 알 수 없다.

해답

1. [상황 1]

일 자	회 계 처 리			
11월 30일	(차) 현금과부족	8,000	(대) 현　　금	8,000
12월 15일	(차) 광고선전비	5,000	(대) 현금과부족	5,000
12월 31일	(차) 잡 손 실	3,000	(대) 현금과부족	3,000

2. [상황 2]

일 자	회 계 처 리			
11월 30일	(차) 현　　금	24,000	(대) 현금과부족	24,000
12월 20일	(차) 현금과부족	20,000	(대) 매출채권	20,000
12월 31일	(차) 현금과부족	4,000	(대) 잡 이 익	4,000

3 은행예금

1) 은행예금의 분류

은행예금은 기업의 운전자금을 일시적으로 예치하거나 일정기간 동안 이자수익을 얻을 목적으로 보유하는 은행에 대한 채권으로 은행예금의 예로는 보통예금, 당좌예금, 정기예금, 정기적금 등이 있다. 은행예금은 요구불예금과 저축성예금으로 구분할 수 있다.

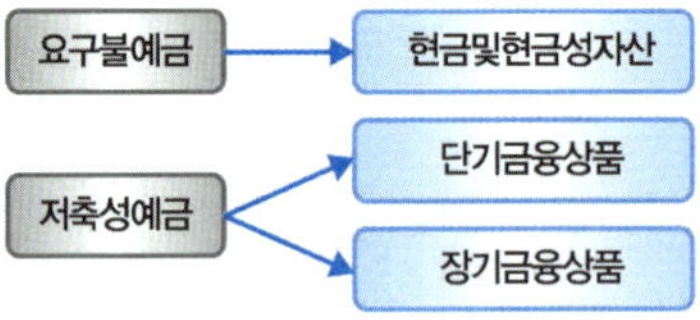

요구불예금은 이자수익을 얻기보다는 보유 중인 현금의 보호와 통제를 위하여 은행에 보관하는 예금으로 제한없이 필요한 자금을 수시로 인출할 수 있으므로 그 성질은 일반지급수단인 현금과 거의 차이가 없다. 따라서 보통예금, 당좌예금, 자유예금 등의 요구불예금은 현금과 함께 재무상태표상 현금및현금성자산이라는 과목에 통합하여 나타낸다.

저축성예금은 요구불예금과는 달리 이자수익 등을 얻을 목적으로 일정기간 동안 예치하는 예금으로 사전에 설정한 예치기간 중에는 현금으로 전환하기 어려우며 중도에 계약을 해지하는 경우 당초에 예상한 이자를 받을 수 없다. 정기예금, 정기적금 등의 저축성예금은 당해 예금의 만기가 재무상태표일로부터 1년 이내에 도래하는 경우에는 단기금융상품(유동자산)으로 분류하고 1년을 초과하는 경우에는 장기금융상품(비유동자산)으로 분류하여야 한다.

한편, 은행예금 중 사용이 제한된 예금은 사용제한내역을 재무제표의 주석으로 표시하여야 한다. 사채의 상환목적으로 적립된 감채기금, 은행차입금의 일정비율을 상환기간 중 예치하는 조건의 양건예금 등은 일반 금융상품과는 달리 사용용도가 제한되어 있으므로 이러한 사실을 주석으로 공시한다는 것이다. 사용이 제한된 예금이라 할지라도 재무상태표일로부터의 만기를 기준으로 단기금융상품 또는 장기금융상품으로 분류한다는 것은 일반 금융상품과 다를 바 없다.

2) 당좌예금

당좌예금은 기업의 자금유출입을 담당하는 대표적인 요구불예금이다. 당좌예금에 관련된 당좌개설보증금, 입금·출금방식, 당좌차월, 당좌예금출납장을 알아보기로 한다.

(1) 당좌개설보증금

당좌거래를 개설하려면 당좌개설보증금을 예치하여야 하는데, 당좌개설보증금은 당좌거래를 해지하기 전까지 인출할 수 없는 예금이다. 당좌개설보증금은 매 결산일 현재 잔여만기를 항상 2년으로 표시하여 장기금융상품으로 분류하여야 한다. 잔여만기를 2년으로 표시하는 것은 기업이 영업활동을 계속하는 한 당좌거래를 해지하지는 않을 것이므로 당좌개설보증금을 비유동자산으로 분류하기 위함이다.

(2) 입금·출금

당좌예금은 현금(타인발행수표 포함)을 입금하거나 추심의뢰한 받을어음의 만기가 도래하면 증가하며, 당좌수표를 발행하거나 발행된 지급어음의 만기가 도래하면 감소한다. 입금방식은 보통예금과 다를 바 없으나 은행을 방문하지 않고 회사에서 직접 출금할 수 있다는 점에서 보통예금과 다르다. 회사가 발행한 당좌수표는 수취인 입장에서 볼 때 수취시점부터 현금이며, 회사입장에서는 수표발행시점에 회사의 자산(당좌예금)이 상대방에게 이전된 것이므로 당좌예금을 차감한다. 어음이 발행된 경우 어음에 표시된 지급기일이 도래하면 당좌예금을 차감한다.

(3) 당좌차월

당좌차월은 기업이 은행과 당좌차월계약을 맺고 일정한 한도 내에서 당좌예금잔액을 초과하여 발행한 수표 등에 대하여 은행이 지급하도록 하는 것을 말한다. 당좌차월잔액에 대하여 기업은 이자비용을 부담하여야 하며 당좌차월잔액에 상당하는 적수만큼 계산하여 부담하므로 금융비용을 최소화할 수 있는 차입수단이다.

결산일 현재 당좌차월잔액은 단기차입금에 통합하여 표시한다. 당좌차월의 만기는 없으나 대개 1년 단위로 당좌차월계약을 갱신하므로 만기 1년 미만인 단기차입금으로 본다. 여기서 한 가지 주의할 점은 단기차입금으로 계상하는 금액이 당좌차월한도가 아니라 실제 당좌차월잔액이라는 것이다. 당좌차월한도는 미이행계약이므로 부기상의 거래가 아니며 주석으로만 공시할 뿐이다.

예제 04 당좌예금

다음 거래를 분개하고 당좌예금 총계정원장에 전기하시오.

5월 4일 A은행과 B은행에 당좌예금계좌를 개설하고 당좌개설보증금 ₩1,500,000을 예입하다. B은행에 대하여는 당좌차월한도 ₩2,000,000을 설정하다.

6월 10일 상품을 ₩600,000에 판매하고 대금은 거래처발행 당좌수표를 받아 A은행에 당좌예입하다.

7월 24일 비품을 ₩250,000에 구입하고 구입대금은 A은행 당좌수표를 발행하다.

9월 15일 현금 ₩300,000을 B은행에 당좌예입하다.

10월 7일 상품을 ₩400,000에 매입하고 구입대금은 B은행 당좌수표를 발행하다.

해답

1. 분개

일 자	회계처리			
5월 4일	(차) 당좌개설보증금	1,500,000	(대) 현금	1,500,000
6월 10일	(차) 당좌예금(A)	600,000	(대) 매출	600,000
7월 24일	(차) 비품	250,000	(대) 당좌예금(A)	250,000
9월 15일	(차) 당좌예금(B)	300,000	(대) 현금	300,000
10월 7일	(차) 매입	400,000	(대) 당좌예금(B)	300,000
			당좌차월(B)	100,000

2. 전기

당좌예금

6/10 매 출 600,000		7/24 비 품 250,000
9/15 현 금 300,000		10/ 7 매 입 300,000

당좌차월

		10/ 7 매 입 100,000

타인발행수표나 현금을 당좌예입하면 당좌예금이 증가하고 당좌수표를 발행하면 당좌예금이 감소한다. 당좌개설보증금은 당좌예금이 아닌 별도의 항목으로 분류하고 결산일 현재 재무상태표에는 장기금융상품으로 나타내야 한다. 또한, 당좌차월한도계약에 대하여는 회계처리하지 아니하고 실제 당좌예금잔액을 초과하여 발행한 수표금액을 당좌차월로 회계처리한다. 즉 당좌예금과 당좌차월은 서로 별개이므로 이를 상계하지 아니한다. 위의 예제에서 10월 7일 거래 직후 재무상태표를 작성한다면 당좌예금 ₩350,000과 당좌차월 ₩100,000은 각각 자산(현금및현금성자산)과 부채(단기차입금)로 표시하며 상계해서는 아니된다.

(4) 당좌예금출납장

당좌예금출납장은 당좌예금 총계정원장에 대한 보조장부를 말한다. 당좌예금이나 당좌차월의 합계에 관한 정보는 총계정원장을 통해 얻지만 각 은행별 당좌예금잔고, 차월현황 등에 관한 세부적인 정보는 총계정원장으로 파악할 수 없다. 즉 당좌예금출납장은 은행별 당좌거래내역을 나타내는 회사 측 보조장부이다.

[예제 04]의 거래에 대한 당좌예금출납장을 작성하여 예시하면 다음과 같다.

은행명 : A은행

일 자	적 요	예 입	인 출	잔 액
6월 10일	상품을 판매하고 당좌예입하다.	600,000		600,000
7월 24일	비품을 구입하고 수표발행하다.		250,000	350,000

은행명 : B은행

일 자	적 요	예 입	인 출	잔 액
9월 15일	현금을 당좌예입하다.	300,000		300,000
10월 7일	상품을 매입하고 수표발행하다.		400,000	(100,000)

4 금융상품

1) 의의

금융상품이란 금융기관이 취급하는 정기예금·정기적금·사용이 제한되어 있는 예금 및 기타 정형화된 상품을 말한다. 경제적 환경이 급변하고 투자자의 욕구가 다양해지면서 저축성예금 이외의 새로운 금융상품이 계속적으로 개발되고 있다. 금융상품은 은행예금과 유사하게 현금을 예치하여 일정수익을 추구하지만 금융기관이 그 이익의 계산방식을 유형별로 다양하게 상품화한 것이다. 이러한 예로는 양도성예금증서(CD), 어음관리계좌(CMA), 환매채(RP), 신종기업어음(CP), 수익증권을 발행하지 아니하는 불특정금전신탁상품 등을 들 수 있다.

① 양도성예금증서(CD : certificate of deposit)

은행이 정기예금에 대하여 발행하는 무기명 예금증서이다. 정기예금과 유사하지만 타인에게 양도가능하다는 점이 다르고 예치기간은 60일 내지 270일이다.

② 기업어음(CP : commercial paper)

신용도가 높은 우량기업이 자금조달을 목적으로 발행하는 단기의 무담보어음을 말한다. 발행기업의 신용도 및 실세금리의 변동에 따른 변동금리가 적용되며 어음기간은 270일 이내이다.

③ 머니마켓펀드(MMF : money market fund)

투자신탁회사가 고객들의 자금을 모아 펀드를 구성하고 금리가 높은 단기금융상품에 집중투자하여 얻은 수익을 고객에게 되돌려주는 금융상품이다. 펀드운용실적에 따라 이익을 받고 보통예금처럼 수시 입출금이 가능하다.

④ 어음관리계좌(CMA : cash management account)

종합금융회사가 고객의 예탁금을 어음 및 국공채 등 단기금융상품에 직접 투자하여 운용한 후 그 수익을 고객에게 돌려주는 단기저축상품이다. 투자실적에 따라 이익을 받고 수시 입출금이 가능하다.

⑤ 환매조건부채권(RP : repurchase agreements)

금융기관이 일정기간 후 확정금리를 가산하여 되사는 조건으로 발행한 채권이다. 중앙은행과 시중은행 사이의 유동성조절수단으로 발행하며 일반 고객에게 만기를 지정하여 금융상품으로 판매하기도 한다.

⑥ 불특정금전신탁

신탁업무를 취급하는 금융기관이 고객으로부터 금전을 맡아 운용방법에 대한 지시 없이 일정기간 법규의 범위 내에서 운용한 후 원금과 수익을 수익자에게 지급하는 신탁방식이다.

2) 계정분류

금융상품 중 단기매매 또는 단기보유목적이며 재무상태표일로부터 1년 이내 현금화될 것으로 기대되는 것은 단기금융상품(유동자산)으로 분류하고, 단기금융상품 이외의 금융상품은 장기금융상품(비유동자산)으로 분류하여야 한다.

단기매매 또는 단기보유목적이라 함은 일시적 자금운용목적으로 취득하여 언제든지 매각하여 현금화할 의도가 있다는 의미이며, 만기가 없는 금융상품에 대하여 계정을 분류하는 기준이다. 만기가 있는 금융상품의 경우에는 저축성예금과 마찬가지로 재무상태표일로부터 만기가 1년 이내인지의 여부에 따라 단기금융상품이나 장기금융상품으로 분류한다.

예제 05 금융상품

다음 거래를 분개하시오.

4월 30일 동부은행 역삼지점에서 만기 6개월인 정기예금에 가입하고 현금 ₩1,000,000을 지급하다.

10월 31일 동부은행 정기예금 ₩1,000,000이 만기도래하여 이자 ₩50,000을 포함하여 현금 ₩1,050,000을 받다.

11월 10일 HK투자증권 강남지점에서 현금 ₩900,000을 지급하여 만기 120일짜리 양도성예금증서를 구입하다.

12월 5일 서부은행 서초지점에서 만기 2년짜리 정기적금에 가입하고 1회분 ₩300,000을 현금지급하다.

해답

1. 분개

일 자	회계처리			
4월 30일	(차) 정 기 예 금	1,000,000	(대) 현 금	1,000,000
10월 31일	(차) 현 금	1,050,000	(대) 정 기 예 금	1,000,000
			이 자 수 익	50,000
11월 10일	(차) 양도성예금증서	900,000	(대) 현 금	900,000
12월 5일	(차) 정 기 적 금	300,000	(대) 현 금	300,000

상기 예제에서 정기예금과 양도성예금증서는 단기금융상품으로 분류하고 정기적금은 장기금융상품으로 분류하여야 한다. 기중에는 금융상품의 구체적인 명칭으로 관리하다가 결산시점에 정확한 계정과목으로 통합하여 표시하면 된다.

5 재무제표 공시

재무제표에는 현금, 은행예금, 금융상품을 다음과 같이 현금및현금성자산, 단기금융상품, 장기금융상품의 과목으로 구분하여 공시하여야 한다.

❙ 재무제표 공시 ❙

- **현금및현금성자산** – 통화, 통화대용증권, 요구불예금 및 현금성자산
- **단기금융상품** – 금융기관이 취급하는 저축성예금, 사용이 제한된 예금 및 기타 정형화된 상품으로서 단기매매 또는 단기보유목적이며 재무상태표일로부터 1년 이내 현금화될 것으로 기대되는 것
- **장기금융상품** – 유동자산에 속하지 아니하는 금융상품

현금및현금성자산은 통화, 통화대용증권, 요구불예금 및 현금성자산을 합산하여 보고하는 과목이다.

여기서 현금성자산은 큰 거래비용 없이 현금으로 전환이 용이하고 이자율변동에 따른 가치변동의 위험이 중요하지 않은 금융상품으로서 취득당시 만기 또는 상환일이 3개월 이내인 것을 말한다. 취득당시 만기가 3개월 이내인 양도성예금증서, 가입일로부터 만기가 3개월 이내인 환매채·저축성예금 등이 이에 해당한다. 취득시점부터 3개월 이내에 현금화할 목적으로 취득하는 단기금융상품은 현금과 거의 다름이 없으므로 이를 현금및현금성자산으로 합산하여 표시한다. 현금및현금성자산은 기업의 유동성판단에 중요한 정보이므로 다른 계정과목과 통합할 수 없으며 반드시 별도항목으로 구분하여 표시하여야 한다.

예제 06 재무제표 공시

하나상사의 20X1년말(결산일) 현재 현금, 은행예금 및 금융상품의 내역은 다음과 같다. 단, 금액은 결산기말 현재 당해 자산의 공정가치와 일치한다.

구 분	금 액	취득일	만기일	비 고
소 액 현 금	₩25,000	–	–	
보 통 예 금	75,000	20X1. 4. 1.	–	
당 좌 예 금 A	140,000	20X1. 5. 1.	–	
당 좌 차 월 B	(120,000)	20X1. 5. 1.	–	
정 기 예 금 A	200,000	20X1. 9. 1.	20X2. 8.31.	질권설정
정 기 적 금 B	300,000	20X1.10. 1.	20X3. 9.30.	

별 단 예 금	70,000	20X1. 5. 1.	20X3. 4.30.	당좌개설보증금
불특정금전신탁	60,000	20X1.10.10.	20X2. 1. 9.	
양도성예금증서	110,000	20X1.11. 1.	20X2. 3. 1.	
계	₩860,000			

요구사항 ▼ 20X1년 12월 31일 현재 상기 자산만을 포함한 부분재무상태표를 작성하시오.

해답

1. 분류

구 분	현금및현금성자산	단기금융상품	장기금융상품	단기차입금
소 액 현 금	₩25,000			
보 통 예 금	75,000			
당 좌 예 금 A	140,000			
당 좌 차 월 B				₩120,000
정 기 예 금 A		₩200,000		
정 기 적 금 B			₩300,000	
별 단 예 금			70,000	
불특정금전신탁	60,000			
양도성예금증서		110,000		
계	₩300,000	₩310,000	₩370,000	₩120,000

2. 부분재무상태표

재무상태표

하나상사 20X1.12.31.

유동자산		**유동부채**	
현금및현금성자산	₩300,000	단기차입금	₩120,000
단기금융상품	310,000	⋮	
⋮			
비유동자산			
장기금융상품	370,000		
⋮			

상기 예제에서 불특정금전신탁 ₩60,000은 취득당시 만기가 3개월 이내이므로 현금및현금성자산에 포함시키고, 양도성예금증서 ₩110,000은 재무상태표일로부터 만기가 3개월 이내 도래하지만 취득당시 만기가 3개월을 초과하므로 단기금융상품으로 분류하여야 한다.

01 재무상태표의 '현금및현금성자산' 과목으로 표시할 수 없는 것은?

① 현금 ② 받을어음 ③ 당좌예금 ④ 보통예금

02 다음 거래 중 현금계정의 차변에 기입해야 하는 거래는 무엇인가?

① 상품을 판매하고 약속어음을 받다.
② 상품매입대금을 당좌수표를 발행하여 지급하다.
③ 외상매출금을 거래처 발행 당좌수표로 받다.
④ 소지하고 있던 자기앞수표를 거래은행에 당좌예입하다.

03 다음 중 현금및현금성자산에 포함되지 않는 것은?

① 지폐·주화 ② 보통예금 ③ 타인발행수표 ④ 수입인지

04 현금과부족에 대한 설명으로 잘못된 것은?

① 기중 현금보유액보다 장부잔액이 많은 경우 [(차) 현금 ××× (대) 현금과부족 ×××]으로 분개한다.
② 현금보유액이 장부잔액과 일치하지 않을 때 사용하는 계정과목이다.
③ 기말 재무상태표상에는 표시되지 않는 임시계정이다.
④ 결산시 현금부족액의 원인을 파악하지 못한 경우 잡손실로 처리한다.

05 다음의 분개로 추정할 수 있는 거래는?

(차) 현금과부족	8,000	(대) 잡이익	8,000

① 현금 총계정원장에 ₩8,000의 수입을 이중으로 기입하였다.
② 현금 총계정원장에 ₩8,000의 지출을 누락하였다.
③ 결산시점까지 현금 ₩8,000 과다원인이 밝혀지지 않았다.
④ 결산시점까지 현금 ₩8,000 부족원인이 밝혀지지 않았다.

06 한강상사는 정액자금전도제(정액전도금 ₩1,000,000)를 채택하고 매월말 보충정산하고 있다. 당기 4월 1일부터 4월 30일까지의 소액지출내역이 다음과 같은 경우 4월 30일 현재 소액현금 잔액은 얼마인가?

사무용품비	₩120,000	우편요금	₩80,000
접 대 비	330,000	여비교통비	190,000
현금부족액	20,000		

① ₩260,000　② ₩280,000　③ ₩670,000　④ ₩1,000,000

07 당좌예금에 관련된 다음의 설명 중 옳은 것은 모두 몇 가지인가?

(ㄱ) 당좌개설보증금은 장기금융상품으로 분류하여야 한다.
(ㄴ) 당좌예금은 결산시 현금및현금성자산에 포함시킨다.
(ㄷ) 당좌차월은 차월한도를 단기차입금으로 표시하여야 한다.
(ㄹ) 여러 은행에 대하여 당좌예금과 당좌차월이 동시 존재하면 이를 상계하여 순액으로 표시한다.
(ㅁ) 당좌수표를 발행하면 지급제시시점이 아닌 발행시점에 당좌예금을 차감한다.

① 1가지　② 2가지　③ 3가지　④ 4가지

08 ㈜채원의 기말 자산 내역은 다음과 같다. 기말 재무상태표에 표시될 현금및현금성자산은 얼마인가?

- 통화(지폐) : ₩980,000
- 우편환증서 : ₩50,000
- 수입인지 : ₩30,000
- 차용증서 : ₩3,000,000
- 보통예금 : ₩1,000,000

① ₩980,000 ② ₩1,030,000 ③ ₩2,030,000 ④ ₩2,060,000

09 다음의 현금예금 및 금융상품의 재무상태표상 분류결과가 옳지 않은 것은?

당좌예금	₩70,000
당좌개설보증금	30,000
대구지점 전도금	15,000
배당금지급통지표	5,000
환매채(90일 환매조건)	5,000
차용증서	20,000
직원가불금	40,000
우편환증서	5,000
정기예금(10개월 후 만기)	50,000
양도성예금증서(120일 만기)	20,000

① 현금및현금성자산 ₩100,000 ② 단기금융상품 ₩75,000
③ 단기대여금 ₩60,000 ④ 장기금융상품 ₩30,000

해 답 **현금예금과 금융상품**

01. ② 02. ③ 03. ④ 04. ① 05. ③ 06. ④ 07. ③ 08. ③ 09. ②

해설

01. 받을어음은 채권(매출채권, 미수금 등)으로 표시하여야 한다.

02. ① (차) 매출채권 ××× (대) 매　　출 ×××
② (차) 매입채무 ××× (대) 당좌예금 ×××
③ (차) 현　　금 ××× (대) 매출채권 ×××
④ (차) 당좌예금 ××× (대) 현　　금 ×××

03. 수입인지는 선급비용 또는 소모품으로 처리하여야 한다.

04. 현금이 부족한 경우이므로 [(차) 현금과부족 ××× (대) 현 금 ×××]으로 회계처리하여야 한다.

05. 현금이 과다한 경우로서 결산시까지 원인이 밝혀지지 않아 잡이익으로 대체한 것이다.

06. 정액자금 ₩1,000,000으로 보충정산하였으므로 ₩1,000,000의 잔액으로 나타난다.
[회계처리]

(차)	사무용품비	120,000	(대) 소액현금	730,000
	통 신 비	80,000		
	접 대 비	330,000		
	여비교통비	190,000		
	현금과부족	20,000		
(차)	소액현금	730,000	(대) 은행예금	730,000

07. (ㄱ), (ㄴ), (ㅁ)의 3가지이다.
(ㄷ) 당좌차월은 실제잔액을 단기차입금으로 표시한다. 차월한도는 주석으로 표시할 뿐이다.
(ㄹ) 여러 은행에 대하여 당좌예금과 당좌차월이 있는 경우 이를 상계할 수 없으며 각각 자산(현금및현금성자산)과 부채(단기차입금)로 표시하여야 한다.

08. 현금및현금성자산에 해당하는 것은 보통예금, 통화, 우편환증서이다.

09.

	현금및 현금성자산	단기 금융상품	단기대여금	장기 금융상품
당좌예금	₩70,000			
당좌개설보증금				₩30,000
대구지점 전도금	15,000			
배당금지급통지표	5,000			
환매채(90일 환매조건)	5,000			
차용증서			₩20,000	
직원가불증			40,000	
우편환증서	5,000			
정기예금(10개월 후 만기)		₩50,000		
양도성예금증서(120일 만기)		20,000		
계	₩100,000	₩70,000	₩60,000	₩30,000

2025

알기쉬운 회계실무

accounting

PART 06

수취채권과 지급채무

“ 수취채권과 지급채무는 기업이 재화나 용역을 외상으로 매매하거나 현금을 대여 또는 차입하는 과정에서 발생하는 채권·채무를 통칭한다. ”

1 개요

수취채권(receivables)이란 기업이 재화나 용역을 외상으로 판매하거나 현금을 대여하여 발생하는 채권을 말한다. 수취채권은 적극적인 현금회수절차 없이 일정기간이 경과하면 현금으로 수취할 수 있는 자산이므로 처분활동을 통해 현금으로 회수되는 재고자산과 구별된다. 기업이 보유하는 자산 중 실물자산을 제외하면 수취채권이 대부분이라 할 수 있으며, 기업의 영업활동 과정에서 지속적으로 발생하여 현금으로 회수되는 과정이 반복된다. 수취채권 중 상품매매과정에서 발생하는 매출채권이 회계상 주요 채권이며 미수금·대여금 등은 기타 채권이다.

지급채무(payables)란 기업이 미래에 현금을 지급하거나 재화나 용역을 제공하여야 할 의무를 말한다. 수취채권과 마찬가지로 지급채무 중 상품매매과정에서 부담하는 매입채무가 회계상 주요 채무이며 미지급금·차입금 등은 기타 채무이다.

- **주요 채권·채무** – 매출채권, 매입채무
- **기타 채권·채무** – 미수금, 대여금, 선급금, 미지급금, 차입금, 선수금 등

수취채권·지급채무 중 재무상태표일로부터 만기가 1년 이내에 도래하면 재무상태표상 유동항목으로 분류하고 그렇지 아니하면 비유동항목으로 분류하여야 한다. 유동항목은 당해 채권·채무의 앞에 '단기'라는 수식어를, 비유동항목은 '장기'라는 수식어를 붙이기도 한다. 재무상태표에 나타내는 수취채권과 지급채무의 과목은 다음과 같다.

재무상태표

○○회사 20XX년 X월 X일

유동자산		**유동부채**	
매출채권	×××	매입채무	×××
미 수 금	×××	미지급금	×××
단기대여금	×××	단기차입금	×××
선 급 금	×××	선 수 금	×××
비유동자산		**비유동부채**	
장기매출채권	×××	장기매입채무	×××
장기미수금	×××	장기미지급금	×××
장기대여금	×××	장기차입금	×××

2 매출채권과 매입채무

매출채권이란 일반적 상거래, 즉 상품이나 제품의 판매 또는 용역의 제공 등 매출액(영업수익)을 발생시키는 거래에서 발생한 외상매출금과 받을어음을 말한다.

매출채권	=	외상매출금	+	받을어음
매출채무	=	외상매입금	+	지급어음

외상매출금은 재화나 용역을 판매하는 경우에 발생하는 채권이며 받을어음은 외상매출금의 현금회수시점을 확정한 어음으로 수취하는 경우에 발생하는 어음상의 채권이다. 매출채권은 외상매출금과 받을어음을 통합하여 표시하는 과목이며 매입채무는 외상매입금과 지급어음을 통합하여 표시하는 과목이다.

1) 외상매매거래

회계기간 중 외상매매거래에서 발생하는 채권은 외상매출금과 받을어음이다. 받을어음은 어음상의 채권이므로 외상매출금과 법적 형식이 다르지만 경제적 실질이 동일하므로 재무상태표에 합산하여 표시한다. 기업실무에서는 회계기간 중 외상매출금과 받을어음을 별도의 항목으로 표시하였다가 결산기말 재무상태표에 매출채권으로 합산하여 공시한다.

회계기간 중 사용하는 계정과목과 재무상태표에 나타내는 계정과목의 관계를 다음과 같이 나타낼 수 있다.

시 산 표

외상매출금	×××	외상매입금	×××
받을어음	×××	지급어음	×××
⋮		⋮	

재무상태표

매출채권	×××	매입채무	×××
⋮		⋮	

예제 01 외상매매거래(1)

다음 거래를 분개하고 총계정원장에 전기하시오.

7월 1일 개나리상사로부터 상품 ₩250,000을 외상매입하다.
7월 4일 장미상사에 상품을 ₩300,000에 외상판매하다.
7월 8일 개나리상사에 대한 외상매입금에 대하여 ₩150,000은 당좌수표를 발행하고 나머지는 어음을 발행하다.
7월 15일 장미상사에 대한 외상매출금에 대하여 ₩100,000은 장미상사발행 당좌수표를 교부받고 나머지는 어음으로 교부받다.
7월 19일 개나리상사에 대한 지급어음 중 ₩60,000의 만기가 도래하다.
7월 23일 장미상사에 대한 받을어음 중 ₩120,000이 만기도래하여 당좌예입되다.
7월 28일 진달래상사로부터 상품 ₩200,000을 외상매입하다.
7월 30일 백합상사에 상품을 ₩400,000에 외상판매하다.

해답

1. 분개

일 자	회계처리			
7월 1일	(차) 매 입	250,000	(대) 외상매입금	250,000
7월 4일	(차) 외상매출금	300,000	(대) 매 출	300,000
7월 8일	(차) 외상매입금	250,000	(대) 당좌예금	150,000
			지급어음	100,000
7월 15일	(차) 현 금	100,000	(대) 외상매출금	300,000
	받을어음	200,000		
7월 19일	(차) 지급어음	60,000	(대) 당좌예금	60,000
7월 23일	(차) 당좌예금	120,000	(대) 받을어음	120,000
7월 28일	(차) 매 입	200,000	(대) 외상매입금	200,000
7월 30일	(차) 외상매출금	400,000	(대) 매 출	400,000

2. 전기

외상매출금

7/ 4 매 출	300,000	7/15 현 금	100,000
7/30 매 출	400,000	받을어음	200,000

외상매입금

7/ 8 당좌예금	150,000	7/ 1 매 입	250,000
지급어음	100,000	7/28 매 입	200,000

받을어음

7/15 외상매출금	200,000	7/23 당좌예금	120,000

지급어음

7/19 당좌예금	60,000	7/ 8 외상매입금	100,000

외상매출금과 외상매입금은 상품매매시점에 증가하고 현금, 수표, 어음을 수수하는 시점에 감소한다. 교부받은 어음은 받을어음으로, 발행한 어음은 지급어음으로 나타내고 만기도래하면 감소시킨다.

7월 31일 현재 시산표와 재무상태표를 작성한다면 계정과목 간의 관계를 다음과 같이 나타낼 수 있다.

시 산 표

외상매출금	400,000	외상매입금	200,000
받을어음	80,000	지급어음	40,000
⋮		⋮	

→

재무상태표

매출채권	480,000	매입채무	240,000
⋮		⋮	

위와 같이 외상매출금과 받을어음 등을 구분하였다가 결산시 재무상태표에는 매출채권 등으로 통합표시한다. 그러나 외상매출금과 받을어음을 구분하는 것이 재무제표에 미치는 영향이 중요하지 않으므로 이하에서는 계정과목을 매출채권과 매입채무만을 사용하기로 한다.

예제 02 외상매매거래(2)

매출채권과 매입채무의 계정과목을 사용하여 [예제 01]의 거래를 분개하고 전기하시오.

해답

1. 분개

일 자	회 계 처 리			
7월 1일	(차) 매 입	250,000	(대) 매입채무	250,000
7월 4일	(차) 매출채권	300,000	(대) 매 출	300,000
7월 8일	(차) 매입채무	150,000	(대) 당좌예금	150,000
7월 15일	(차) 현 금	100,000	(대) 매출채권	100,000
7월 19일	(차) 매입채무	60,000	(대) 당좌예금	60,000
7월 23일	(차) 당좌예금	120,000	(대) 매출채권	120,000
7월 28일	(차) 매 입	200,000	(대) 매입채무	200,000
7월 30일	(차) 매출채권	400,000	(대) 매 출	400,000

2. 전기

매출채권

7/ 4 매 출	300,000	7/15 현 금	100,000
7/30 매 출	400,000	7/23 당좌예금	120,000

매입채무

7/ 8 당좌예금	150,000	7/ 1 매 입	250,000
7/19 당좌예금	60,000	7/28 매 입	200,000

2) 매출처원장과 매입처원장

매출처원장과 매입처원장은 매출채권·매입채무 총계정원장(general ledger)에 대한 보조원장(sub ledger)이다. 총계정원장에서 기업이 부담하는 채권·채무 잔액의 합계는 쉽게 파악할 수 있으나 각 거래처별 잔액을 파악하기가 어려우므로 보조원장을 작성하여 관리하는 것이다.

매출채권이나 매입채무가 발생하거나 현금이 수수되면 총계정원장뿐만 아니라 매출처원장이나 매입처원장에 동시에 기입한다. 매출채권·매입채무 계정의 차변 또는 대변 합계금액은 매출처원장·매입처원장의 차변 또는 대변 합계금액과 항상 일치하게 된다.

| 총계정원장 |

매출채권

총외상매출액	×××	총현금회수액	×××

| 매출처원장 |

거래처 A

외상매출액	×××	현금회수액	×××

거래처 B

외상매출액	×××	현금회수액	×××

[예제 02]의 거래를 매출처원장(장미상사, 백합상사)과 매입처원장(개나리상사, 진달래상사)에 전기하여 총계정원장과 비교하면 다음과 같다.

매출채권

7/ 4 매 출	300,000	7/15 현 금	100,000
7/30 매 출	400,000	7/23 당좌예금	120,000

장미상사

7/ 4	300,000	7/15	100,000
		7/23	120,000

백합상사

7/30	400,000		

매입채무

7/ 8 당좌예금	150,000	7/ 1 매 입	250,000
7/19 당좌예금	60,000	7/28 매 입	200,000

개나리상사

7/ 8	150,000	7/ 1	250,000
7/19	60,000		

진달래상사

		7/28	200,000

위와 같이 전기하면 7월 31일 현재 매출채권과 매입채무 잔액을 다음과 같이 거래처별로 파악할 수 있다.

총계정원장		보조원장	
매 출 채 권	₩480,000	장 미 상 사	₩80,000
		백 합 상 사	400,000
매 입 채 무	₩240,000	개나리상사	₩40,000
		진달래상사	200,000

3) 받을어음과 지급어음

(1) 어음거래

어음이란 일정 금액을 약정한 기일에 미리 정한 장소에서 지급하기로 약속한 증서를 말한다. 상법상 어음은 약속어음과 환어음의 두 가지가 있다. 약속어음은 채무자(발행인)가 채권자(수취인)에게 일정한 금액을 만기일에 지급하기로 약속한 어음이고, 환어음은 발행인이 채권자(수취인)에게 일정한 금액을 만기일에 발행인의 채무자(지급인)로 하여금 지급하도록 의뢰한 어음이다.

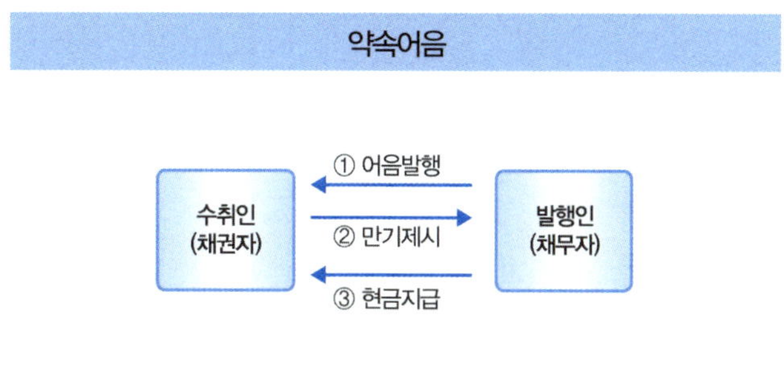

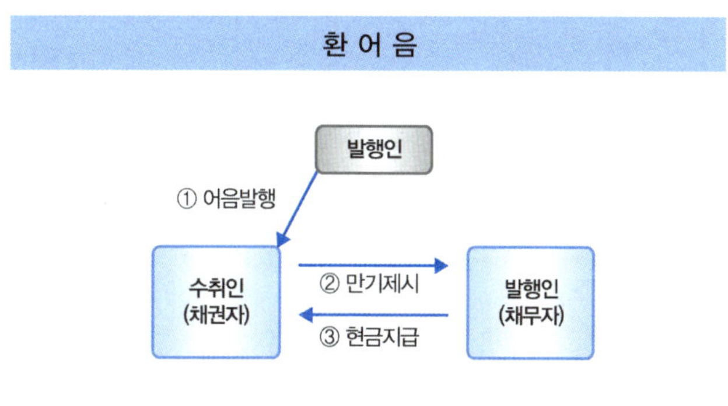

법적 구분에도 불구하고 약속어음이든 환어음이든 수취인은 교부받은 어음금액을 매출채권(받을어음)으로, 발행인(약속어음의 경우)이나 지급인(환어음의 경우)은 발행된 어음금액을 매입채무(지급어음)로 회계처리하면 된다. 기업실무에서는 대부분 약속어음을 사용하며 환어음은 무역거래 등 제한적인 용도로만 사용한다. 이 책에서는 특별한 언급이 없는 한 어음이라 함은 약속어음을 의미하는 것으로 전제한다.

약속어음은 어음상 기재하여야 할 항목을 빠짐없이 기록하여야 하는 요식(要式)증권이다. 어음상 기재항목 중 한 항목이라도 누락되면 수취인이 만기일에 제시하여도 어음금액을 받을 수 없다.

예를 들어, 종로상사의 홍길동이 신촌상사의 김갑동으로부터 상품을 ₩2,500,000에 매입하고 발행일 20XX년 5월 1일, 만기일 20XX년 5월 31일, 지급장소 국민은행 강남지점인 약속어음을 발행하였다면 약속어음의 양식은 다음과 같다.

❙ 어음 양식(앞면과 뒷면) ❙

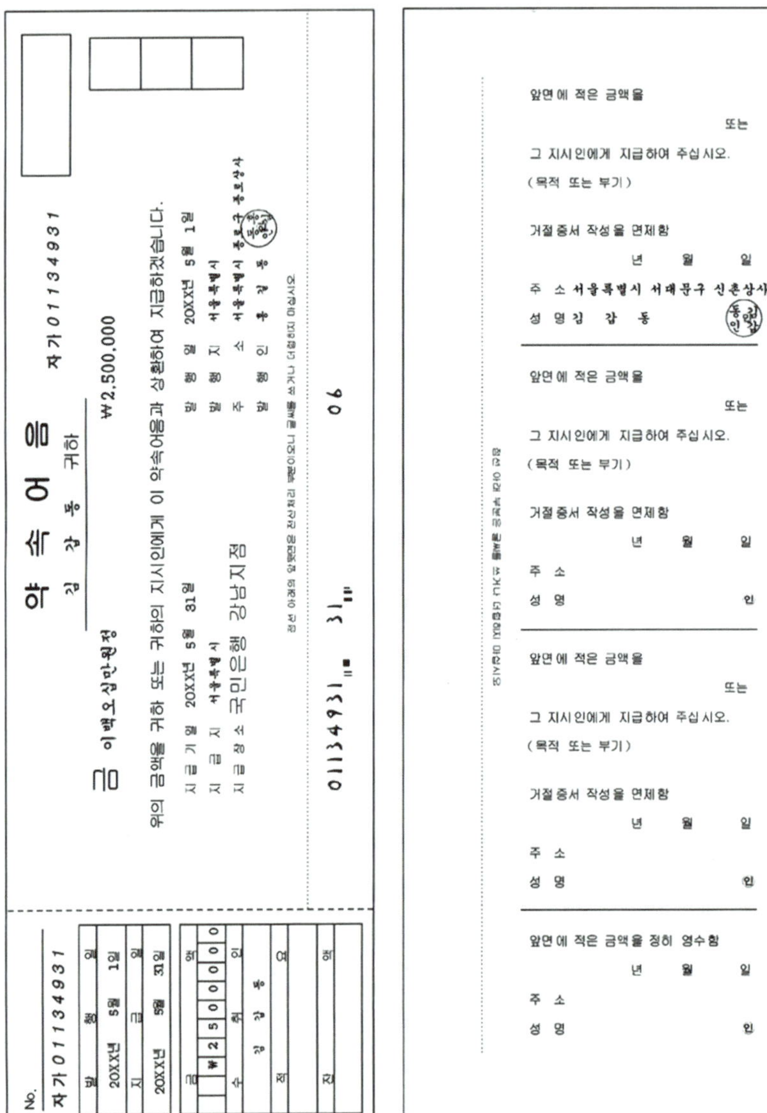

종로상사 홍길동과 신촌상사 김갑동의 일자별 회계처리는 다음과 같다.

일 자	홍길동(발행인)			김갑동(수취인)		
5월 1일	매 입	2,500,000		매출채권	2,500,000	
	매입채무		2,500,000	매 출		2,500,000
5월 31일	매입채무	2,500,000		현 금	2,500,000	
	당좌예금		2,500,000	매출채권		2,500,000

예제 03 어음거래

다음의 거래를 분개하고 총계정원장에 전기하시오.

7월 1일 개나리상사로부터 상품 ₩250,000을 외상매입하고 만기일 7월 19일, 지급장소 A은행인 약속어음(어음번호 #101)을 발행하다.

7월 4일 장미상사에 상품을 ₩300,000에 외상판매하고 장미상사발행 만기일 7월 23일, 지급장소 B은행인 약속어음(어음번호 #201)을 받다.

7월 19일 개나리상사에 대한 지급어음(#101)의 만기가 도래하여 당좌예금에서 차감하다.

7월 23일 장미상사에 대한 받을어음(#201)의 만기가 도래하여 당좌예입되다.

7월 28일 진달래상사로부터 상품 ₩200,000을 외상매입하고 만기일 8월 18일, 지급장소 A은행인 약속어음(어음번호 #102)을 발행하다.

7월 30일 백합상사에 상품을 ₩400,000에 외상판매하고 백합상사발행 만기일 8월 30일, 지급장소 C은행인 약속어음(#401)으로 받다.

해답

1. 분개

일 자	회 계 처 리			
7월 1일	(차) 매 입	250,000	(대) 매입채무	250,000
7월 4일	(차) 매출채권	300,000	(대) 매 출	300,000
7월 19일	(차) 매입채무	250,000	(대) 당좌예금	250,000
7월 23일	(차) 당좌예금	300,000	(대) 매출채권	300,000
7월 28일	(차) 매 입	200,000	(대) 매입채무	200,000
7월 30일	(차) 매출채권	400,000	(대) 매 출	400,000

2. 전기

매출채권

7/ 4 매 출 300,000		7/23 당좌예금 300,000
7/30 매 출 400,000		

매입채무

7/19 당좌예금 250,000		7/ 1 매 입 250,000
		7/28 매 입 200,000

(2) 받을어음기입장과 지급어음기입장

받을어음기입장과 지급어음기입장은 받을어음(매출채권)과 지급어음(매입채무)에 관련된 보조장부이다.

받을어음기입장과 지급어음기입장은 받을어음이나 지급어음의 발행순서대로 발행일, 금액, 만기일, 지급인, 수취인, 지급장소 등을 기록하고 만기일이 도래하여 결제되면 지워나간다. 일정 기준일 현재 받을어음기입장이나 지급어음기입장의 잔액을 통해 미래에 회수될 금액 또는 지급할 금액을 파악할 수 있다. 앞서 설명한 바와 같이 어음은 기재항목이 많고 받을어음과 지급어음의 회수 및 지급일정은 기업의 자금계획을 수립하는 데 중요한 자료이므로 이러한 보조장부가 필요한 것이다. 거래가 발생하면 총계정원장(매출채권, 매입채무)과 함께 보조장부(받을어음기입장, 지급어음기입장)에 동시 전기하여야 한다.

[예제 03]의 거래를 받을어음기입장과 지급어음기입장에 전기하여 총계정원장과 비교하면 다음과 같다.

매출채권

7/ 4 매 출 300,000		7/23 당좌예금 300,000
7/30 매 출 400,000		

받을어음기입장

일 자	적 요	금 액	어음번호	지급인	발행일	만기일	지급장소	처리결과
7월 4일	상품매출	300,000	201	장미상사	7/ 4	7/23	B은행	7/23 당좌예입
30일	상품매출	400,000	401	백합상사	7/30	8/30	C은행	

매입채무

7/19 당좌예금	250,000	7/ 1 매 입	250,000
		7/28 매 입	200,000

지급어음기입장

일 자	적 요	금 액	어음번호	지급인	발행일	만기일	지급장소	처리결과
7월 1일	상품매입	250,000	101	개나리상사	7/ 1	7/19	A은행	7/19 당좌출금
28일	상품매입	200,000	102	진달래상사	7/28	8/18	A은행	

받을어음기입장과 지급어음기입장을 보면 7월 31일 현재 잔액(받을어음 ₩400,000, 지급어음 ₩200,000), 받을어음의 회수일정(8월 30일), 지급어음의 지급일정(8월 18일)을 파악할 수 있다.

(3) 어음의 배서

어음의 배서(endorsement)란 어음을 소지하고 있는 사람이 만기일 전에 어음에 관한 권리를 양도하기 위해서 어음 뒷면에 기명날인하여 다른 사람에게 교부하는 것을 말한다. 어음을 양도하는 사람을 배서인이라 하고 양수하는 사람을 피배서인이라 하며, 배서인이 어음 뒷면에 양도의사를 표시하고 기명날인하여 피배서인에게 어음을 교부한다. 배서에는 추심위임배서, 배서양도, 어음할인의 세 가지가 있다.

① 추심위임배서

추심위임배서란 소유하고 있는 받을어음을 은행에 대금추심을 의뢰하고 배서하는 것을 말한다. 추심(collection)이란 은행이 배서인의 의뢰를 받아 어음을 지급인에게 제시하고 어음금액을 회수하는 절차를 말한다.

기업이 보유하는 받을어음에 대하여 만기일에 지급장소에서 추심하는 것은 많은 노력을 필요로 하며 이러한 업무를 은행에 의뢰하면 노력과 시간을 절감할 수 있다. 은행에서는 소정의 수수료를 받고 이러한 업무를 대행한다. 여기서 주의할 점은 기업이 은행에 추심을 의뢰하더라도 어음의 소유권은 당해 기업에 있으며 은행에서는 추심업무만을 대행할 뿐이라는 것이다. 받을어음의 보관장소를 기업에서 은행으로 옮긴 것이며 기업이 보유하는 어음과 다를 바 없으므로 배서시점에 아무런 회계처리를 하지 아니한다. 만기가 도래하면 매출채권(받을어음)을 감소시키고 은행예금을 증가시키며 추심수수료를 비용으로 인식하면 된다.

예제 04 **추심위임배서**

다음을 분개하시오.

7월 4일 장미상사에 상품을 ₩300,000에 외상판매하고 장미상사발행 만기일 7월 23일, 지급장소 B은행인 약속어음(어음번호 #201)을 받다.

7월 5일 장미상사에 대한 받을어음을 은행에 추심의뢰하다.

7월 23일 장미상사에 대한 받을어음(#201)의 만기가 도래하여 추심수수료 ₩10,000을 차감한 금액으로 당좌예입되다.

해답

일 자	회계처리			
7월 4일	(차) 매출채권	300,000	(대) 매 출	300,000
7월 5일		- 분개 없음 -		
7월 23일	(차) 당좌예금	290,000	(대) 매출채권	300,000
	수수료비용	10,000		

② 배서양도

배서양도는 소유하고 있는 받을어음으로 상품매입대금이나 매입채무를 상환하기 위하여 배서하는 것을 말한다. 상법에서는 이미 발행된 어음을 이용하여 기업 간 신용거래를 할 수 있도록 발행일 이후 만기일 전까지 받을어음의 배서양도를 제한 없이 허용하고 있다. 배서양도된 경우 발행인은 배서의 연속성을 확인한 뒤 만기일 현재 최종 피배서인에게 대금을 지급함으로써 배서인과 피배서인의 권리의무가 모두 소멸된다.

기업회계기준에서는 매출채권 등을 타인에게 양도하는 경우 당해 채권의 권리·의무가 양도인과 분리되어 실질적으로 이전되는 조건이면 매각거래로 간주하고 그 이외의 경우에는 차입거래로 규정하고 있다. 매각거래인 경우 배서시점에 매출채권을 감소시키고, 차입거래인 경우에는 배서시점에 아무런 회계처리를 하지 않고 만기시점에 감소시킨다.

	매각거래				차입거래			
매입시점	매　　입		×××		매　　입		×××	
		매입채무		×××		매입채무		×××
배서시점	매입채무		×××		– 분개 없음 –			
		매출채권		×××				
만기시점	– 분개 없음 –				매입채무		×××	
						매출채권		×××

예제 05 배서양도

다음의 거래를 매각거래와 차입거래로 구분하여 분개하시오.

7월　5일　진달래상사로부터 상품 ₩200,000을 외상매입하고 대금은 동액의 받을어음(매출채권, 발행일 7월 1일, 만기일 7월 20일)을 배서양도하다.

7월 20일　진달래상사에 배서양도한 받을어음이 결제되었다는 통지를 받다.

해답

	매각거래				차입거래			
7월　5일	매　　입		200,000		매　　입		200,000	
		매입채무		200,000		매입채무		200,000
	매입채무		200,000		– 분개 없음 –			
		매출채권		200,000				
7월 20일	– 분개 없음 –				매입채무		200,000	
						매출채권		200,000

매각거래와 차입거래의 차이점은 배서시점에 매출채권(받을어음)을 감소시키는지의 여부이며 만기 이후의 재무상태는 동일하다. 단지, 매각거래인 경우 배서 이후 만기까지 매출채권과 매입채무를 상계하고 차입거래인 경우 동시에 자산·부채로 나타내는 점이 다르다.

③ 어음할인

어음할인(discounting notes receivable)이란 소유하고 있는 받을어음을 금융기관에 배서하고 할인료를 차감한 금액만큼 현금으로 받는 것을 말한다. 할인료는 받을어음의 만기지급금액에 대한 신용제공기간 동안의 선이자(先利子)에 해당한다. 배서시점 현재 할인료와 현금수취액의 계산방법은 다음과 같다.

$$\text{할인료} = \text{만기지급금액} \times \text{할인율} \times \frac{\text{신용제공일수}}{365}$$

$$\text{현금수취액} = \text{만기지급금액} - \text{할인료}$$

신용제공기간은 배서시점으로부터 어음만기시점까지의 기간을 말하며 할인율은 연간 이자율이므로 1년(365일) 중 신용제공일수만큼 안분하여 할인료를 계산하는 것이다.

어음할인도 배서양도와 마찬가지로 매출채권의 권리·의무가 양도인과 분리되어 실질적으로 이전되는 조건이면 매각거래로 간주하고 그 이외의 경우에는 차입거래로 본다. 매각거래인 경우 배서시점에 매출채권을 감소시키고, 차입거래인 경우에는 매출채권을 감소시키지 아니하고 차입금을 계상한다. 이때 할인료는 매각거래의 경우 매출채권처분손실로 계상하고 차입거래의 경우 이자비용으로 계상하여야 한다.

	매각거래			차입거래		
배서시점	현 금	×××		현 금	×××	
	매출채권처분손실	×××		이자비용	×××	
	매출채권		×××	단기차입금		×××
만기시점	− 분개 없음 −			단기차입금	×××	
				매출채권		×××

받을어음의 금액과 현금수취액의 차액은 이자비용성격이지만 매각거래의 경우 차입금을 계상하지 아니하므로 이자비용 대신 매출채권처분손실이라는 기타비용으로 표시하며, 차입거래의 경우 이자비용으로 나타낸다.

예제 06 어음할인

다음의 거래를 매각거래와 차입거래로 구분하여 분개하시오.

7월 1일 백합상사에 상품을 판매하고 수수한 받을어음 ₩400,000(발행일 5월 1일 만기일 7월 31일)을 금융기관으로부터 연 12% 할인율로 할인받다.

7월 31일 금융기관으로부터 위의 어음이 결제되었다는 통지를 받다.

해답

	매각거래			차입거래		
7월 1일	현 금	396,000		현 금	396,000	
	매출채권처분손실	4,000*		이자비용	4,000	
	매출채권		400,000	단기차입금		400,000
	* ₩400,000×12%×1/12=₩4,000					
7월 31일	− 분개 없음 −			단기차입금	400,000	
				매출채권		400,000

어음할인은 추심위임배서와 달리 할인시점에 현금을 수취하고 매출채권의 권리·의무가 실질적으로 이전될 수도 있다는 점에 유의하여야 한다.

(4) 어음의 부도

어음의 부도란 어음 소지인이 만기일에 지급인에게 대금지급을 청구하였으나 지급인으로부터 지급거절당하는 것을 말한다. 지급이 거절된 어음을 부도어음이라고 한다.

받을어음이 부도처리되면 아무런 회계처리를 할 필요가 없다. 부도어음은 당초의 채권에 비하여 회수가능성이 낮다고 볼 수 있지만 어음 소지인은 어음 채무자에게 당해 금액을 청구할 수 있으므로 여전히 매출채권 등[1]으로 나타낸다. 부도어음이 채무자로부터 현금회수되면 매출채권의 회수로 회계처리하고 회수불능으로 판명되면 대손처리하면 된다. 대손회계처리는 '4. 채권의 대손'에서 자세히 설명할 것이다.

또한, 배서양도 또는 할인된 어음에 대하여 차입거래로 간주하는 경우에도 마찬가지이다. 차입거래인 경우 받을어음이 부도처리되면 관련 부채(매입채무, 차입금)는 만기일에 상환하고 받을어음은 별도로 회수절차를 밟으면 된다. 다만, 매각거래의 경우 채권의 권리·의무가 배서 또는 할인시점에 실질적으로 이전되었으므로 부도에 대하여 아무런 회계처리를 할 필요가 없다는 점에 유의하여야 한다.

예제 07

어음의 부도

다음의 거래를 매각거래와 차입거래로 구분하여 분개하시오.

7월 1일 받을어음(매출채권) ₩400,000(만기일 7월 31일)을 금융기관으로부터 할인받고 할인료 ₩4,000을 차감한 실수금을 현금으로 받다.

7월 5일 진달래상사로부터 상품 ₩200,000을 외상매입하고 대금은 동액의 받을어음(매출채권, 만기일 7월 20일)을 배서양도하다.

7월 20일 진달래상사에 배서양도한 어음이 부도처리되었다는 통지를 받다.

7월 22일 진달래상사는 부도어음을 뒤늦게 상환하였다.

7월 31일 거래은행으로부터 할인받은 백합상사발행 어음이 부도처리되었다는 통지를 받다.

8월 2일 백합상사는 부도어음을 뒤늦게 상환하였다.

해답

	매각거래			차입거래		
7월 1일	현 금	396,000		현 금	396,000	
	매출채권처분손실	4,000		이자비용	4,000	
	매출채권		400,000	단기차입금		400,000

1) '부도어음'이라는 과목으로 표시할 수 있으나 이는 내부적으로 정상적인 받을어음과 구별하기 위한 목적일 뿐이며 결산일 현재 재무상태표에는 매출채권 등에 통합 표시한다.

일자	계정	차변	대변	계정	차변	대변
7월 5일	매 입	200,000		매 입	200,000	
	매입채무		200,000	매입채무		200,000
	매입채무	200,000		- 분개 없음 -		
	매출채권		200,000			
7월 20일	- 분개 없음 -			매입채무	200,000	
				현 금		200,000
7월 22일	- 분개 없음 -			현 금	200,000	
				매출채권		200,000
7월 31일	- 분개 없음 -			단기차입금	400,000	
				현 금		400,000
8월 2일	- 분개 없음 -			현 금	400,000	
				매출채권		400,000

차입거래의 경우 부도처리되지 않았다면 만기일에 받을어음과 관련 부채(매입채무, 단기차입금)를 상계제거하지만 부도처리되었다면 관련 부채만 상환하고 받을어음은 별도 회수하여야 한다. 매각거래의 경우 부도발생이나 부도채권의 현금회수와 아무 관련이 없으므로 회계처리를 하지 아니한다.

3 기타의 채권·채무

1) 미수금과 미지급금

미수금·미지급금이란 일반적 상거래 이외에서 발생한 미수채권·채무를 말한다. 상품 이외 재화, 예를 들면 토지, 건물, 단기매매증권을 구입하거나 매각하는 과정에서 발생하는 채권·채무가 이에 해당한다.

미수금·미지급금은 주된 영업활동에서 발생하는 채권·채무인 매출채권·매입채무와 구별된다. 이러한 채권·채무에는 어음상의 채권·채무도 포함되는데 상품 이외의 재화를 매매하는 과정에서 어음을 수수한 경우 이를 매출채권이나 매입채무가 아닌 미수금 또는 미지급금으로 처리하여야 한다.

예제 08 **미수금·미지급금**

다음 거래를 분개하시오.

7월 1일 사용 중인 비품 ₩200,000을 동 금액에 매각하고 매각대금은 10일 후 받기로 하다.

7월 10일 비품매각대금 ₩200,000을 거래처발행 당좌수표로 받다.

7월 15일 업무용 토지를 ₩500,000에 구입하고 대금은 1개월 후 만기인 약속어음을 발행하다.

8월 15일 토지구입과 관련하여 발행한 약속어음 ₩500,000이 만기도래하여 당좌예금에서 차감하다.

해답

일 자	회 계 처 리			
7월 1일	(차) 미 수 금	200,000	(대) 비 품	200,000
7월 10일	(차) 현 금	200,000	(대) 미 수 금	200,000
7월 15일	(차) 토 지	500,000	(대) 미지급금	500,000
8월 15일	(차) 미지급금	500,000	(대) 당좌예금	500,000

미수금·미지급금의 만기가 재무상태표일로부터 1년 이내인 경우 유동자산 또는 유동부채로 표시하고 만기가 1년 후에 도래하면 장기미수금·장기미지급금의 과목으로 하여 비유동자산 또는 비유동부채로 표시한다.

2) 대여금과 차입금

대여금·차입금이란 타인에게 현금을 빌려주거나 타인으로부터 현금을 빌려오는 경우에 발생한 채권·채무를 말한다. 이 채권·채무가 발생하면 주로 차용증서나 어음을 주고받으며 현금지급과 함께 대여금을 차변에 계상하고 현금수취와 함께 차입금을 대변에 기록한다. 대여 또는 차입시 어음을 주고받은 경우 이를 매출채권이나 매입채무가 아닌 대여금이나 차입금으로 처리하여야 한다.

대여금의 경우 대여기간 동안 이자수익이 발생하고 차입금의 경우 차입기간 동안 이자비용이 발생한다. 이자수익이나 이자비용은 기타수익·금융원가로 처리하여야 한다.

예제 09 **대여금 · 차입금**

다음 거래를 분개하시오.

7월 1일 경기상사에 현금 ₩1,000,000을 대여하고 차용증서를 받다.

7월 31일 경기상사로부터 대여금과 이자를 포함하여 경기상사발행 당좌수표 ₩1,020,000을 받아 당좌예입하다.

8월 1일 수원상사에서 현금 ₩500,000을 차입하고 1개월 만기 약속어음을 발행하다.

8월 31일 수원상사에 대한 약속어음 ₩500,000이 만기도래하여 당좌예금에서 차감하고 이자 ₩10,000은 현금지급하다.

해답

일 자	회계처리			
7월 1일	(차) 단기대여금	1,000,000	(대) 현 금	1,000,000
7월 31일	(차) 당좌예금	1,020,000	(대) 단기대여금	1,000,000
			이자수익	20,000
8월 1일	(차) 현 금	500,000	(대) 단기차입금	500,000
8월 31일	(차) 단기차입금	500,000	(대) 당좌예금	500,000
	이자비용	10,000	현 금	10,000

대여금·차입금의 만기가 재무상태표일로부터 1년 이내인 경우 단기대여금·단기차입금의 과목으로 하여 유동자산 또는 유동부채로 표시하고, 만기가 1년 후에 도래하면 장기대여금·장기차입금의 과목으로 하여 비유동자산 또는 비유동부채로 표시한다.

3) 선급금과 선수금

선급금·선수금이란 상품을 매입하거나 판매하는 과정에서 인도하기 전 대금의 일부를 미리 수수한 것을 말한다.

선급금은 현금지급과 함께 차변에 기입하고 상품매입시점에 감소시키며 잔액은 차변에 나타난다. 선수금은 현금수취와 함께 대변에 기입하고 상품판매시점에 감소시키며 잔액은 대변에 나타난다. 선급금과 선수금은 미래 상품제공에 대한 청구권이므로 소멸시점에 현금수수가 나타나지 않으며 상품매매활동에 직접적인 관련이 있다는 점에서 다른 채권·채무와 다르다.

예제 10

선급금 · 선수금

다음 거래를 하나상사와 제일상사의 입장에서 각각 분개하시오.

7월 1일 하나상사는 제일상사로부터 상품을 ₩300,000에 구입하기로 계약을 체결하고 계약금 ₩100,000을 지급하다.

7월 10일 위의 상품이 도착하였으며 나머지 대금은 10일 후 결제하기로 하다.

7월 20일 하나상사는 상품매입대금 중 ₩150,000을 제일상사에 현금지급하다.

해답

	하나상사				제일상사			
7월 1일	선 급 금	100,000			현 금	100,000		
			현 금	100,000			선 수 금	100,000
7월 10일	매 입	300,000			선 수 금	100,000		
			선 급 금	100,000	매출채권	200,000		
			매입채무	200,000			매 출	300,000
7월 20일	매입채무	150,000			현 금	150,000		
			현 금	150,000			매출채권	150,000

위의 거래와 관련하여 하나상사와 제일상사의 채권·채무의 변동을 분석하면 다음과 같다.

[하나상사]

선 급 금

1/ 1 전기이월	×××	7/10 매 입	100,000
7/ 1 현 금	100,000	12/31 차기이월	×××

[제일상사]

선 수 금

7/10 매 출	100,000	1/ 1 전기이월	×××
12/31 차기이월	×××	7/ 1 현 금	100,000

매입채무

7/20 현 금	150,000	1/ 1 전기이월	×××
12/31 차기이월	×××	7/10 매 입	200,000

매출채권

1/ 1 전기이월	×××	7/20 현 금	150,000
7/10 매 출	200,000	12/31 차기이월	×××

하나상사의 경우 선급금과 매입채무는 매입 관련 자산·부채이며 당기 매입액은 선급금 감소금액과 매입채무 증가금액의 합계임을 알 수 있다. 마찬가지로 제일상사의 경우 당기 매출액은 선수금 감소금액과 매출채권 증가금액의 합계이다. 매출활동이나 매입활동은 매출채권이나 매입채무뿐만 아니라 선수금이나 선급금도 포함시켜 분석하여야만 완전하

게 파악할 수 있다.

선급금·선수금의 만기가 재무상태표일로부터 1년 이내인 경우 유동자산 또는 유동부채로 표시하고, 만기가 1년 후에 도래하면 장기선급금·장기선수금의 과목으로 하여 비유동자산 또는 비유동부채로 표시한다.

4) 예수금

예수금이란 궁극적으로 제3자에게 지급하여야 할 금액을 임시보관하는 형태로 하여 계상한 부채를 말한다. 기업이 종업원의 근로소득세를 급여에서 미리 공제하였다가 추후 납부하는 소득세예수금이 대표적인 예이다. 근로소득세는 종업원이 신고하여 납부하지 않고 기업이 원천징수하였다가 근시일 내 납부하므로 일정기간 예수금을 보고하게 된다.

예수금은 현금수취와 함께 대변에 기입하고 현금지급시점에 감소시키며 잔액은 대변에 나타난다. 발생시점에 현금을 수취한다는 점은 선수금과 유사하지만 감소시점에 현금을 지급한다는 점이 선수금과 다르며 이자비용의 문제가 발생하지 않는다는 점에서 차입금과 다르다.

예제 11 예수금

다음 거래를 분개하시오.

7월 25일 종업원 급여 ₩1,000,000에 대한 근로소득세 ₩60,000과 국민연금 ₩40,000을 공제하고 잔액을 현금으로 지급하다.

8월 10일 근로소득세 ₩60,000과 국민연금 ₩40,000을 해당 기관에 납부하다.

해답

일 자	회 계 처 리			
7월 25일	(차) 급 여	1,000,000	(대) 현 금	900,000
			예 수 금	100,000
8월 10일	(차) 예 수 금	100,000	(대) 현 금	100,000

?! 잠깐 원천징수가 뭐지요?

원천징수란 소득을 받는 자가 국가에 납부하여야 할 세금을 소득의 지급자가 국가를 대신하여 징수하고 납부하는 제도를 말한다. 이 제도는 납세의무자인 종업원이 자신의 세금을 스스로 계산하여 납부하는 불편을 덜어주기 위해 기업이 종업원의 납세의무를 대행하는 절차이다.

기업은 종업원에게 급여를 지급하는 때 세액을 원천징수하여 그 징수일이 속하는 달의 다음달 10일까지 납부하고 신고서를 제출하여야 한다. 예를 들어, 급여를 매월 25일 지급하는 경우 1월분 급여에 대한 원천징수세액은 2월 10일에 신고·납부하는 것이다.

원천징수할 세액은 간이세액표를 이용하여 계산한다. 간이세액표는 매월 동일한 급여가 지급되는 경우의 연간 급여총액에서 세법상 공제금액 등을 반영하여 연간세액을 계산한 후 월단위로 납부할 세액을 정리한 표이다. 이를 이용하면 기업은 급여를 지급할 때마다 종업원 각각의 납부세액을 계산하지 않고 간편하게 찾을 수 있다. 국세청에서 고시한 간이세액표의 일부를 예시하면 다음과 같다.

월급여액		공제대상 가족수				
이상	미만	1인	2인	3인	4인	…
2,000,000	2,010,000	19,520	14,750	6,600	3,220	
2,010,000	2,020,000	19,850	14,950	6,800	3,420	
2,020,000	2,030,000	20,170	15,160	6,990	3,620	
⋮	⋮					

1년 동안 매월 간이세액표에 의하여 징수한 세액은 다음해 2월 연말정산을 통해 연간 총급여에 대한 세액을 재계산하여 정산한다. 연말정산은 기업이 1년간의 총급여액에 대한 근로소득세액을 계산한 후 이미 원천징수한 세액과 비교하여 과다징수한 세액은 종업원에게 돌려주고 과소징수한 경우에는 더 징수하는 절차이다. 이 절차는 다음 연도 2월분의 급여를 지급하는 때에 이루어지며 2월분 원천징수와 함께 신고한다.

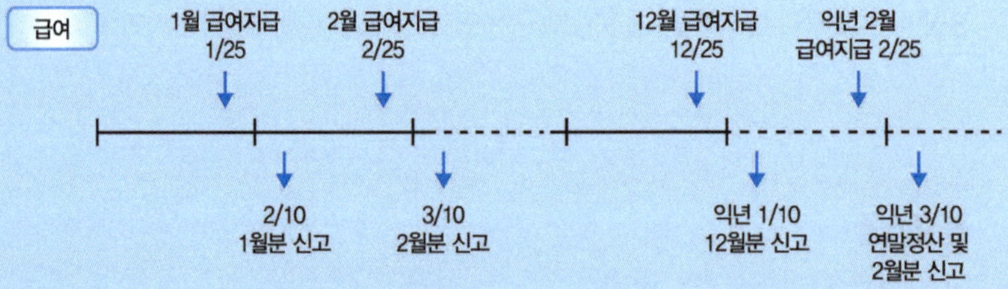

즉 연말정산은 다음해 3월 10일까지 완료하여야 한다. 기업은 연말정산대상자가 연말정산 전까지 연말정산에 필요한 서류를 빠짐없이 제출하도록 조치하여야 한다.

한편, 원천징수세액은 간이세액표에 따른 세액의 80%, 100%, 120% 중에서 선택할 수 있으며 선택한 방식은 재변경 전까지 계속 적용하여야 한다. 월급여 2,000,000의 경우 간이세액을 15,610원(80%) 또는 23,420원(120%)으로 할 수 있다. 이는 연말정산시 과도한 세액을 추가납부하거나 환급받는 것을 지양하고 그 영향을 월급여에 분산시키고자 하는 납세자에게 편의를 제공하기 위한 것이다.

또한, 종업원의 월급(갑종근로소득) 외에 예금·채권 등에 대한 이자소득, 상금·강연료 등 일시적 성질의 기타소득, 독립된 자격으로 용역을 제공하고 받는 자유직업소득, 퇴직금, 배당소득 등도 원천징수대상소득임을 유의하여야 한다. 기업이 상대방에게 대가를 지급할 때는 그 대가가 원천징수대상인지의 여부를 세심하게 검토하여야 한다. 원천징수를 깜빡 잊어버리면 가산세는 소득자가 아닌 원천징수의무자인 기업이 부담하여야 하기 때문이다.

5) 가지급금과 가수금

가지급금·가수금은 현금을 이미 지급 또는 수령하였으나 계정과목이나 금액이 확정되지 아니하여 임시로 설정하는 과목이다. 이러한 거래로는 종업원 출장경비의 선급, 내용불명의 현금입금액 등을 들 수 있다.

가지급금이나 가수금은 재무제표에 나타낼 수 없는 과목이며 재무제표에는 반드시 성격을 명확하게 규명하여 적절한 계정과목으로 표시하여야 한다.

예제 12 가지급금 · 가수금

다음 거래를 분개하시오.

7월 25일 종업원의 출장경비를 대략 계산하여 현금 ₩200,000을 지급하다.

8월 5일 출장 중인 사원으로부터 내용불명의 현금 ₩450,000이 당좌입금되다.

8월 10일 출장을 마친 사원이 귀사하여 여비를 정산한 결과 여비교통비 ₩185,000으로 보고받고 남은 현금은 돌려받다. 또한 출장 중에 송금한 금액은 매출채권의 회수라는 사실을 보고받다.

해답

일 자	회 계 처 리			
7월 25일	(차) 가지급금	200,000	(대) 현 금	200,000
8월 5일	(차) 당좌예금	450,000	(대) 가 수 금	450,000
8월 10일	① (차) 현 금	15,000	(대) 가지급금	200,000
	여비교통비	185,000		
	② (차) 가 수 금	450,000	(대) 매출채권	450,000

가지급금은 업무상 불가피하게 발생하지만 그 발생은 최대한 억제하여야 한다. 가지급금이 발생하면 그 이자상당액을 이익으로 간주하고 이자비용 중 일정 부분을 비용으로 인정하지 않아 기업의 세금부담이 늘어나고 대표자에게는 소득세를 추징하는 세무상 불이익이 뒤따르기 때문이다. 가지급금이 발생한 경우 정규증빙을 갖추어 신속하게 적절한 과목으로 회계처리를 하는 것은 세금을 절약하는 방법이기도 하다.

?! 잠깐 정규증빙이 뭔가요?

기업이 영업활동과 관련하여 상대방으로부터 재화 또는 용역을 제공받고 그 대가를 지출하는 경우 특별한 사정이 없는 한 정규증빙(지출증명서류)을 수취하여야 한다. 정규증빙은 재화나 용역의 공급자와 공급받는 자가 명확하게 기재된 서식을 의미한다.
현행 세법상 정규증빙으로는 세금계산서, 계산서, 현금영수증 및 신용카드매출전표 등을 규정하고 있다.

(1) 세금계산서

세금계산서(공급받는자보관용)	책 번 호	권	호
	일련번호		-

공급자				공급받는자			
등록번호	- -			등록번호	- -		
상 호(법인명)		성 명 (대표자)		상 호(법인명)		성 명 (대표자)	
사업장주소				사업장주소			
업 태		종 목		업 태		종 목	

작성				공급가액											세 액										비 고
연	월	일	공란수	백	십	억	천	백	십	만	천	백	십	일	십	억	천	백	십	만	천	백	십	일	

월	일	품 목	규 격	수 량	단 가	공급가액	세 액	비 고

합계금액	현 금	수 표	어 음	외상미수금	이 금액을 영수/청구 함

세금계산서는 부가가치세가 과세되는 재화나 용역을 공급받는 경우 수취하는 정규증빙으로 종이발행 또는 전자전송하는 방식으로 주고 받는다.
세금계산서는 공급자, 공급받는 자 및 공급대상에 대한 정보가 모두 기재되어 부가가치세를 징수하였음을 증명하는 영수증의 역할을 한다. 기재사항의 전부 또는 일부가 기재되지 않으면 정규증빙으로 인정받지 못할 수도 있으므로 빠짐없이 정확하게 기재하여야 한다. 공급가액과 부가가치세를 구분하여 표시하고 있다는 점에 유의하여야 한다.

(2) 계산서

계산서(공급받는자보관용)				책 번 호	권	호
				일련번호	-	

공급자	등 록 번 호	- -			공급받는자	등 록 번 호	- -		
	상 호(법인명)		성 명			상 호(법인명)		성 명	
	사 업 장 주 소					사 업 장 주 소			
	업 태		종 목			업 태		종 목	

작 성			공급가액											비 고
연	월	일	공란수	십	억	천	백	십	만	천	백	십	일	

월 일		품 목	규 격	수 량	단 가	공급가액	비 고

합계금액	현 금	수 표	어 음	외상미수금	이 금액을 영수/청구 함

계산서는 부가가치세가 면제되는 재화나 용역을 공급받는 경우 수취하는 정규증빙으로 종이발행 또는 전자전송하는 방식으로 주고 받는다.

계산서는 세금계산서와 양식이 유사하지만 공급가액만 기록할 뿐 부가가치세액에 대한 기재가 없다는 점이 다르다. 부가가치세가 면제되어 세금계산서를 발행할 수 없는 거래에 대한 거래송장의 역할을 한다.

(3) 신용카드매출전표, 현금영수증

단말기번호( )	전표번호( )	
회원번호(CARD NO)		
카드종류	유효기간	거래일자(Date)
거래유형	품명	취소시원거래일자
결제방법	판매금액 부가가치세	
매입처	봉사료 합계(TOTAL)	
전표매입사	승인번호(Approval No)	
가맹점명		가맹점번호
대표자명		사업자등록번호
주소		
		서명(SIGNATURE)

신용카드매출전표는 재화나 용역에 대한 대가를 신용카드로 결제하고 발급받는 영수증이다. 현금영수증은 현금결제시 휴대전화번호 또는 사업자등록번호 등을 제시하고 발급받는 영수증으로 상기 양식에서 신용카드정보 대신 휴대전화번호나 사업자등록번호가 기록되는 점만 신용카드매출전표와 다르다. 신용카드매출전표와 현금영수증은 공급자(가맹점)와 공급받는 자(구매자)의 주요 정보가 수록되어 있어 앞의 세금계산서 또는 계산서와 거의 동일한 기능을 한다.

(4) 기타증빙

정규증빙에 해당하지 않는 기타증빙으로는 영수증, 입금표, 지로영수증 등을 들 수 있다. 기타증빙은 공급자가 정규증빙을 발행할 수 없는 사유가 인정되는 경우에 한하여 정규증빙처럼 가산세를 부담하지 않고 비용으로 인정받는다. 정규증빙을 수취하여야 할 거래에 대하여 기타증빙을 수취하면 가산세를 부담하게 된다. 기타증빙을 정규증빙과 달리 차별하는 것은 기타증빙에 공급받는 자의 정보가 명확하게 기재되지 않아 신뢰성이 낮다는 것에 기인한다.

상기 정규증빙 중 전자세금계산서, 전자계산서, 신용카드매출전표 및 현금영수증은 발행시 국세청 전산망으로 전송되므로 그 양식을 보관하지 않아도 세무상 불이익이 없다. 종이세금계산서, 종이계산서 및 기타증빙은 반드시 보관하여야 하며 정규증빙을 수취하여야 할 거래인지 항상 꼼꼼히 검토하여 세무상 불이익을 당하지 않도록 주의하여야 한다.

6) 사채

사채(debentures)란 기업이 거액의 장기자금을 조달할 목적으로 상환금액을 표시하는 채무증권을 발행하여 다수의 개인이나 기업으로부터 차입하는 부채를 말한다.

사채발행회사는 증권시장에서 확정수익률을 보장하는 투자채권을 소액으로 나누어 사채권자를 모집한다. 발행회사가 만기에 사채상환능력이 있는 우량기업이라면 사채권자가 모두 모집될 것이고 각 사채권의 금액은 소액이지만 다수로부터 거액의 자금이 조달된다. 아울러 사채의 만기는 장기인 경우가 일반적이다.

발행가액이 액면가액에 미달하면 '할인발행'이라고 하고 그 반대의 경우는 '할증발행'이라고 한다. 사채는 액면가액으로 표시하며 액면가액과 발행가액의 차이를 사채할인발행차금 또는 사채할증발행차금이라는 평가계정으로 표시한다. 사채할인발행차금 또는 사채할증발행차금은 사채에서 차감 또는 가산하는 형식으로 나타낸다.

예제 13 **사채**

다음 거래를 분개하시오.

1월 1일 액면가액 ₩1,000,000인 사채를 액면발행하다.

7월 1일 액면가액 ₩1,500,000인 사채를 ₩1,250,000에 할인발행하다.

9월 1일 액면가액 ₩2,000,000인 사채를 ₩2,270,000에 할증발행하다.

해답

일 자	회계처리					
1월 1일	(차)	현 금	1,000,000	(대)	사 채	1,000,000
7월 1일	(차)	현 금	1,250,000	(대)	사 채	1,500,000
		사채할인발행차금	250,000			
9월 1일	(차)	현 금	2,270,000	(대)	사 채	2,000,000
					사채할증발행차금	270,000

7) 충당부채

충당부채는 지출의 시기 또는 금액이 불확실한 부채를 말한다. 충당부채를 인식하려면 과거사건이나 거래의 결과로 현재의무가 존재하여야 하고, 당해 의무를 이행하기 위하여 자원이 유출될 가능성이 매우 높아야 하며, 그 의무의 이행에 소요되는 금액을 신뢰성 있게 추정할 수 있어야 한다. 지출할 의무가 있는 기업은 충당부채라는 부채를 계상하지만 그 권리자는 자산으로 계상하지 않는다는 점이 이 부채의 중요한 특징이다. 판매보증충당부채가 이에 해당한다.

판매보증충당부채(provision for product warranties)는 기업이 고객에게 판매된 상품이나 제품의 품질, 성능에 결함이 있을 경우 이에 대한 수리 또는 보상을 해주는 판매보증약정에 따라 그 비용을 예상하여 미리 설정하는 부채이다.

판매보증충당부채에 대한 회계처리는 다음과 같다.

▎판매보증충당부채 회계처리▎

• 판매보증비 지출시점

(차) 판 매 보 증 비	×××	(대) 현 금	×××

• 결산시점

(차) 판 매 보 증 비	×××	(대) 판매보증충당부채	×××

* 판매보증비 추가지출예상액

예제 14 충당부채

하나상사는 당기부터 판매된 제품에 대하여 1년간 판매보증을 실시하기로 하였다. 당기 판매보증비 ₩180,000은 현금지출하였으며 결산시점 현재 차기 이후 ₩120,000이 추가발생할 것으로 예상된다.

요구사항 ▼ 하나상사가 당기에 해야 할 일련의 회계처리를 나타내시오.

해답

일 자	회계처리			
지출시점	(차) 판 매 보 증 비	180,000	(대) 현 금	180,000
결산시점	(차) 판 매 보 증 비	120,000	(대) 판매보증충당부채	120,000

판매보증충당부채 계상 이후 판매보증비를 지출하면 충당부채를 차감하고 충당부채를 초과하는 지출액은 판매보증비로 처리하면 된다. 예를 들어, 차기 중 판매보증비 ₩140,000을 현금지급한다면 회계처리는 다음과 같다.

(차) 판매보증충당부채	120,000	(대) 현 금	140,000
판 매 보 증 비	20,000		

4 채권의 대손

대손회계처리

대손(bad debt)이란 회수불능채권을 말한다. 대손이 예상되면 비용(대손상각비)으로 인식하여야 하며 매출채권을 감소(대손충당금을 설정)시킨다.

'제3장'에서 설명한 바와 같이 대손상각은 간접법에 의하여 회계처리한다.

(차) 대손상각비	×××	(대) 대손충당금	×××

대손회계처리 후 재무제표에 나타난 결과는 다음과 같다.

재무상태표		
매출채권	×××	
대손충당금	(×××)	

포괄손익계산서	
매 출 액	×××
⋮	
관리비	
대손상각비	×××
⋮	

재무상태표상 대손충당금은 매출채권에서 차감하는 형식으로 표시하여 매출채권을 적정하게 평가하고, 포괄손익계산서상 대손상각비는 관리비로 처리하여 매출액에 대응하는 비용으로 인식한다.

대손에 관련된 회계처리문제는 대손의 예상, 대손의 확정, 확정 후 회수로 구분한다.

(1) 대손의 예상

대손의 예상은 결산기말 현재 매출채권 중 회수불확실한 금액을 추정하여 대손충당금으로 설정하는 절차이다.

대손을 추정하는 방법은 채권잔액비례법과 연령분석법의 두 가지가 있다. 채권잔액비례법은 '가지 많은 나무에 바람잘 날 없듯' 대손예상액을 매출채권의 잔액에 비례하는 것으로 가정하여 매출채권잔액의 일정한 대손율만큼 대손예상액으로 설정하는 방법이다. 연령분석법은 '채권이 오래되면 받아내기 어려워지듯' 매출채권의 경과일수에 따라 대손율이 다른 것으로 가정한다. 경과일수별로 매출채권을 몇 개의 집단으로 분류하여 기간이 오래된 매출채권에 높은 대손율을, 최근 발생한 매출채권에 낮은 대손율을 적용하는 방법이다.

대손예상액을 직전 대손충당금 잔액과 비교하여 부족하면 부족한 금액을 대손상각비로 인식함과 동시에 대손충당금을 증가시키고, 반대로 대손충당금잔액이 대손예상액을 초과하면 그 초과금액을 대손충당금에서 차감하고 대손충당금환입으로 처리한다.

| 대손의 예상 |

i) 대손예상액>대손충당금 잔액

(차) 대손상각비	×××	(대) 대손충당금	×××

* 대손예상액－대손충당금 잔액＝부족금액

ii) 대손예상액<대손충당금 잔액

(차) 대손충당금	×××	(대) 대손충당금환입	×××

* 대손충당금 잔액－대손예상액＝초과금액

예제 15 대손의 예상

결산일 현재 경과일수별 매출채권 및 대손율은 다음과 같다.

경과일수	금 액	대 손 율
3개월 미만 경과	₩50,000	2%
3개월 이상 6개월 미만	30,000	5%
6개월 이상 경과	20,000	10%
계	₩100,000	

다음 각 상황은 독립적이다.

[상황 1] 대손예상은 채권잔액비례법(대손율 4%)에 의하며 결산 직전 대손충당금 잔액은 ₩1,500이다.

[상황 2] 대손예상은 연령분석법에 의하며 결산 직전 대손충당금 잔액은 ₩5,000이다.

요구사항 ▼ 각 상황별 대손 관련 결산수정분개를 나타내고 부분재무상태표를 작성하시오.

해답

1. 결산수정분개

[상황 1]

(차) 대손상각비 2,500 (대) 대손충당금 2,500

* ₩100,000×4%−₩1,500=₩2,500

[상황 2]

(차) 대손충당금 500 (대) 대손충당금환입 500

* (₩50,000×2%+₩30,000×5%+₩20,000×10%)−₩5,000=₩(500)

2. 부분재무상태표

	[상황 1]		[상황 2]	
매출채권	₩100,000		₩100,000	
대손충당금	(4,000)	₩96,000	(4,500)	₩95,500

[상황 1]은 대손충당금 잔액이 대손예상액에 미달하므로 부족금액만큼 대손충당금을 증가시키고 대손상각비를 인식한다. [상황 2]는 대손충당금 잔액이 대손예상액을 초과하므로 초과금액을 차감하고 대손충당금환입을 계상한다. 대손상각비는 관리비로 처리하고 대손충당금환입은 기타수익으로 계상한다. 회계처리 후 재무상태표상 대

손충당금 잔액은 대손예상액과 일치한다.

한편, 비매출채권(미수금, 대여금)의 경우에도 대손이 예상되면 대손충당금을 설정하여야 하며 대손충당금 잔액이 대손예상액에 미달하면 부족금액만큼 대손충당금을 증가시키고 기타의 대손상각비를 인식하여야 한다. 비매출채권에 관련된 기타의 대손상각비는 매출의 증가와 인과관계가 없으므로 기타비용으로 분류하여야 한다.

(2) 대손의 확정

대손의 확정이란 대손이 확정된 매출채권을 장부에서 제거하는 절차를 말한다. 대손예상시점에 이미 대손상각비와 함께 대손충당금을 설정하였으므로 예상금액의 범위 내에서 대손이 확정된 경우에는 대손충당금과 매출채권을 상계제거한다. 반대로, 대손충당금 잔액을 초과하여 대손이 확정된 경우에는 대손충당금을 우선적으로 상계하고 부족한 금액을 대손상각비로 계상한다.

| 대손의 확정 |

i) 대손확정액 < 대손충당금 잔액

(차)	대손충당금	×××	(대) 매출채권	×××

ii) 대손확정액 > 대손충당금 잔액

(차)	대손충당금	×××	(대) 매출채권	×××
	대손상각비	×××		

예를 들어, 대손충당금 잔액이 ₩4,000인 상태에서 거래처가 파산하여 매출채권 ₩3,000의 대손이 확정된 경우 회계처리는 다음과 같다.

(차) 대손충당금	3,000	(대) 매출채권	3,000

그러나 매출채권 ₩5,000의 대손이 확정되었다면 회계처리는 다음과 같다.

(차) 대손충당금	4,000	(대) 매출채권	5,000
대손상각비	1,000		

결산기말 대손예상액을 합리적으로 추정하여 대손충당금을 설정하였다면 대손충당금 범위 내에서 대손확정되는 것이 일반적이다. 그러나 대손예상액은 주관적인 추정치이므로 이후 실제 대손확정액이 이를 초과할 수도 있으며 이 경우 그 초과액은 확정시점의 비용으로 인식한다.

(3) 확정후 회수

확정후 회수란 대손확정된 매출채권이 현금회수되는 경우를 말하며 매우 드문 거래이다. 현금회수된 채권의 대손확정 회계처리가 잘못된 것을 의미한다. 당기 대손확정된 채권이 회수된 경우에는 확정 당시 감소시킨 대손충당금을 증가시키거나 인식한 대손상각비를 취소하여야 한다. 전기 이전 확정된 채권이 회수된 경우에는 대손충당금을 증가시킨다.

확정후 회수

i) 당기확정채권의 회수

(차) 현　　금	×××	(대) 대손충당금 (또는 대손상각비)	×××

ii) 전기 이전 확정채권의 회수

(차) 현　　금	×××	(대) 대손충당금	×××

당기확정채권의 회수는 장부마감 전 오류수정의 관점에서 회계처리한다. 대손확정 회계처리를 하지 않았다면 매출채권의 현금회수로 처리하겠지만 이미 매출채권을 장부에서 제거하였으므로 확정 당시 차변에 기록한 계정과목을 수정하는 것이다.

예를 들어, 당기 대손충당금 잔액 ₩4,000인 상태에서 대손확정되었던 매출채권 ₩5,000이 당기에 회수되었다면 회계처리를 다음과 같이 분석할 수 있다.

• 회사 측 분개

(차) 대손충당금	4,000	(대) 매출채권	5,000
대손상각비	1,000		

• 올바른 분개

(차) 현　　금	5,000	(대) 매출채권	5,000

• 오류수정분개

(차) 현　　금	5,000	(대) 대손충당금	4,000
		대손상각비	1,000

대손확정 당시 대손충당금을 감소시키고 대손상각비를 인식하였다면 대손충당금을 다시 증가시키고 대손상각비를 소멸시켜야 한다. 만약, 대손확정시 대손충당금만 차감하였다면 대손충당금을 증가시키고, 대손충당금이 없어 대손상각비만 인식하였다면 대손상각비를 소멸시키면 된다.

전기확정채권의 회수는 전기 이전 대손상각비를 소멸시킬 수 없으므로 대손충당금만 증가시킨다. 전기 이전 장부가 마감되어 대손확정시 회계처리를 확인할 수 없을 뿐만 아니라 전기말 대손예상 회계처리가 합리적으로 이루어졌다면 소급하여 수정할 이유도 없다.

예제 16 대손회계처리

방비원상사의 기초시점 현재 대손충당금 잔액은 ₩50,000이며 당기 중 발생한 거래는 다음과 같다.

2월 14일 전기에 발생한 매출채권 ₩15,000이 회수불능으로 확인되다.
4월 14일 당기 발생한 매출채권 ₩47,000이 대손처리되다.
6월 14일 당기 2월 14일 대손처리한 매출채권 ₩15,000이 회수되다.
8월 14일 전기 대손처리한 매출채권 ₩8,000이 회수되다.
12월 31일 결산일 현재 매출채권 잔액(₩3,000,000)의 2%가 회수불확실한 것으로 추정된다.

요구사항 ▼ 방비원상사가 해야 할 일자별 회계처리를 나타내시오.

해답

일 자	회 계 처 리				
2월 14일	(차) 대손충당금	15,000	(대) 매출채권	15,000
4월 14일	(차) 대손충당금	35,000	(대) 매출채권	47,000
	대손상각비	12,000		
6월 14일	(차) 현 금	15,000	(대) 대손충당금	15,000
8월 14일	(차) 현 금	8,000	(대) 대손충당금	8,000
12월 31일	(차) 대손상각비	37,000	(대) 대손충당금	37,000

* ₩3,000,000×2%−₩23,000=₩37,000

각 시점 현재 대손충당금 잔액 여부에 따라 회계처리가 달라지므로 대손충당금 계정을 항상 검토하여야 한다. 위의 예제에서 대손충당금의 변동은 다음과 같다.

대손충당금

2/14 매출채권	15,000	1/ 1 전기이월	50,000
4/14 매출채권	35,000	6/14 현 금	15,000
12/31 차기이월	60,000	8/14 현 금	8,000
		12/31 대손상각비	37,000
계	110,000	계	110,000

또한, 회계처리반영 후 방비원상사의 재무상태표와 포괄손익계산서 관련 계정은 각각 다음과 같다.

재무상태표

매출채권	₩3,000,000	
대손충당금	(60,000)	₩2,940,000
⋮		

포괄손익계산서

매 출 액	×××
⋮	
관리비	
대손상각비	₩49,000
⋮	

5 외화채권 · 채무의 외화환산

외화환산(foreign currency translation)이란 외국화폐단위로 측정된 거래 또는 채권·채무를 자국화폐로 수정하여 표시하는 절차를 말한다. 우리나라의 기업은 외국기업과의 외화거래내역과 당해 거래에서 발생한 채권·채무를 모두 원화금액으로 보고하여야 하므로 외화환산의 문제가 발생하게 된다.

외화채권 · 채무 (재무상태표 금액) = 외화금액 X 재무상태표일 환율

외화채권·채무의 재무상태표 금액은 외화금액에 환율을 곱하여 계산한다. 여기서 환율은 외국화폐에 대한 자국화폐의 비율로 매매기준율, 대고객전신환매입률, 대고객전신환매도율 등 여러 가지가 있으나, 외화거래나 외화채권 등을 합리적으로 결정할 수 있는 환율이면 어떤 환율을 적용하여도 무방하다. 한번 채택된 환율은 계속적으로 적용하여야 한다.

(1) 거래의 발생

외화거래가 발생하는 경우에는 당해 외화금액에 발생시점의 환율을 적용하여 기록한다. 이때 발생시점의 환율을 '역사적환율'이라고 한다. 거래가 발생하는 경우의 인식시점은 일반적인 수취채권이나 지급채무의 인식시점과 일치하며, 인식시점이 결정되면 외화금액에 당해 시점의 환율을 적용하여 회계처리하면 된다.

(2) 보유기간 중 평가

외화채권·채무의 보유기간 중 회계처리는 재무제표상 외화채권·채무를 결산기말 현재의 환율로 환산하는 문제이다. 거래가 발생한 시점의 환율인 역사적환율과 구분하여 측정시점마다 변동되는 환율을 '현행환율'이라고 한다.

결산기말 현재의 현행환율이 변동하면 채권·채,무의 외화금액은 변동이 없더라도 원화금액이 변동하게 되는데 이때 발생하는 차액을 외화환산이익 또는 외화환산손실로 표시한다. 외화환산손익은 포괄손익계산서상 기타손익으로 처리한다.

(3) 완결거래

완결거래란 외화채권·채무가 현금으로 수수되는 거래를 말하며 완결시점의 현행환율에 의하여 수수되는 금액과 외화채권·채무의 장부금액의 차액은 외환차익이나 외환차손으로 표시한다. 외환차손익도 외화환산손익과 마찬가지로 포괄손익계산서상 기타손익으로 분류한다. 외환차손익은 외화채권·채무의 완결된 거래(settled transactions)에서 발생한 실현된 처분손익 또는 상환손익의 성격이라는 점에서 외화환산손익과 구별된다.

예제 17 외화채권·채무의 외화환산

결산일이 매년 12월 31일인 방비원상사의 외화거래는 다음과 같다.

20X1.10. 1. 외국기업인 PK상사로부터 기계장치를 구입하고 구입대금 $100은 20X1년 1월 31일 지급하기로 하다.

20X1.11. 1. 외국기업인 MK상사에 상품을 수출하고 판매대금 $200은 20X2년 2월 28일에 받기로 하다.

20X2. 1.31. PK상사에 대하여 $100을 현금지급하다.
20X2. 2.28. MK상사로부터 $200을 현금으로 받다.

일자별 환율은 다음과 같다.

20X1.10. 1. ₩900/$1 20X1.11. 1. ₩960/$1 20X1.12.31. ₩1,000/$1
20X2. 1.31. ₩1,200/$1 20X2. 2.28. ₩1,300/$1

요구사항 ▼ 상기 거래에 대하여 방비원상사가 해야 할 일자별 회계처리를 나타내시오.

해답

일 자	회 계 처 리			
20X1.10. 1.	(차) 기계장치	90,000	(대) 미지급금	90,000
	* $100×900=₩90,000			
11. 1.	(차) 매출채권	192,000	(대) 매 출	192,000
	* $200×960=₩192,000			
12.31.	① (차) 외화환산손실	10,000	(대) 미지급금	10,000
	* $100×(1,000−900)=₩10,000			
	② (차) 매출채권	8,000	(대) 외화환산이익	8,000
	* $200×(1,000−960)=₩8,000			
20X2. 1.31.	(차) 미지급금	100,000	(대) 현 금	120,000
	외환차손	20,000*		
	* $100×(1,200−1,000)=₩20,000			
2.28.	(차) 현 금	260,000	(대) 매출채권	200,000
			외환차익	60,000*
	* $200×(1,300−1,000)=₩60,000			

외화채권·채무와 관련하여 포괄손익계산서에 반영하여야 할 환율변동손익은 외화금액에 환율차이를 곱하여 계산하며 환율차이는 현행환율(결산일환율 또는 완결시점환율)과 장부환율(역사적환율 또는 전기말환율)의 차이를 말한다. 또한 미결거래 또는 완결거래 여부에 따라 외화환산손익과 외환차손익으로 분류하며 환산결과 채권증가·채무감소의 경우에는 이익으로, 반대의 경우에는 손실로 판단할 수 있다.

외화환산손익 = 채권 · 채무 외화금액 x {결산일환율 − 장부환율}

외환차손익 = 채권 · 채무 외화금액 x {완결시점환율 − 장부환율}

위의 예제에서 20X1년말 현행환율(결산일환율)이 장부환율(역사적환율)을 초과하므로 환산결과 미지급금 증가를 외화환산손실로, 매출채권 증가를 외화환산이익으로 인식한다. 또한, 20X2년 중 완결거래에서도 현행환율(완결시점환율)이 장부환율(전기말환율)을 초과하므로 거래결과 미지급금 초과지급액을 외환차손으로, 매출채권 초과수취액을 외환차익으로 인식한다. 한편, 20X1년말 재무상태표상 매출채권과 미지급금은 외화금액에 현행환율(결산일환율)을 곱한 금액으로 표시한다.

01 다음 중 부채에 대한 설명으로 잘못된 것은?

① 미지급금 중 재무상태표일로부터 만기가 1년 이내에 도래하는 것은 유동부채로 표시한다.
② 재무상태표일로부터 차입기간이 1년을 초과하는 경우에는 장기차입금으로 표시한다.
③ 가수금은 영구적으로 사용하는 부채계정으로서 결산시 재무제표에 나타낸다.
④ 상품을 인도하기 전 상품대금의 일부를 미리 받았을 때에는 선수금으로 표시한다.

02 우리상사는 고객으로부터 받은 액면금액 ₩1,200,000의 무이자부어음(6개월 만기)을 4개월간 보유하다가 연 8%의 할인율로 솔로몬은행에서 할인받았다. 할인당시 우리상사의 현금수령액은 얼마인가?

① ₩1,104,000 ② ₩1,168,000 ③ ₩1,184,000 ④ ₩1,020,000

03 종업원의 급여지급시 소득세와 보험료 등에 대해 일시적으로 차감하여 보관하는 경우 해당하는 계정과목은?

① 가수금 ② 미수금 ③ 선수금 ④ 예수금

04 매출채권에 대한 대손충당금계정의 성격으로 옳은 것은?

① 자산계정 ② 차감적 평가계정
③ 부채계정 ④ 수익계정

05 매출채권 ₩20,000이 회수불능으로 확인되었다. 다음 각 상황별로 계상되어야 할 대손상각비는 각각 얼마인가?

상황1 : 대손충당금 잔액이 없는 경우
상황2 : 대손충당금 잔액이 ₩13,000인 경우
상황3 : 대손충당금 잔액이 ₩23,000인 경우

	상황1	상황2	상황3
①	₩20,000	₩13,000	₩3,000
②	20,000	7,000	0
③	20,000	7,000	3,000
④	20,000	13,000	0

06 영화상사의 당기 대손충당금 기초잔액은 ₩100,000이었다. 당기 중 ₩150,000의 대손이 발생하였다. 올바른 분개는?

	차변	금액	대변	금액
①	(차) 현 금	150,000	(대) 매출채권	150,000
②	(차) 대손상각비	150,000	(대) 매출채권	150,000
③	(차) 대손충당금	100,000	(대) 매출채권	150,000
	대손상각비	50,000		
④	(차) 현 금	150,000	(대) 대손충당금	100,000
			대손상각비	50,000

07 용산상사는 당기에 대손처리하였던 매출채권 ₩90,000을 당기에 현금으로 회수하였다. 상각된 매출채권의 회수와 관련하여 가장 옳은 회계처리는? 단, 대손처리당시 대손충당금 잔액은 ₩30,000이었다.

① (차) 현 금 90,000 (대) 대손상각비 90,000
② (차) 현 금 90,000 (대) 대손충당금 60,000 / 대손상각비 30,000
③ (차) 현 금 90,000 (대) 대손충당금 30,000 / 대손상각비 60,000
④ (차) 현 금 90,000 (대) 매 출 채 권 60,000

08 결산일 현재 매출채권 잔액은 ₩6,000,000이며 이에 대한 기초 대손충당금 잔액은 ₩100,000이었다. 당기 중 발생한 대손금액은 ₩50,000이고 결산일 현재 매출채권 잔액의 2%의 대손충당금을 설정할 경우 기말 재무상태표상 매출채권의 장부금액은 얼마인가?

① ₩5,880,000 ② ₩5,950,000 ③ ₩5,830,000 ④ ₩6,070,000

09 희망상사는 매출채권 기말잔액 ₩3,700,000에 대하여 경과기간별로 분류한 후 다음과 같이 회수가능성을 추정하였다.

매출채권 연령	금 액	회수가능성
30일 이하	₩700,000	99%
31일 초과~60일 이하	1,000,000	98
61일 초과	2,000,000	95
계	₩3,700,000	

기말 현재 수정전 시산표상 대손충당금 잔액은 ₩27,000이다. 연령분석법을 적용할 경우 결산수정분개로 옳은 것은?

① (차) 대손상각비 7,000 (대) 대손충당금 7,000
② (차) 대손상각비 20,000 (대) 대손충당금 20,000
③ (차) 대손상각비 100,000 (대) 대손충당금 100,000
④ (차) 대손상각비 127,000 (대) 대손충당금 127,000

10 매출채권의 당기 대손에 관련된 거래는 다음과 같다.

> 대손충당금의 기초잔액은 ₩120,000이다.
> 당기 중 거래처의 파산으로 매출채권 ₩90,000이 회수불능되었다.
> 기말 현재 연령분석법을 통해 파악된 매출채권의 대손예상액은 ₩160,000이다.

당기 포괄손익계산서에 보고될 대손상각비는 얼마인가?

① ₩130,000 ② ₩160,000 ③ ₩190,000 ④ ₩220,000

11 서울상사는 20X1년 10월 1일 SG워너비은행에서 $10,000을 차입하였으며 20X2년 3월 31일 전액상환하였다. 서울상사가 인식하여야 할 외화관련손익에 대한 다음의 설명 중 옳은 것은? 단, 서울상사의 결산일은 매년 12월 31일이며 각 일자별 환율은 다음과 같다.

일자	환율
20X1년 10월 1일	₩1,000/$
20X1년 12월 31일	₩1,400/$
20X2년 3월 31일	₩1,350/$

① 20X1년에 외환차손 ₩4,000,000을 계상하여야 한다.
② 20X1년말 재무상태표상 차입금은 ₩10,000,000으로 표시한다.
③ 20X2년에 외화환산이익 ₩4,000,000을 인식하여야 한다.
④ 20X2년에 외환차익 ₩500,000을 인식하여야 한다.

해 답 **수취채권과 지급채무**

01. ③ 02. ③ 03. ④ 04. ② 05. ② 06. ③ 07. ③ 08. ① 09. ③ 10. ①
11. ④

해설

01. 가수금은 임시로 설정하는 과목으로 재무제표에 나타낼 수 없으며 성격을 명확히 규명하여 적절한 계정과목으로 변경하여 표시하여야 한다.

02. 할인료 : ₩1,200,000×8%×2/12=₩16,000
현금수령액=만기지급금액－할인료
=₩1,200,000－₩16,000
=₩1,184,000

03. 국가 또는 공공기관에 지급하여야 할 금액을 임시 보관하는 형태로 하여 계상한 부채를 '예수금'이라 한다.

04. 대손충당금은 부채계정이 아니라 매출채권 등을 차감하는 성격의 평가계정이다.

05. [상황1]

(차) 대손상각비	20,000	(대) 매출채권	20,000

[상황2]

(차) 대손충당금	13,000	(대) 매출채권	20,000
대손상각비	7,000		

[상황3]

(차) 대손충당금	20,000	(대) 매출채권	20,000

06. 대손충당금의 잔액을 초과하여 대손이 확정된 경우에는 대손충당금을 우선적으로 상계하고 부족한 금액을 대손상각비로 계상한다.

07. 당기 대손확정된 채권이 회수된 경우에는 확정 당시 감소시킨 대손충당금 ₩30,000을 증가시키고 기인식한 대손상각비 ₩60,000을 취소하여야 한다.

08. 매출채권 ₩6,000,000
대손충당금 (120,000)(=₩6,000,000×2%)
장부금액 ₩5,880,000

09. (1) 대손예상액
₩700,000×1%+₩1,000,000×2%+₩2,000,000×5%=₩127,000
(2) 결산수정분개
(차) 대손상각비 100,000 (대) 대손충당금 100,000
* ₩127,000−₩27,000=₩100,000

10. (1) 기중회계처리
(차) 대손충당금 90,000 (대) 매출채권 90,000
(2) 결산수정분개
(차) 대손상각비 130,000 (대) 대손충당금 130,000
* ₩160,000−(₩120,000−₩90,000)=₩130,000

11. ① 20X1년에 외화환산손실 ₩4,000,000을 인식하여야 한다.
② 20X1년말 재무상태표상 차입금은 ₩14,000,000으로 표시하여야 한다.
③ 20X2년에 외환차익 ₩500,000을 인식하여야 한다.

2025

알기쉬운 회계실무

PART

07 상품매매거래와 재고자산

1. 상품매매거래
2. 재고자산 취득원가
3. 재고자산의 원가배분
4. 특수매매거래
5. 수익회계기준서

- 객관식 문제

“ 상품매매거래에 따른 손익은 매출액과 매출원가로 구분하여 포괄손익계산서의 첫머리에 상세히 나타낸다. ”

1 상품매매거래

상품매매거래는 상기업의 중요한 영업활동이다. 상품매매거래에 따른 손익은 매출액과 매출원가로 구분하여 포괄손익계산서의 첫머리에 상세히 나타낸다.

상품매매거래가 발생하면 거래금액을 구매자는 매입, 판매자는 매출로 동시에 기록하게 된다. 구입한 상품을 판매하고 판매대금으로 상품을 매입하는 과정이 반복되므로 때로는 구매자 입장에서, 때로는 판매자 입장에서 매입과 매출을 기록하게 된다. 매입·매출은 구매자와 판매자의 입장에서 거래시점에 상호대칭적으로 기록한다는 것이다.

1) 매입·매출은 언제 인식할 것인가?

판매자의 입장에서 매출인식시점은 상품을 인도하여 판매한 시점이며 구매자의 경우에도 당해 시점이 매입인식시점이다. 상품인도 전 상품을 주문하거나 구매계약을 체결하는 것은 부기상의 거래로 보지 아니한다.

예제 01 매입·매출의 인식

다음 거래에 대한 일자별 회계처리를 낙랑상사와 호동상사의 입장에서 각각 나타내시오.

4월 1일 낙랑상사는 호동상사에 상품 A ₩150,000을 주문하였다.
4월 3일 주문한 상품 A가 낙랑상사에 도착하였으며 매입대금을 현금지급하였다.
6월 1일 낙랑상사는 호동상사와 계약금액 ₩200,000인 상품 B의 구매계약을 체결하였다.
6월 4일 계약한 상품 B가 낙랑상사에 인도되었으며 대금은 1개월 후 지급하기로 하였다.
7월 4일 낙랑상사는 상품 B의 매입대금을 호동상사에 현금지급하였다.

해답

일 자	낙랑상사(구매자)			호동상사(판매자)		
4월 1일	– 분개 없음 –			– 분개 없음 –		
4월 3일	매 입	150,000		현 금	150,000	
	현 금		150,000	매 출		150,000
6월 1일	– 분개 없음 –			– 분개 없음 –		
6월 4일	매 입	200,000		매출채권	200,000	
	매입채무		200,000	매 출		200,000
7월 4일	매입채무	200,000		현 금	200,000	
	현 금		200,000	매출채권		200,000

07 상품매매거래와 재고자산

상품주문시점이나 매매계약시점은 매입·매출인식시점에 해당하지 아니하므로 회계처리를 하지 아니하고 상품인도시점에 매입·매출을 인식하여야 한다.

2) 매입·매출은 얼마로 측정할 것인가?

매입액은 상품구입의 대가로 지급한 현금 또는 기타 지급대가의 공정가치로 측정한다. 매출액은 상품판매로 인하여 받을 대가(이하 "판매대가"라 한다)의 공정가치로 측정한다. 판매대가는 대부분 현금 또는 매출채권이므로 거래 당시 현금유입액 또는 매출채권 발생금액이다.

그런데 매입·매출의 측정은 매매시점에 발생한 비용(매매부대비용)과 매매시점 이후에 발생한 조정항목(매입에누리·환출·할인, 매출에누리·환입·할인)의 영향을 받는다. 매매부대비용, 매입에누리와 환출(매출에누리와 환입), 매입할인(매출할인)으로 구분하여 좀더 자세하게 설명하기로 한다.

(1) 매매부대비용

매매부대비용은 상품매매과정에서 상품매매대금 외에 추가적으로 발생하는 비용을 말한다. 운반비, 매매수수료, 보관료, 하역비 등이 이에 해당한다. 매매부대비용은 구매자가 부담하는 경우가 있고 판매자가 부담하는 경우가 있는데 누가 부담하느냐에 따라 회계처리가 다르게 나타난다.

구매자가 부담하는 경우 매입부대비용은 상품원가에 가산한다. 상품취득원가는 매입가액에 부대비용을 가산한 금액이며 상품이 판매가능한 상태에 이르기까지 소요된 모든 지출을 포함한다. 매입부대비용은 수익에 대응시켜 인식하여야 하는데 매입시점에는 아직 수익이 발생하지 않았으므로 비용 대신 자산으로 처리한다. 향후 상품이 판매되어 매출을 인식하는 시점에 비용(매출원가)으로 인식하게 된다.

판매자가 부담하는 경우 판매부대비용은 판매시점에 비용으로 인식한다. 판매자가 인식하는 수익·비용은 매출액, 매출원가 및 물류원가(또는 관리비)이며 판매부대비용은 물류원가에 해당한다. 판매자는 판매시점에 매출을 인식하였으므로 그 수익에 대응하는 판매부대비용을 당기비용으로 인식하는 것이다.

예제 02

매매부대비용

다음 거래에 대한 일자별 회계처리를 낙랑상사와 호동상사의 입장에서 각각 나타내시오.

4월 3일 낙랑상사는 상품 A를 호동상사로부터 ₩150,000에 현금매입하였으며 구입과정에서 운반비 ₩10,000을 낙랑상사가 별도 현금지급하였다.

6월 4일 낙랑상사는 상품 B를 호동상사로부터 ₩200,000에 외상매입하였다. 호동상사는 판매과정에서 운반비 ₩15,000을 현금지급하였다.

7월 4일 낙랑상사는 상품 B의 매입대금을 호동상사에 현금지급하였다.

해답

일 자	낙랑상사(구매자)				호동상사(판매자)			
4월 3일	매 입	160,000			현 금	150,000		
			현 금	160,000			매 출	150,000
	*₩150,000+₩10,000=₩160,000							
6월 4일	매 입	200,000			매출채권	200,000		
			매입채무	200,000			매 출	200,000
					운 반 비	15,000		
							현 금	15,000
7월 4일	매입채무	200,000			현 금	200,000		
			현 금	200,000			매출채권	200,000

구매자가 부담하는 운반비용은 운반비로 표시하지 아니하고 '매입'에 가산한다. 구매자의 경우 자산원가에 부대비용을 가산하는 회계처리이지만 매입에 포함시키는 것으로 나타날 뿐이다. 판매자가 부담하는 운반비용은 '운반비'로 표시하여 즉시 당기비용으로 인식한다.

?! 잠깐 **구매자부담·판매자부담**

동일한 물건을 매매함에도 불구하고 매매비용은 구매자가 부담할 수도 있고 판매자가 부담할 수도 있다. 동일한 물건을 대형할인매장에서 구입하는 경우와 TV홈쇼핑을 이용하여 구입하는 경우를 비교하면 알 수 있다. 대형할인매장에서는 물건을 싼 가격에 구입할 수 있지만 구매자가 직접 매장을 방문하여야 한다. 이 경우 매장에 다녀오는 과정에 부담한 교통비는 구매자의 매입부대비용이라 할 수 있다. TV홈쇼핑을 이용하면 매장을 방문하지 않고 집에서 주문한 상품을 받아보는데 배달비용은 판매가격에 포함되어 있다. 완전경쟁시장이라면 대형할인매장에서 구입한 가격에 매입부대비용을 가산한 금액은 TV홈쇼핑 판매가격과 일치할 것이다. 즉 어디에서 구입하든 동일한 상품이라면 취득원가는 일치한다는 것이다.

(2) 매입에누리와 환출·매출에누리와 환입

매입에누리(purchase allowances)란 구매자가 상품을 구입한 후 구입한 상품의 파손이나 결함을 발견하여 당초의 매입가격을 감액받는 것을 말하고, 매입환출(purchase returns)이란 파손이나 결함이 있는 상품을 반품하는 것을 말한다. 반면, 매출에누리(sales allowances)란 상품을 판매한 후 상품의 파손이나 결함이 발견되어 당초의 판매가격에서 차감하는 금액을 말하고, 매출환입(sales returns)이란 파손이나 결함을 이유로 상품을 반품받는 것을 말한다.

매입에누리와 환출 등에 대한 회계처리를 예시하면 다음과 같다.

	구매자 입장				판매자 입장			
매매시점	매 입		×××		매출채권		×××	
		매입채무		×××		매 출		×××
에 누 리	매입채무		×××		매출에누리		×××	
		매입에누리		×××		매출채권		×××
환입·환출	매입채무		×××		매출환입		×××	
		매입환출		×××		매출채권		×××

매입에누리나 매입환출이 발생하면 대변에 기록하여야 하며 이 계정과목은 매입차감성격의 평가계정이다. 파손이나 결함이 있는 상품을 정상품과 동일한 매입가액으로 기록할 수는 없으므로 매입에누리나 매입환출은 매입에서 차감하는 것이 타당하다. 같은 이유로 매출에누리나 매출환입은 매출에서 차감하여야 한다.

매입에누리 등의 금액이 중요하지 않다면 매입에누리 등의 계정으로 나타내지 않고 매입에서 직접 차감할 수도 있다. 그러나 매입에누리 등의 금액이 중요하다면 내부통제목적상 일정기간 발생금액을 집계하기 위하여 평가계정을 사용하는 것이 타당하다.

예제 03 매입에누리와 환출·매출에누리와 환입

다음 거래에 대한 일자별 회계처리를 낙랑상사와 호동상사의 입장에서 각각 나타내시오.

7월 1일 낙랑상사는 상품 A와 상품 B를 각각 ₩150,000과 ₩200,000에 호동상사로부터 외상매입하였다.

7월 3일 낙랑상사는 상품 A에 결함이 있다는 사실을 발견하고 호동상사와 매입대금 중 ₩20,000을 감액하기로 하였다.

7월 7일 낙랑상사는 상품 A에 대한 매입대금을 호동상사에 현금으로 지급하였다.

7월 10일 낙랑상사는 상품 B가 파손되었다는 사실을 발견하고 이를 호동상사에 반환하였다.

해답

일 자	낙랑상사(구매자)			호동상사(판매자)		
7월 1일	매 입	350,000		매출채권	350,000	
	매입채무		350,000	매 출		350,000
7월 3일	매입채무	20,000		매출에누리	20,000	
	매입에누리		20,000	매출채권		20,000
7월 7일	매입채무	130,000		현 금	130,000	
	현 금		130,000	매출채권		130,000
	* ₩150,000－₩20,000 ＝ ₩130,000					
7월 10일	매입채무	200,000		매출환입	200,000	
	매입환출		200,000	매출채권		200,000

(3) 매입할인·매출할인

매입할인(purchase discounts)이란 구매자가 매입대금을 일정기간 이내 지급할 경우 총지급액에서 감액받는 것을 말한다. 판매자의 입장에서는 매출할인(sales discounts)이며 이는 판매자가 매출채권을 신속히 회수하기 위한 것이다. 구입한 상품에 파손이나 결함은 없으나 외상대금을 조기에 결제한 경우에만 감액한다는 점에서 에누리와 구별된다.

매입할인은 상품판매시점의 거래조건에 표시하며 (2/10, n/30) 또는 (2/10, E.O.M.)으로 나타낸다. (2/10, n/30)이란 구입시점 이후 10일 이내 매입대금을 현금으로 지급할 경우 총금액의 2%를 할인하고 할인기간(10일)이 경과하면 할인혜택이 없으며 30일은 지급기한을 의미한다. (2/10, E.O.M.)이란 당월 매입대금을 당월말 시점(end－of－month)으로부터 10일 내 현금지급하면 2%를 할인한다는 의미이다.

회계처리를 예시하면 다음과 같다.

	구매자 입장			판매자 입장		
매 매 시 점	매 입	×××		매출채권	×××	
	매입채무		×××	매 출		×××
할인기간 내 지급	매입채무	×××		현 금	×××	
	현 금		×××	매출할인	×××	
	매입할인		×××	매출채권		×××
할인기간 후 지급	매입채무	×××		현 금	×××	
	현 금		×××	매출채권		×××

07 상품매매거래와 재고자산

매입할인·매출할인은 매입·매출의 차감항목이다. 할인기간 내 매입대금을 지급하는 경우 현금지급액은 매입채무보다 적은 금액이므로 매입할인은 대변에 기록되며 매출할인은 차변에 기록된다. 외상판매가격은 현금판매가격보다 금융비용만큼 높게 설정되는 것이며, 현금매입과 동일한 매입금액으로 표시하기 위해서 매입할인은 당초의 매입가격에서 차감하는 것이 타당하다. 일반적으로 거래관행상 현금판매시에는 판매가격에서 특별하게 감액하는 것을 보면 알 수 있으며 이러한 의미에서 매입할인을 현금할인(cash discounts)이라고도 한다.

예제 04 매입할인·매출할인

다음 거래에 대한 일자별 회계처리를 낙랑상사와 호동상사의 입장에서 각각 나타내시오.

7월 1일 낙랑상사는 상품 A와 상품 B를 각각 ₩150,000과 ₩200,000에 호동상사로부터 외상매입하였다. 할인조건은 (2/10, n/30)이다.

7월 10일 낙랑상사는 상품 A에 대한 매입대금을 호동상사에 현금으로 지급하였다.

7월 30일 낙랑상사는 상품 B에 대한 매입대금을 호동상사에 현금으로 지급하였다.

해답

일 자	낙랑상사(구매자)			호동상사(판매자)		
7월 1일	매 입	350,000		매출채권	350,000	
	매입채무		350,000	매 출		350,000
7월 10일	매입채무	150,000		현 금	147,000	
	현 금		147,000	매출할인	3,000	
	매입할인		3,000*	매출채권		150,000
	* ₩150,000×2%=₩3,000					
7월 30일	매입채무	200,000		현 금	200,000	
	현 금		200,000	매출채권		200,000

할인기간 내 지급하는 매입대금 ₩150,000에 대해서는 매입할인(2%)을 차감한 금액으로 현금지급하며 할인기간 경과 후 지급하는 매입대금 ₩200,000은 전액 현금지급한다. 매입할인·매출할인도 금액이 중요하지 않으면 매입에누리 등과 마찬가지로 매입·매출에서 직접 차감할 수도 있다.

3) 상품매매거래의 재무제표 작성

상품매매거래에 따른 매입·매출의 인식 및 측정결과는 포괄손익계산서에 다음과 같이 매출액과 당기상품매입액으로 나타낸다.

포괄손익계산서

○○회사	20XX년 X월 X일~20XX년 X월 X일	
매 출 액		×××
매출원가		×××
기초상품재고액	×××	
당기상품매입액	×××	
기말상품재고액	(×××)	
매출총이익		×××
물류원가		×××
운 반 비	×××	
⋮		

포괄손익계산서의 매출액과 당기상품매입액은 순매출액과 순매입액을 의미하며 지금까지 설명한 조정항목을 모두 가감한 후의 금액을 말한다.

순매출액 = 총매출액 − 매출에누리 − 매출환입 − 매출할인

순매입액 = 총매입액 − 매입에누리 − 매입환출 − 매입할인

총매출액에서 매출에누리·환입·할인을 차감한 순매출액을 '매출액'으로 표시하며, 총매입액에서 매입에누리·환출·할인을 차감한 순매입액을 '당기상품매입액'으로 표시한다. 총매입액에는 매입부대비용이 포함되며 판매부대비용은 물류원가로 별도 표시하여야 한다.

회계기간 중 매출에누리·매입에누리 등의 계정을 사용한 경우 매입·매출계정은 총매입액·총매출액을 의미하고 결산수정분개를 통해 순매입액·순매출액으로 수정하여야 한다.

매입에누리·매출에누리 등이 포함된 경우 수정전시산표와 결산수정분개는 다음과 같다.

수정전시산표

○○회사			20XX.X.X.
상 품(기초)	×××	매 출	×××
매 입	×××	매입에누리	×××
매출에누리	×××	매입환출	×××
매출환입	×××	매입할인	×××
매출할인	×××	⋮	
⋮			

| 결산수정분개 |

① (차)	매입에누리	×××	(대) 매 입	×××
	매입환출	×××		
	매입할인	×××		
② (차)	매출원가	×××	(대) 상 품(기초)	×××
	매출원가	×××	매 입	×××
	상 품(기말)	×××	매출원가	×××
③ (차)	매 출	×××	(대) 매출에누리	×××
			매출환입	×××
			매출할인	×××

수정전시산표에 매입에누리·매출에누리 등이 나타난다면 매입·매출계정잔액은 총매입액·총매출액을 의미하므로 총매입액·총매출액을 순매입액·순매출액으로 수정하는 결산수정분개가 추가되어야 한다. 포괄손익계산서의 매입·매출은 매입에누리·매출에누리 등이 차감된 후의 순매입액·순매출액을 의미하기 때문이다.

예제 05

상품매매거래의 재무제표작성

낙랑상사의 기초상품재고액은 ₩100,000(상품 A, 100개)이며 당기 중 상품매매거래내역은 다음과 같다.

2월 1일 춘천상사에서 상품 A 200개를 ₩200,000에 외상매입하고 매입운임 ₩20,000은 현금지급하였다.

2월 5일 춘천상사에서 매입한 상품에 결함이 발견되어 매입에누리 ₩10,000과 매입환출 ₩6,000이 발생하였다.

2월 10일 춘천상사에 대한 매입채무 ₩184,000에 대하여 매입할인 ₩4,000을 받고 현금지급하였다.

3월 7일 강원상사에 상품 A 180개를 ₩270,000에 외상판매하였으며 판매운임 ₩25,000은 현금지급하였다.

3월 9일 강원상사에 판매한 상품이 파손되어 매출에누리 ₩18,000과 매출환입 ₩12,000이 발생하였다.

3월 16일 강원상사에 대한 매출채권 ₩240,000에 대하여 매출할인 ₩5,000을 차감한 금액으로 현금회수하였다.

12월 31일 현재 기말상품재고액은 ₩120,000(상품 A, 120개)이다.

요구사항 ▼

1. 상기 거래에 대한 일자별 회계처리를 나타내시오.
2. 낙랑상사의 당기말 현재 수정전시산표를 작성하시오.
3. 매출원가계산을 위한 결산수정분개를 나타내시오.
4. 낙랑상사의 부분포괄손익계산서를 작성하시오.

해답

1. 회계처리

일 자	회계처리					
2월 1일	(차)	매 입	220,000	(대)	매입채무	200,000
					현 금	20,000
2월 5일	(차)	매입채무	16,000	(대)	매입에누리	10,000
					매입환출	6,000
2월 10일	(차)	매입채무	184,000	(대)	현 금	180,000
					매입할인	4,000
3월 7일	(차)	매출채권	270,000	(대)	매 출	270,000
		운 반 비	25,000		현 금	25,000
3월 9일	(차)	매출에누리	18,000	(대)	매출채권	30,000
		매출환입	12,000			
3월 16일	(차)	현 금	235,000	(대)	매출채권	240,000
		매출할인	5,000			

07 상품매매거래와 재고자산

2. 수정전시산표

수정전시산표

상 품(기초)	₩100,000	매 출	₩270,000
매 입	220,000	매입에누리	10,000
매출에누리	18,000	매입환출	6,000
매출환입	12,000	매입할인	4,000
매출할인	5,000	⋮	
운 반 비	25,000		
⋮			

3. 결산수정분개

①	(차)	매입에누리	10,000	(대) 매 입	20,000
		매입환출	6,000		
		매입할인	4,000		
②	(차)	매출원가	100,000	(대) 상 품(기초)	100,000
		매출원가	200,000	매 입	200,000*
		상 품(기말)	120,000	매출원가	120,000
③	(차)	매 출	35,000	(대) 매출에누리	18,000
				매출환입	12,000
				매출할인	5,000

* ₩220,000－₩20,000＝₩200,000

4. 부분포괄손익계산서

포괄손익계산서

매 출 액		₩235,000
매출원가		180,000
기초상품재고액	₩100,000	
당기상품매입액	200,000	
기말상품재고액	(120,000)	
매출총이익		55,000
물류원가		×××
운 반 비	25,000	
⋮		

포괄손익계산서의 매출액은 총매출액에서 매출에누리·환입·할인을 차감한 순매출액으로 표시하며, 당기상품매입액은 총매입액에서 매입에누리·환출·할인을 차감한 순매입액으로 표시한다. 또한, 매입운임은 매입액에 포함되어 있으며 판매운임은 물류원가로 표시한다.

4) 매입장·매출장

매입장과 매출장은 상품매매거래를 상세히 기록하는 보조장부이다. 매입·매출계정은 총계정원장을 지칭하고 그 총계정원장에 대한 보조장부를 매입장·매출장이라 한다.

총계정원장		보조장부
매 입	···················	매 입 장
매 출	···················	매 출 장

(1) 매입장

매입장(purchase journal)은 상품매입에 관한 자세한 내역을 거래일자 순서로 기록하는 보조장부이다. 매입장에는 날짜, 매입처명, 품명, 수량, 단가, 대금지급조건 등을 기록하며 매입장을 통해 총계정원장에 나타나지 않는 상세한 정보를 얻을 수 있다.

[예제 05]의 거래와 관련하여 매입 관련 총계정원장과 작성된 매입장을 예시하면 다음과 같다.

| 총계정원장 |

매 입

2/ 1 매입채무	200,000			
현 금	20,000			

매입에누리

			2/ 5 매입채무	10,000

매입환출

			2/ 5 매입채무	6,000

매입할인

			2/10 매입채무	4,000

보조원장

매 입 장

일 자	적 요				금 액
2. 1.	춘천상사		외 상	₩200,000	
	상품 A 200개	@₩1,000	매입운임	20,000	₩220,000
2. 5.	춘천상사(상품 A)		에 누 리		(10,000)
2.10.	춘천상사(상품 A)		환 출		(6,000)
			할 인		(4,000)
12.31.			총매입액		220,000
			매입에누리		(10,000)
			매입환출		(6,000)
			매입할인		(4,000)
			순매입액		₩200,000

매입계정에는 거래내용을 총괄하여 기재하고 매입장에는 상세한 거래내역을 기록한다. 매입시점마다 거래처·대금지급조건(현금 또는 외상)·상품종류·수량 등을 기입하고 매입에누리·환출·할인은 붉은 글씨로 기입하여 총매입액과 순매입액을 동시에 파악할 수 있도록 작성한다. 원장에 전기한다는 것은 매입계정과 매입장에 동시에 기록한다는 것을 의미하며 매입계정잔액과 매입장의 잔액은 항상 일치하여야 한다.

(2) 매출장

매출장(sales journal)은 상품매출에 관한 자세한 내역을 거래일자 순서로 기록하는 보조장부이다. 매출장에도 매입장과 유사하게 날짜, 매출처명, 품명, 수량, 단가, 대금수취조건 등을 기록하며 매출장을 통해 총계정원장에 나타나지 않는 상세한 정보를 얻을 수 있다.

[예제 05]의 거래와 관련하여 매출 관련 총계정원장과 작성된 매출장을 예시하면 다음과 같다.

총계정원장

매 출

차변	대변
	3/ 7 매출채권 270,000

매출에누리

차변	대변
3/ 9 매출채권 18,000	

매출환입

3/ 9 매출채권	12,000	

매출할인

3/16 매출채권	5,000	

| 보조원장 |

매 출 장

일 자	적 요		금 액
3. 7.	강원상사	외 상	
	상품 A 180개	@₩1,500	₩270,000
3. 9.	강원상사(상품 A)	에 누 리	(18,000)
	강원상사(상품 A)	환 입	(12,000)
3.16.		할 인	(5,000)
12.31.		총매출액	270,000
		매출에누리	(18,000)
		매출환입	(12,000)
		매출할인	(5,000)
		순매출액	₩235,000

매출계정에는 거래내용을 총괄하여 기재하고 매출장에는 상세한 거래내역을 기록한다. 판매시점마다 거래처·대금회수조건(현금 또는 외상)·상품종류·수량 등을 기입하고 매출에누리·환입·할인은 붉은 글씨로 기입하여 총매출액과 순매출액을 동시에 파악할 수 있도록 작성한다. 매입계정과 마찬가지로 매출계정잔액과 매출장의 잔액은 항상 일치하여야 한다.

2 재고자산 취득원가

재무상태표에 나타내는 재고자산 과목은 다음과 같다.

계정과목

- **상품** : 판매를 목적으로 구입한 상품, 미착상품, 적송품 등으로 한다. 부동산매매업에 있어서 판매를 목적으로 소유하는 토지, 건물, 기타 이와 유사한 부동산은 상품에 포함하는 것으로 한다.
- **제품** : 판매를 목적으로 제조한 생산품, 부산물 등으로 한다.
- **반제품** : 자가제조한 중간제품과 부분품 등으로 한다.
- **재공품** : 제품 또는 반제품의 제조를 위하여 재공과정에 있는 것으로 한다.
- **원재료** : 원료, 재료, 매입부분품, 미착원재료 등으로 한다.
- **저장품** : 소모품, 소모공구기구비품, 수선용 부분품, 기타 저장품으로 한다.
- **기타의 재고자산** : 위의 분류에 속하지 아니하는 재고자산으로 한다.

재고자산을 취득하게 되면 취득원가를 측정하여 기록하여야 한다. 취득원가는 재고자산을 판매 가능한 상태에 이르기까지 소요되는 모든 지출액을 의미한다. 즉 매입가액이나 제조원가에 재고자산의 취득에 직접 소요된 부대비용을 가산하고 매입에누리, 환출 등을 차감하여 결정하게 된다.

1) 매입가액과 제조원가

상품매매기업은 상품을 구입하여 판매하는 기업이므로 매입가액이라는 표현을 사용하고, 제조기업은 원재료를 구입하여 제품을 제조·판매하는 기업이므로 원재료에 대하여는 매입가액, 제품에 대하여는 제조원가라는 표현을 사용한다.

(1) 매입가액

매입가액은 상품이나 원재료를 구입할 때 지불하는 대가를 의미한다. 현금을 지불하는 경우에는 당해 현금지급액, 외상으로 구입하는 경우에는 당해 부채부담액이 된다.

(2) 제조원가

제품의 제조원가는 제품을 완성하는 데 투입된 원가를 말하며 재료비, 노무비, 제조경비로 구성된다. 제조기업은 원재료를 매입하고 원재료에 노동력과 기타의 경비 등을 투입하여 제품을 완성하게 되는데 이를 그림으로 나타내면 다음과 같다.

제조기업은 재고자산을 원재료, 재공품, 제품으로 구분한다. 원재료는 결산기말 현재 투입되지 않고 남아 있는 금액이고, 재공품은 제조과정에 착수하였으나 아직 완성되지 아니한 재료비, 노무비, 제조경비의 합계금액이며, 제품은 제품제조원가 중 아직 판매되지 아니한 금액이다.

제품의 제조원가를 결정하기 위해서는 재공품을 평가하는 문제가 가장 중요하다. 재공품은 원가의 구성요소를 구분하고 제조공정의 특성과 완성 정도 등을 파악하여 결정되는데, 투입된 원가 중 재공품에 배분된 금액을 제외한 금액이 제품의 제조원가가 된다.

제조기업의 원가계산과정은 원가회계 교과서에서 자세히 설명하고 있다. 재무회계에서는 특별한 조건이 없는 한 상기업을 전제하므로 재고자산은 상품을 의미하는 것으로만 이해하여야 한다.

2) 부대비용

재고자산의 취득원가에 가산하는 부대비용으로는 취득에 직접 소요된 매입운임, 보험료, 하역비, 보관비용 등과 재고자산의 취득과 관련된 금융비용을 들 수 있다.

재고자산의 취득원가는 재고자산을 판매가능한 상태에 이르기까지의 과정에서 소요된 지출을 의미한다. 재고자산과 관련된 매입운임 등의 발생은 필수적이므로 부대비용을 취득원가에 가산하는 것이며 이는 비용인식의 원칙과 관련이 있다. 즉 비용은 수익비용대응의 원칙에 따라 인식하므로 판매시점 이전에 지출한 매입부대비용을 자산의 원가에 가산하였다가 판매시점에 비용으로 인식한다. 다만, 판매가능한 시점 이후에 발생한 부대비용은 즉시 비용으로 인식하여야 한다는 점에 유의하여야 한다.

3) 차감항목

재고자산의 취득원가에서 차감하는 항목으로는 매입에누리, 매입환출, 매입할인 등을 들 수 있다. 매입에누리(purchase allowances)는 재고자산을 구입한 이후 당해 자산의 파손이나 결함을 발견하여 당초의 매입가액에서 할인받는 것이고, 매입환출(purchase returns)

은 파손이나 결함이 있는 재고자산을 반환하는 것이며, 매입할인(purchase discounts)은 사전약정에 의하여 매입대금을 일정기간 이내에 현금지급하는 경우 총지급할 금액에서 할인하는 것이다. 앞에서 설명한 바와 같이 매출에누리, 매출환입, 매출할인 등을 매출의 차감항목으로 처리하는 것처럼 매입에누리 등의 경우에도 매입의 차감항목, 즉 재고자산 취득원가의 차감항목으로 처리한다.

예제 06 재고자산 취득원가

다음은 상품의 매입에 관련된 거래이다.

1월 20일 상품 ₩110,000을 외상으로 매입하고 매입운임 ₩5,000은 현금으로 지급하다.
1월 25일 상품에 결함이 발견되어 원가 ₩10,000의 상품을 반품하다.
2월 3일 매입채무 ₩60,000에 대하여 매입할인 ₩1,200을 차감한 금액으로 현금지급하다.
2월 23일 매입채무 ₩40,000에 대하여 현금지급하다.

요구사항 ▼ 상기 거래에 대한 일자별 회계처리를 나타내고 상품의 취득원가를 계산하시오.

해답

1. 일자별 회계처리

일 자	회계처리			
1월 20일	(차) 매 입	115,000	(대) 매입채무	110,000
			현 금	5,000
1월 25일	(차) 매입채무	10,000	(대) 매입(환출)	10,000
2월 3일	(차) 매입채무	60,000	(대) 현 금	58,800
			매입(할인)	1,200
2월 23일	(차) 매입채무	40,000	(대) 현 금	40,000

2. 상품의 취득원가

매입가액	₩110,000
부대비용(매입운임)	5,000
매입환출	(10,000)
매입할인	(1,200)
계	₩103,800

?! 잠깐 부가가치세는 어떻게 처리해야 하나요?

상품매매거래에서 상품매매대금과 함께 부가가치세(매출액 또는 매입액의 10%)를 지급하거나 수취하기도 한다. 부가가치세를 부담하는 거래에 대하여는 거래시점에 세금계산서를 수수하게 되는데 세금계산서의 공급가액과 세액을 구분하여 기록하여야 한다. 즉 세금계산서의 공급가액을 매출액(또는 매입액)으로 기록하고 부가가치세는 예수금(또는 대급금)으로 기록한다. 예를 들어, 5월 1일 상품을 ₩100,000(부가가치세 ₩10,000 별도)에 현금매입하고 6월 2일 ₩150,000(부가가치세 ₩15,000 별도)에 현금판매한 경우의 회계처리는 다음과 같다.

일 자	회계처리				
5월 1일	(차) 매입	100,000	(대) 현금	110,000
	부가가치세대급금	10,000		
6월 2일	(차) 현금	165,000	(대) 매출	150,000
			부가가치세예수금	15,000

부가가치세대급금과 부가가치세예수금은 유동항목으로 분류하였다가 부가가치세의 신고납부시점에 제거한다. 예를 들어, 7월 25일 부가가치세신고와 함께 부가가치세 ₩5,000을 납부하는 경우 회계처리는 다음과 같다.

일 자	회 계 처 리			
7월 25일	(차) 부가가치세예수금	15,000	(대) 현금	5,000
			부가가치세대급금	10,000

상품매매의 부가가치에 대한 부가가치세는 거래 상대방으로부터 징수하여 납부하는 것이며 납부 후에는 부가가치세 관련 계정잔액이 남지 않게 된다는 것을 알 수 있다.

한편, 일부 상품매매거래는 부가가치세가 과세되지 않는 경우도 있으며 영(0)의 세율을 적용하는 경우도 있다. 전자를 '면세'라 하고 후자를 '영세율'이라 한다. 면세거래에 대하여는 거래시점에 공급가액만 기재되는 계산서를 수수하는 것이며 당해 금액을 기준으로 매출액 또는 매입액을 기록하면 된다. 영세율거래에 대하여는 세금계산서를 수수하는 경우 세액이 영(0)이므로 그 회계처리는 면세와 다름이 없다. 이 거래들은 부가가치세가 과세되는 거래보다 회계처리가 훨씬 간단하게 이루어진다. 예를 들어, 5월 20일 면세상품을 ₩100,000에 현금매입하고 6월 25일 ₩150,000의 영세율매출이 있는 경우의 회계처리는 다음과 같다.

일 자	회 계 처 리			
5월 20일	(차) 매입	100,000	(대) 현금	100,000
6월 25일	(차) 현금	150,000	(대) 매출	150,000

회계담당자는 상품매매거래에 대하여 부가가치세가 포함되는지의 여부를 검토하여 회계처리에 실수가 없도록 유의하여야 한다. 전산회계프로그램에서는 분개과정에서 과세·면세 및 영세율 등의 거래구분을 선택하면 선택에 맞추어 자동분개가 이루어진다. 거래증빙을 정확하게 분석하기만 하면 실수없이 입력할 수 있다.

3 재고자산의 원가배분

재고자산의 원가배분(cost allocation)이란 판매가능재고금액을 기말재고금액과 매출원가 등으로 배분하는 것을 말한다. 재고자산의 원가배분절차는 당기의 매출에 대응하는 비용인 매출원가, 즉 판매된 재고자산의 원가를 결정하는 것이 주된 목적이다.

재고자산 원가배분과정

판매가능재고원가는 수량과 단가로 구성된다. 기말재고금액은 기말에 보유하는 수량을 파악하고 그 수량에 대한 단가를 채택하여 결정된다. 원가배분과정은 수량을 파악하는 과정과 단가를 결정하는 과정으로 구분된다.

1) 수량을 파악하는 과정

재고자산의 수량을 파악하는 방법은 계속기록법과 기말실지재고조사법으로 구분한다.

계속기록법은 재고자산을 판매할 때마다 판매된 수량을 계속기록하여 판매가능재고수량에서 판매된 수량을 차감하여 기말재고수량을 파악하는 방법이다. 이 방법은 판매된 수량을 정확히 파악할 수 있지만 판매 이외의 요인으로 감소한 재고자산의 수량이 기말재고수량에 포함될 수 있다는 단점이 있다.

기말실지재고조사법은 보유 중인 재고자산을 결산기말에 또는 정기적으로 조사하여 기말재고수량을 결정하고 판매된 수량은 판매가능재고수량에서 기말재고수량을 차감하여 결정하는 방법이다. 이 방법은 기말재고수량을 정확히 파악할 수 있으나 판매 이외의 요인으로 감소한 재고수량이 판매된 수량에 포함될 가능성이 있다는 단점이 있다.

판매 이외의 요인으로 감소한 재고자산의 수량을 파악하기 위해서는 상기 두 방법 중 한 가지만으로는 불완전하며 두 가지 방법을 결합하여야 한다. 즉 재고자산을 판매하는 시점에 판매된 수량을 정확히 파악하여 기말 현재 남아 있어야 할 수량을 미리 예측한 후 결산기말에 재고실사를 병행하여 매출 이외의 감소수량을 파악한다.

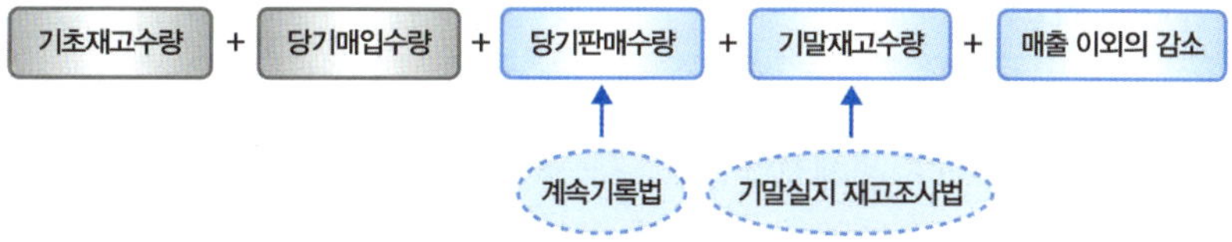

예제 07

수량을 파악하는 과정

겨울상사의 당기 중 재고자산의 구입 및 판매내역은 다음과 같다.

기초재고수량	100개	당기판매수량	800개
당기매입수량	900개	기말재고수량	150개

당기판매수량은 상품이 판매될 때마다 판매된 수량을 정확히 기록한 결과이며 기말재고수량은 재고실사를 통해 파악한 수량이다.

요구사항 ▼ 겨울상사의 당기 재고자산의 수량에 대한 원가배분의 결과를 나타내시오.

해답

판매가능재고 1,000개 중 당기판매수량 800개는 판매시점마다 기록하였고 기말재고 150개는 결산기말 재고조사를 통하여 파악한다. 기말현재 남아 있어야 할 수량 200개(=100개+900개−800개)와 실제기말재고 150개의 차이 50개는 매출 이외의 감소로 파악한다.

2) 단가를 결정하는 과정

단가를 결정하는 과정은 판매수량이나 기말재고수량에 적용하는 단가를 선택하는 과정으로 개별법, 평균법, 선입선출법, 후입선출법 등의 여러 가지 방법이 있다. 재고자산의 단가가 동일하다면 단가를 결정하는 과정이 필요 없다. 그러나 동일한 종목의 재고자산이라도 구입시점마다 구입단가가 달라지는 것이 일반적이므로 판매된 수량과 기말재고수량에 어떠한 단가를 적용하느냐에 따라 매출원가와 기말재고금액이 달라지게 된다. 이러한 단가결정과정은 '원가흐름의 가정(cost flow assumption)'이라고도 하며, 원가배분의 결과는 단가결정방법에 따라 달라질 수 있다.

(1) 상품재고장

재고자산의 수량과 단가의 관리는 상품재고장(또는 재고수불부)이라는 보조장부를 통하여 이루어진다. 총계정원장에는 모든 종류의 상품이 기록되어 특정종목의 상품매입 내역을 파악하기 어렵다. 상품재고장은 상품의 종류별로 입고와 출고를 수량, 단가, 금액으로 구분하여 그 변동내역을 기록하는 서식이다.

| 총계정원장 |

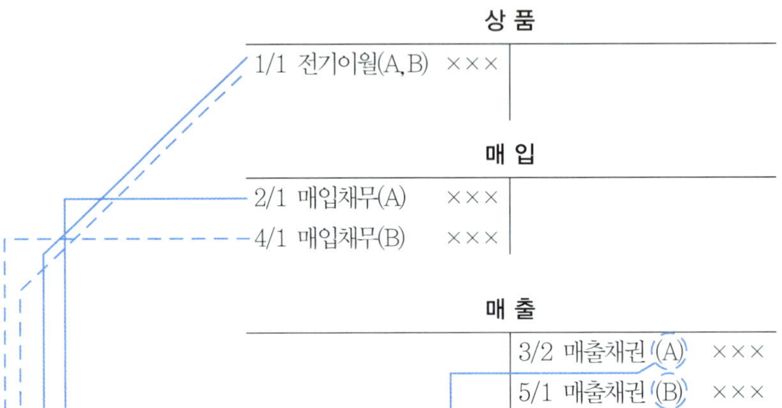

상품재고장

A상품

구 분	입 고			출 고			잔 고		
	수 량	단 가	금 액	수 량	단 가	금 액	수 량	단 가	금 액
1/1 전기이월	××	××	×××				××	××	×××
2/1 매 입	××	××	×××				××	××	×××
3/2 매 출				××	××	×××	××	××	×××
⋮									

상품재고장

B상품

구 분	입 고			출 고			잔 고		
	수 량	단 가	금 액	수 량	단 가	금 액	수 량	단 가	금 액
1/1 전기이월	××	××	×××				××	××	×××
4/1 매 입	××	××	×××				××	××	×××
5/1 매 출				××	××	×××	××	××	×××
⋮									

상품 총계정원장의 전기이월금액은 A상품 및 B상품 상품재고장 전기이월금액의 합계와 일치시키고 수량과 단가내역까지도 기록한다. 상품을 매입하면 총계정원장에 기입함과 동시에 상품재고장의 입고란에 수량·단가 및 금액을 기록한다. 상품을 판매하면 매출 총계정원장에는 판매금액을 기록하지만 관련 상품재고장에는 판매수량만 기록한다. 상품재고장은 상품의 원가를 기록하여 배분하여야 하므로 판매금액을 기입할 이유가 없다는 점에 유의하여야 한다.

(2) 개별법

개별법(specific identification method)은 재고자산이 판매되는 시점마다 판매된 재고자산의 단가를 정확히 파악하여 기록하는 방법으로 가장 정확한 원가배분방법이다. 개별법은 재고자산의 단가가 고가이거나 거래가 빈번하지 않은 경우 적용가능한 방법이며 최근에는 기술의 발달로 대량거래의 경우에도 인식코드에 의한 개별법의 적용이 가능해지고 있다.

예제 08 개별법

겨울상사의 A상품에 대한 전기이월, 당기 매입·매출, 기말재고에 관한 수량과 실제 단가(원가)내역은 다음과 같다.

구 분	수 량	단 가
전기이월	100개	₩100
4/26 매입	500	110
10/20 매입	400	120
계	1,000개	

구 분	수 량	실제단가
7/10 매출	450개	50개(₩100), 400개(₩110)
11/14 매출	350	100개(₩110), 250개(₩120)
기말재고	200	50개(₩100), 150개(₩120)
계	1,000개	

요구사항 ▼ 개별법을 적용하는 경우 겨울상사의 A상품에 대한 상품재고장을 작성하고 원가배분결과를 나타내시오.

07 상품매매거래와 재고자산

해답

1. 상품재고장

일자	적요	입고 수량	입고 단가	입고 금액	출고 수량	출고 단가	출고 금액	잔고 수량	잔고 단가	잔고 금액
1. 1.	전기이월	100개	₩100	₩10,000				100개	₩100	₩10,000
4.26.	매 입	500	110	55,000				100	100	10,000
								500	110	55,000
7.10.	매 출				50개	₩100	₩5,000	50	100	5,000
					400	110	44,000	100	110	11,000
10.20.	매 입	400	120	48,000				50	100	5,000
								100	110	11,000
								400	120	48,000
11.14.	매 출				100	₩110	11,000	50	100	5,000
					250	120	30,000	150	120	18,000
	계	1,000개		₩113,000 (판매가능재고)	800개		₩90,000 (매출원가)	200개		₩23,000 (기말재고)

2. 원가배분결과

(3) 평균법

평균법(average cost method)은 실제 물량흐름에 관계없이 일정기간 동안 발생한 판매가능재고원가를 평균하여 그 평균단가를 기준으로 배분하는 방법이다.

평균단가는 상품구입시점마다 계산(계속단가기록법)할 수도 있고 결산기말에 판매가능재고금액에 대하여 일괄계산(기말단가기록법)할 수도 있다. 평균법에 계속단가기록법을 적용하면 이동평균법(moving average method)이라 하고, 평균법에 기말단가기록법을 적용하면 총평균법(weighted average method)이라 한다. 즉 평균법은 이동평균법과 총평균법으로 구분된다.

예제 09 평균법

[예제 08]의 자료를 이용하여 이동평균법과 총평균법을 적용하는 경우 각각의 방법에 의한 원가배분결과를 나타내시오.

해답

1. 이동평균법(계속단가기록법)

(1) 상품재고장

일자	적요	입고			출고			잔고		
		수량	단가	금 액	수량	단가	금 액	수량	단가	금 액
1. 1.	전기이월	100개	₩100	₩10,000				100개	₩100	₩10,000
4.26.	매 입	500	110	55,000				600	108.3	65,000
7.10.	매 출				450개	₩108.3	₩48,750	150	108.3	16,250
10.20.	매 입	400	120	48,000				550	116.8	64,250
11.14.	매 출				350	116.8	40,886	200	116.8	23,364
	계	1,000개		₩113,000 (판매가능재고)	800개		₩89,636 (매출원가)	200개	116.8	₩23,364 (기말재고)

(2) 원가배분결과

2. 총평균법(기말단가기록법)

(1) 상품재고장

일자	적요	입고			출고			잔고		
		수량	단가	금 액	수량	단가	금 액	수량	단가	금 액
1. 1.	전기이월	100개	₩100	₩10,000				100개		
4.26.	매 입	500	110	55,000				600		
7.10.	매 출				450개			150		
10.20.	매 입	400	120	48,000				550		
11.14.	매 출				350			200		
	계	1,000개		₩113,000 (판매가능재고)	800개		₩90,400 (매출원가)	200개	₩113	₩22,600 (기말재고)

(2) 평균단가

$$\frac{\text{판매가능재고금액}}{\text{판매가능재고수량}} = \frac{₩10,000+₩103,000}{100개+900개} = ₩113$$

(3) 기말재고 : 200개×₩113=₩22,600

(4) 매출원가 : 판매가능재고−기말재고=₩113,000−₩22,600=₩90,400

(5) 원가배분결과

이동평균법은 재고자산의 매입시점마다 평균단가를 수정하여 판매당시의 평균단가를 적용하는 방법이다.

총평균법의 경우 기중에는 판매된 재고자산의 수량만 기재하였다가 결산기말 평균단가가 결정되면 그때 출고수량과 잔고수량의 단가를 기입하는 것이므로 이동평균법에 비하여 간편하게 원가배분을 할 수 있다.

?! 잠깐 계속단가기록법=계속기록법, 기말단가기록법=기말실지재고조사법

계속단가기록법은 '계속기록법'이라고 하며, 기말단가기록법은 '기말실지재고조사법'이라고도 한다. 계속적으로 단가를 기록하기 위해서는 판매시점마다 재고자산을 파악하여야 하고, 기말에 일괄적으로 단가를 기록하기 위해 기말실지재고조사를 실시하여야 하므로 두 용어는 동의어로 취급할 수 있을 것이다. 앞서 수량을 파악하는 과정에서는 두 방법은 각각 불완전하므로 이들을 결합하여 사용한다고 언급한 바 있다. 수량파악과정에서만 계속기록법이나 기말실지재고조사법이 선택대상이 아니라는 뜻이며 단가결정과정에서는 선택할 수 있다는 뜻이다. 즉 평균법의 원가흐름을 가정하여 계속기록법을 사용하면 이동평균법이 되고 기말실지재고조사법을 사용하면 총평균법이 되는 것이다.

평균법 원가흐름가정+계속기록법 ──────→ 이동평균법
평균법 원가흐름가정+기말실지재고조사법 ──────→ 총평균법

계속기록법과 기말실지재고조사법이라는 용어의 중복을 피하기 위해 계속단가기록법이나 기말단가기록법이라는 표현을 사용한 것이며 계속기록법이나 기말실지재고조사법이라는 표현과 혼용할 수 있다는 것으로 이해하기 바란다. 뒤이어 설명하는 선입선출법이나 후입선출법에서도 계속단가기록법과 기말단가기록법이라는 용어를 사용하기로 한다.

(4) 선입선출법

선입선출법(first−in first−out method : FIFO)은 실제물량의 흐름에 관계없이 먼저 구입한 자산이 먼저 판매된 것으로 가정하여 원가배분하는 방법이다. 기업은 먼저 구입한 상품을 먼저 판매하는 것이 일반적이며 재고자산의 진부화 속도가 빠른 기업은 선입선출법을 선호한다.

예제 10 선입선출법

[예제 08]의 자료를 이용하여 선입선출법을 적용하는 경우 원가배분결과를 나타내시오. 단, 계속단가기록법과 기말단가기록법으로 구분하여 표시하시오.

해답

1. 계속단가기록법

(1) 상품재고장

일자	적요	입고			출고			잔고		
		수량	단가	금 액	수량	단가	금 액	수량	단가	금 액
1. 1.	전기이월	100개	₩100	₩10,000				100개	₩100	₩10,000
4.26.	매 입	500	110	55,000				100	100	10,000
								500	110	55,000
7.10.	매 출				100개	₩100	₩10,000	150	110	16,500
					350	110	38,500			
10.20.	매 입	400	120	48,000				150	110	16,500
								400	120	48,000
11.14.	매 출				150	110	16,500	200	120	24,000
					200	120	24,000			
	계	1,000개		₩113,000 (판매가능재고)	800개		₩89,000 (매출원가)	200개	₩120	₩24,000 (기말재고)

(2) 원가배분결과

2. 기말단가기록법

(1) 상품재고장

일자	적요	입고			출고			잔고		
		수량	단가	금 액	수량	단가	금 액	수량	단가	금 액
1. 1.	전기이월	100개	₩100	₩10,000				100개		
4.26.	매 입	500	110	55,000				600		
7.10.	매 출				450개			150		
10.20.	매 입	400	120	48,000				550		
11.14.	매 출				350			200		
	계	1,000개		₩113,000 (판매가능재고)	800개		₩89,000 (매출원가)	200개	₩120	₩24,000 (기말재고)

(2) 기말재고 : 200개×₩120(10/20매입분)=₩24,000

(3) 매출원가 : 판매가능재고－기말재고=₩113,000－₩24,000=₩89,000

07 상품매매거래와 재고자산

(4) 원가배분결과

원가흐름의 가정이 일반적인 물량흐름과 일치하므로 단가기록시점에 관계없이 원가배분의 결과가 동일한 것으로 풀이된다. 선입선출법의 경우에는 계속단가기록법과 기말단가기록법의 결과가 동일하므로 기말단가기록법이 보편적으로 사용된다.

(5) 후입선출법

후입선출법(last-in first-out method : LIFO)은 실제물량의 흐름에 관계없이 나중에 구입한 자산이 먼저 판매된 것으로 가정하여 원가배분하는 방법이다.

석탄·양곡 등을 비축하였다가 판매하는 경우 나중에 구입한 자산이 오래 전 구입한 자산보다 먼저 판매되는 것을 볼 수 있다. 이러한 원가흐름은 드물지만 물가상승시 보수적인 경영성과를 보고할 수 있다는 특징이 있다.

예제 11 후입선출법

[예제 08]의 자료를 이용하여 후입선출법을 적용하는 경우 원가배분결과를 나타내시오. 단, 계속단가기록법과 기말단가기록법으로 구분하여 표시하시오.

해답

1. 계속단가기록법

(1) 상품재고장

일자	적요	입고			출고			잔고		
		수량	단가	금액	수량	단가	금액	수량	단가	금액
1. 1.	전기이월	100개	₩100	₩10,000				100개	₩100	₩10,000
4.26.	매입	500	110	55,000				100 500	100 110	10,000 55,000
7.10.	매출				450개	₩110	₩49,500	100 50	100 110	10,000 5,500
10.20.	매입	400	120	48,000				100 50 400	100 110 120	10,000 5,500 48,000
11.14.	매출				350	120	42,000	100 50 50	100 110 120	10,000 5,500 6,000
	계	1,000개		₩113,000 (판매가능재고)	800개		₩91,500 (매출원가)	200개		₩21,500 (기말재고)

(2) 원가배분결과

2. 기말단가기록법

(1) 상품재고장

일자	적요	입고			출고			잔고		
		수량	단가	금액	수량	단가	금액	수량	단가	금액
1. 1.	전기이월	100개	₩100	₩10,000				100개		
4.26.	매 입	500	110	55,000				600		
7.10.	매 출				450개			150		
10.20.	매 입	400	120	48,000				550		
11.14.	매 출				350			200		
	계	1,000개		₩113,000 (판매가능재고)	800개		₩92,000 (매출원가)	200개		₩21,000 (기말재고)

(2) 기말재고

기초재고	100개×₩100=	₩10,000
당기증가(4.26. 매입)	100개×₩110=	11,000
계		₩21,000

(3) 매출원가 : 판매가능재고－기말재고＝₩113,000－₩21,000＝₩92,000

(4) 원가배분결과

기말단가기록법은 다소 비현실적이라 할 수 있는데 10월 20일 매입(400개, 단가 ₩120) 이후 판매수량은 350개뿐이지만 당해 매입수량이 모두 판매된 것으로 가정하고 있기 때문이다. 다만, 거래가 빈번하면 계속단가기록법에 비하여 좀더 간편하게 적용할 수 있다는 이점이 있다.

한편, K-IFRS에서는 후입선출법을 재고자산 단가결정방법으로 허용하지 않고 있다. 일반적으로 실제 원가흐름을 신뢰성있게 반영하지 못하고 영업성과를 왜곡시킬 가능성이 크기 때문이다. 기업실무에서도 후입선출법을 채택하는 사례가 매우 드문 것으로 확인되고 있다.

(6) 단가결정방법의 비교

단가결정방법은 각 기업이 선택할 수 있는 회계처리방법이다. 단가결정방법 중 개별법은 판매가능재고를 매출원가와 기말재고로 가장 정확하게 배분하는 방법이다. 개별법에 의한 원가배분이 원칙이지만 매입·매출거래가 빈번하여 개별법을 적용하는 것이 현실적으로 불가능한 경우 다른 방법을 적용한다. 다른 방법의 결과(예제 08부터 예제 11까지)는 개별법의 결과(예제 08)와 다르지만 그 차이가 중요하지 않고 적용이 편리하다는 점에서 인정된다. 개별법 이외 단가결정방법의 결과를 요약하면 다음과 같다.

	계속단가기록법			기말단가기록법		
	이동평균법	선입선출법	후입선출법	총평균법	선입선출법	후입선출법
기말재고	₩23,364	₩24,000	₩21,500	₩22,600	₩24,000	₩21,000
매출원가	89,636	89,000	91,500	90,400	89,000	92,000
계	₩113,000	₩113,000	₩113,000	₩113,000	₩113,000	₩113,000

4 특수매매거래

특수매매거래는 일반상품거래와 달리 판매자가 상품인도시점이 아닌 다른 시점에 수익을 인식하는 형태를 말한다.

1) 위탁판매

위탁판매(consignment sales)란 위탁자가 판매용역위탁계약을 체결하여 수탁자로 하여금 자기의 상품을 판매하게 하고 판매할 때마다 일정액의 수수료를 수탁자에게 지급하는 판매방식을 말한다. 이러한 판매방식은 출판사가 서점에 의뢰하여 서적을 판매하는 경우에 나타나는 형태이며 수탁자가 적송품을 판매한 날에 수익을 인식하여야 한다.

위탁판매와 관련하여 위탁자와 수탁자의 입장에서 각각 해야 할 회계처리를 비교하여 예시하면 다음과 같다.

▎위탁판매 회계처리▕

구 분	위탁자		수탁자	
① 적송시점	– 분개 없음 –		– 분개 없음 –	
② 수탁자판매시점	매출채권	×××	현　금	×××
	수수료비용	×××	수수료수익	×××
	매　출	×××	예 수 금	×××
③ 대금정산시점	현　금	×××	예 수 금	×××
	매출채권	×××	현　금	×××

(1) 적송시점

위탁자와 수탁자는 적송시점에 아무런 회계처리를 하지 아니하고 적송품원가를 비망기록[1]하여야 한다. 상품을 적송하는 것은 보관장소를 옮긴 것에 불과하고 상품의 소유권은 위탁자에 있으므로 위탁자의 자산으로 보고하여야 한다. 이때 위탁자가 적송운임을 부담하는 경우 매입부대비용과 마찬가지로 매입액에 가산하여야 한다.

(2) 수탁자판매시점

위탁자는 수탁자판매시점에 매출수익을 인식하고 수탁자는 수수료수익을 인식한다. 위탁자는 매출액에서 수수료비용을 공제한 금액으로 매출채권(또는 현금)을 계상하며 수수료비용을 판매시점에 인식한다. 또한, 비망기록을 수정하여 판매되지 아니한 적송품의 원가를 파악하여야 한다. 수탁자는 판매시점에 수취한 금액 중 자신의 수수료수익을 공제한 금액을 예수금[2]으로 계상한다.

(3) 대금정산시점

매출채권의 회수와 예수금의 상환으로 회계처리한다.

(4) 결산시점

위탁자는 결산시 매출원가계산상 창고에 보관 중인 재고뿐만 아니라 미판매된 적송품의 원가를 포함하여 기말재고금액을 결정하여야 한다. 이때 미판매된 적송품원가에는 적송운임 중 기말재고에 배부되어야 할 금액을 포함시켜야 한다는 점에 유의하여야 한다.

1) 위탁자가 적송시점에 '적송품' 계정으로 계상하여 미판매된 적송품 원가를 표시할 수도 있으나 비망기록하는 것이 실무상 유용하다.
2) '수탁판매'의 과목으로 표시할 수 있으나 실무에서 사용하지 않는 과목이므로 예수금으로 나타낸다.

예제 12

위탁판매

한가람상사의 기초상품재고액은 ₩50,000(100개)이며 당기 중 상품매매거래내역은 다음과 같다.

4월 1일 상품 600개를 ₩300,000에 현금매입하였다.

7월 1일 가라뫼상사와 위탁매매계약을 체결하고 원가 ₩250,000인 상품(500개)을 적송하였으며 적송운임 ₩10,000은 현금지급하였다.

10월 1일 가라뫼상사로부터 적송품과 관련하여 다음과 같은 매출계산서가 도착하였다.

매출계산서		
매 출 액	400개×₩700=	₩280,000
수탁수수료		(20,000)
송금할 금액		₩260,000

11월 1일 가라뫼상사로부터 판매대금 ₩260,000을 현금으로 수취하였다.

12월 31일 기말 현재 창고에 보관 중인 재고자산은 ₩100,000(200개)이다.

요구사항 ▼

1. 한가람상사와 가라뫼상사의 입장에서 상기 거래와 관련된 일자별 회계처리를 나타내시오.
2. 당기 매출원가를 계산하는 과정과 매출총이익만을 표시하는 부분포괄손익계산서를 작성하시오.

해답

1. 일자별 회계처리

일 자	한가람상사			가라뫼상사		
4. 1.	매 입	300,000		– 분개 없음 –		
	현 금		300,000			
7. 1.	매 입	10,000		– 분개 없음 –		
	현 금		10,000			
	* 적송운임					
10. 1.	매출채권	260,000		현 금	280,000	
	수수료비용	20,000		수수료수익		20,000
	매 출		280,000	예 수 금		260,000
11. 1.	현 금	260,000		예 수 금	260,000	
	매출채권		260,000	현 금		260,000

2. 부분포괄손익계산서

(1) 결산분개

	(차)		(대)	
①	매출원가	50,000	상품(기초)	50,000
	매출원가	310,000	매　　입	310,000
	상품(기말)	100,000*	매출원가	100,000

* 창고재고

	(차)		(대)	
②	상품(기말)	52,000	매출원가	52,000

* (₩250,000+₩10,000)×100개/500개=₩52,000

(2) 부분포괄손익계산서

매 출 액		₩280,000
매출원가		208,000
기초상품재고액	₩50,000	
당기상품매입액	310,000	
기말상품재고액	(152,000)	
매출총이익		₩72,000

상기 예제에서 결산기말 창고재고금액이 ₩100,000으로 나타나는 것은 위탁판매 이외의 다른 판매가 없었다는 것을 의미하며 재무상태표상 재고자산은 창고재고뿐만 아니라 미판매된 적송품 원가 ₩52,000을 포함하여야 한다. 또한, 적송운임 ₩10,000을 당기매입액에 가산하고 당해 운임 중 미판매된 적송품 원가에 배부된 금액을 기말재고자산에 포함시켜야 한다.

2) 사용판매

시용판매(sales on approval)는 판매자가 고객에게 상품을 먼저 인도하고 일정기간 이를 사용해보도록 한 뒤 고객이 매입의사를 표시하면 판매가 성립되는 방식이다. 일종의 조건부판매방식이며 수익인식시점은 고객이 매입의사를 표시한 시점이다. 이러한 시용판매방식은 품질의 우수성을 자신하는 경우 공격적인 판매전략으로 사용할 수 있다.

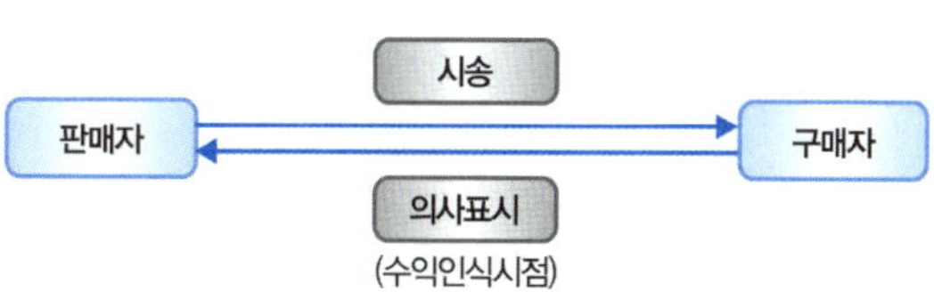

시용판매와 관련하여 판매자와 구매자의 입장에서 각각 해야 할 회계처리를 비교하여 예시하면 다음과 같다.

| 시용판매 회계처리 |

구 분	판매자	구매자
① 시송시점	– 분개 없음 –	– 분개 없음 –
② 매입의사표시 시점	매출채권 ××× / 매 출 ×××	매 입 ××× / 매입채무 ×××
③ 현금회수시점	현 금 ××× / 매출채권 ×××	매입채무 ××× / 현 금 ×××

시용판매도 위탁판매와 마찬가지로 판매자는 상품이 인도되는 시점, 즉 시송시점에는 비망기록을 하였다가 구매자가 매입의사를 표시한 시점에 매출수익으로 인식하여야 한다. 결산시 매출원가를 계산할 때 창고에 보관 중인 재고자산뿐만 아니라 미판매된 시송품의 원가를 포함하여 기말재고금액을 결정하여야 한다.

한편, 구매자는 매입의사를 표시한 시점에 자산취득에 대한 회계처리를 하여야 한다.

예제 13 시용판매

한가람상사의 기초상품재고액은 ₩50,000(100개)이며 당기 중 다음과 같은 거래가 발생하였다.

4월 1일 상품 600개를 ₩300,000(매입단가 ₩500)에 현금매입하였다.

7월 1일 가라뫼상사에 매가 ₩350,000인 상품(500개)의 시용판매계약을 체결하고 시송하였다. 상품의 원가는 ₩250,000이다.

10월 1일 가라뫼상사로부터 매가 ₩280,000의 시송품(400개)에 대한 의사표시를 받았다.

11월 1일 가라뫼상사로부터 판매대금 ₩280,000을 현금으로 수취하였다.

12월 31일 기말 현재 창고에 보관 중인 재고자산은 ₩100,000(200개)이다.

요구사항 ▼

1. 한가람상사와 가라뫼상사의 입장에서 상기 거래와 관련된 일자별 회계처리를 나타내시오.
2. 당기 매출원가를 계산하는 과정과 매출총이익만을 표시하는 부분포괄손익계산서를 작성하시오.

해답

1. 일자별 회계처리

일 자	한가람상사				가라뫼상사			
4. 1.	매 입		300,000		– 분개 없음 –			
		현 금		300,000				
7. 1.	– 분개 없음 –				– 분개 없음 –			
10. 1.	매출채권		280,000		매 입		280,000	
		매 출		280,000		매입채무		280,000
11. 1.	현 금		280,000		매입채무		280,000	
		매출채권		280,000		현 금		280,000

2. 부분포괄손익계산서

(1) 결산분개

	차변	금액		대변	금액
① (차)	매출원가	50,000	(대)	상품(기초)	50,000
	매출원가	300,000		매 입	300,000
	상품(기말)	100,000*		매출원가	100,000

* 창고재고

	차변	금액		대변	금액
② (차)	상품(기말)	50,000	(대)	매출원가	50,000

* ₩70,000×₩250,000/₩350,000=₩50,000

(2) 부분포괄손익계산서

매 출 액		₩280,000
매출원가		200,000
기초상품재고액	₩50,000	
당기상품매입액	300,000	
기말상품재고액	(150,000)	
매출총이익		₩80,000

상기 예제에서 결산일 현재 창고재고금액이 ₩100,000이라면 시용매출 이외의 다른 판매는 없었다는 것이며 재무상태표상 재고자산은 창고재고뿐만 아니라 미판매된 시송품 원가를 포함하여야 한다. 미판매된 시송품매가 ₩70,000(=100개×₩700)을 시송당시 원가율(₩250,000/₩350,000)의 비율로 환산하여 시송품원가를 계산한다.

5 수익회계기준서

수익인식과 관련하여 新수익회계기준서 K-IFRS 제1115호(고객과의 계약에서 생기는 수익)가 제정되어 있으며 상장법인 등 K-IFRS 적용기업은 2018년 1월 1일부터 이를 의무적용하여야 하며 조기 적용[3]이 가능하다. 새로운 수익인식기준서의 변동개요와 핵심원칙 및 기존 기준서와의 비교를 설명하기로 한다.

1) 변동개요

현행 수익 기준서와 새로운 수익 기준서의 변동개요는 다음과 같다.

현행 수익 기준서		새로운 수익 기준서
제1018호「수익」 제1011호「건설계약」 제2013호「수익 : 광고용역의 교환거래」 제2113호「고객충성제도」 제2115호「부동산건설약정」 제2118호「고객으로부터의 자산이전」	→	제1115호「고객과의 계약에서 생기는 수익」

거래 유형별로 수익인식기준을 각각 제시하고 있는 현행 수익회계기준서와 달리, K-IFRS 제1115호는 고객과의 모든 유형의 계약에 공통으로 적용되는 단일의 수익인식모형을 도입하였다. 새로운 수익 기준서는 유형이 언급되지 아니한 거래까지 포괄적으로 적용할 수 있어 재무제표의 비교가능성과 수익인식의 일관성을 제고하였다.

2) 핵심 원칙

새로운 수익 기준서는 고객과의 계약에서 생기는 수익 및 현금흐름의 특성, 금액, 시기, 불확실성에 대한 유용한 정보를 재무제표 이용자들에게 보고하기 위하여 적용할 원칙을 정한다. 이를 위한 핵심 원칙은 다음과 같다.

새로운 수익기준서의 핵심 원칙

고객에게 약속한 재화나 용역을 이전하고 그 대가로 받을 권리가 예상되는 금액으로 수익을 인식

3) 新수익인식기준서의 적용으로 이 장의 설명은 달라지는 것이 없으나 개정의 이해를 돕기 위해 기준서를 간략히 소개하고자 한다. 참고문헌 "쉽게 이해하는 신수익회계기준"(2017.12월, 금융감독원 회계제도실)

핵심원칙에 따라 수익을 인식하기 위해서는 5단계 수익인식모형을 적용하여야 한다.

❙ 새로운 수익회계기준서(K-IFRS 제1115호) : 5단계 수익인식모형 ❙

① 계약식별 → ② 수행의무식별 → ③ 거래가격산정 → ④ 거래가격을 수행의무에 배분 → ⑤ 수행의무 이행시 수익인식

5단계 수익인식모형에 따르면 고객과의 계약을 식별(1단계)한 이후, 해당 계약에 포함된 수행의무(고객에게 재화나 용역을 이전하는 약속)를 식별(2단계)한다.

다음으로 약속한 재화나 용역의 이전 대가로 받을 권리가 예상되는 금액으로 거래가격을 산정(3단계)하며, 계약에서 약속한 각 구별되는 재화나 용역의 상대적 개별 판매가격을 기준으로 계약 내 수행의무에 거래가격을 배분(4단계)한다.

마지막으로, 기업이 약속한 재화나 용역을 고객에게 이전하여 수행의무를 이행할 때(또는 기간에 걸쳐 이행하는 대로) 수행의무에 배분된 금액을 수익으로 인식한다.

3) 현행 기준서와 새로운 기준서의 비교

수익 관련 회계처리의 핵심이 되는 적용 범위, 수익 인식 금액 및 시기의 측면에서 현행 수익회계기준서와 새로운 수익회계기준서의 주요 차이점을 비교하면 다음과 같다.

❙ 현행 수익회계기준서 vs. 새로운 수익회계기준서 비교 ❙

구분	현행 수익회계기준서	새로운 수익회계기준서
적용 범위	• 거래나 사건*에서 발생하는 수익** * 재화의 판매, 용역의 제공, 건설계약, 이자·로열티·배당수익을 창출하는 기업자산에 대한 타인의 사용 ** 리스계약, 보험계약, 금융자산·부채의 공정가치 변동 등에서 발생하는 수익은 제외	• 계약 상대방이 고객*인 계약** * 기업의 통상적인 활동의 산출물을 대가와 교환하기로 그 기업과 계약한 당사자 ** 리스계약, 보험계약, 금융상품, 비화폐성 교환 등 일부 계약은 제외
수익 금액	• 받았거나 받을 대가의 공정가치* * 시장참여자 간 정상거래에서 자산 매도 시 받거나 부채 이전 시 지급하게 될 가격	• 수행의무에 배분된 거래가격* * 약속한 재화나 용역의 이전 대가로 받을 권리를 갖게 될 것으로 예상하는 금액
수익 인식 시기	• 수행의무에 배분된 거래가격* * 약속한 재화나 용역의 이전 대가로 받을 권리를 갖게 될 것으로 예상하는 금액	모든 유형의 계약에 적용 • 고객이 재화나 용역을 통제하게 될 때(기업의 수행의무 이행 시)* * 통제 이전 지표의 예 : 지급청구권, 법적 소유권, 물리적 점유, 유의적인 위험과 보상, 자산 인수 등

01 매입채무를 매입처에 약속한 기일보다 빨리 지급함으로써 매입채무에서 일정액을 할인받는 경우 관련 있는 항목은?

① 매입환출 ② 매입할인 ③ 매출에누리 ④ 매입에누리

02 상품 ₩500,000을 외상으로 매입하고 인수운임 ₩30,000을 현금으로 지급하였다. 이 거래의 분개로 올바른 것은?

	차변	금액	대변	금액
①	(차) 매　　입	500,000	(대) 매입채무	500,000
	운 반 비	30,000	현　　금	30,000
②	(차) 매　　입	530,000	(대) 매입채무	500,000
			현　　금	30,000
③	(차) 매　　입	500,000	(대) 매입채무	500,000
	매입할인	30,000	현　　금	30,000
④	(차) 매　　입	530,000	(대) 매입채무	530,000
	운 반 비	30,000	현　　금	30,000

03 판매한 상품이 주문한 상품과 품질상의 차이가 있어 값을 깎아주었을 경우 관련 있는 항목은?

① 매출환입 ② 매출할인 ③ 매출에누리 ④ 매입에누리

04 제품을 ₩1,500,000에 외상판매하면서 30일 이내에 대금을 지급하면 5%를 할인해 주기로 하였다. 이후 판매대금의 60%를 30일 이내에 받고 나머지는 30일 초과하여 받았다면 순매출액은 얼마인가?

① ₩1,500,000 ② ₩900,000 ③ ₩1,455,000 ④ ₩855,000

05 다음 자료를 이용하여 당기 매출액을 계산하면 얼마인가?

기초상품재고액	₩100,000	기말상품재고액	₩150,000
당기상품매입액	870,000	매출총이익	90,000

① ₩820,000 ② ₩910,000 ③ ₩730,000 ④ ₩1,100,000

06 다음 자료에 의하여 기말상품재고액을 계산하면 얼마인가?

기초상품재고액	₩400,000	당기상품총매입액	₩2,630,000
매입에누리	70,000	매출원가	2,350,000

① ₩570,000 ② ₩730,000 ③ ₩610,000 ④ ₩690,000

07 다음 중 재고자산에 대한 설명으로 가장 옳지 않은 것은?

① 재고자산 매입시 발생하는 매입부대비용은 취득원가에 가산한다.

② 재고자산의 감모손실은 정상감모손실과 비정상감모손실로 구분한다.

③ 평균법은 기초재고자산과 당기매입한 상품에 대해 평균단위당 원가를 구하여 기말재고자산과 매출원가를 구하는 것이다.

④ 재고수량의 결정방법 중 계속기록법을 적용하면 기말재고자산 수량이 정확하게 계산되고 실지재고조사법을 적용하면 매출수량이 정확하게 계산된다.

08 다음의 외상매출 자료에서 매출채권 기말잔액은 얼마인가? 단, 모든 거래는 외상거래로 가정한다.

기초잔액	₩120,000	총매출액	₩1,600,000
현금회수액	1,460,000	매출환입	50,000

① ₩210,000 ② ₩130,000 ③ ₩110,000 ④ ₩170,000

09 다음 중 매출원가의 계산에 영향을 미치지 않는 것은?

① 상품 매입운반비 ② 매출환입 및 에누리 ③ 매입환출 및 에누리 ④ 당기상품 외상매입액

10 매출·매입의 상세한 내역은 매출장·매입장에 기록된다. 아울러 상품재고장에 관련 정보를 동시에 기록하게 되는데, 다음 중 상품재고장에 기록하지 않는 것은 어느 것인가?

① 매입환출 ② 매입에누리 ③ 매출환입 ④ 매출에누리

11 다음 중 재고자산으로 분류할 수 없는 것은?

① 조선업체인 ㈜현대중공업이 주문을 받아 생산 중인 선박
② 닭사육·가공업체인 ㈜하림이 사육 중인 닭
③ 카지노업체인 ㈜강원랜드가 구입한 게임용 기계
④ ㈜삼성건설이 분양을 위하여 공사 중인 주상복합아파트

12 재고자산의 단가결정방법으로서 실물흐름에 따르며 수익과 비용의 대응이 가장 정확하게 이루어지는 방법은?

① 개별법 ② 선입선출법 ③ 후입선출법 ④ 평균법

13 다음 중 K-IFRS에서 인정하는 재고자산 단가결정방법이 아닌 것은?

① 총평균법 ② 후입선출법 ③ 선입선출법 ④ 이동평균법

14 다음은 대일상사의 12월 상품재고장이다. 재고자산평가방법으로 총평균법을 사용할 때, 12월 매출총이익은 얼마인가?

항 목	단 가(원)	수 량(개)	금 액(원)
기초재고	200	500	100,000
매 입	200	300	60,000
매 출	300	500	150,000
매 입	200	400	80,000
매 출	300	100	30,000

① ₩50,000 ② ₩60,000 ③ ₩70,000 ④ ₩80,000

15 기업은 일반적으로 원가흐름의 가정에 따라 매출원가와 기말재고를 파악한다. ㉠최근의 시가에 가장 가까운 가액으로 기말재고를 보고하는 방법과 ㉡최근의 시가에 가장 가까운 가액으로 매출원가를 보고하는 방법을 각각 바르게 연결한 것은?

	㉠	㉡
①	후입선출법	선입선출법
②	선입선출법	후입선출법
③	이동평균법	후입선출법
④	선입선출법	총평균법

16 시용판매 회계처리에 대한 다음 설명 중 올바른 것은?

① 판매자는 창고에 보관중인 재고자산뿐만 아니라 미판매된 시송품의 매가를 기말재고에 포함시켜야 한다.
② 구매자가 매입의사를 표시함으로써 판매계약이 성립된다.
③ 판매자는 상품이 구매자에게 인도되는 시점에 수익을 인식하여야 한다.
④ 구매자는 시송시점에 자산취득에 대한 회계처리를 하여야 한다.

17 충정상사는 자사 상품에 대하여 이현상사와 위탁판매계약을 체결하였으며 당기 중 거래내역은 다음과 같다.

> 원가 ₩500,000인 상품을 적송하였으며 적송운임 ₩50,000을 지급하다.
> 적송품 중 80%가 ₩650,000에 판매되었고 수탁수수료는 매출액의 10%이다.

다음 설명 중 옳지 않은 것은?

① 충정상사가 인식할 매출액은 ₩650,000이다.
② 수탁수수료 ₩65,000은 매출시점에 비용으로 인식한다.
③ 매출액에 대응하는 매출원가는 ₩440,000이다.
④ 미판매된 적송품 원가 ₩100,000은 충정상사의 재고자산에 포함된다.

18 시용판매 회계처리에 대한 다음 설명 중 올바른 것은?

① 판매자는 창고에 보관중인 재고자산뿐만 아니라 미판매된 시송품의 매가를 기말재고에 포함시켜야 한다.
② 구매자가 매입의사를 표시함으로써 판매계약이 성립된다.
③ 판매자는 상품이 구매자에게 인도되는 시점에 수익을 인식하여야 한다.
④ 구매자는 시송시점에 자산취득에 대한 회계처리를 하여야 한다.

해 답 **상품매매거래와 재고자산**

01. ②	02. ②	03. ③	04. ③	05. ②	06. ③	07. ④	08. ①	09. ②	10. ④
11. ③	12. ①	13. ②	14. ②	15. ②	16. ②	17. ④	18. ②		

해설

01. 구매자가 매입대금을 일정기간 이내 지급할 경우 총지급액에서 감액받는 것을 매입할인이라고 한다.

02. 구매자가 부담하는 매입운임은 매입에 가산하고 상품대금은 매입채무의 증가, 매입운임은 현금의 감소로 회계처리한다.

03. 상품을 판매한 후 상품의 파손이나 결함이 발견되어 당초의 판매가격에서 차감하는 것을 매출에누리라고 한다.

04.

총매출액	₩1,500,000	
매출할인	(45,000)	(=₩1,500,000×60%×5%)
순매출액	₩1,455,000	

05. 매출원가=₩100,000+₩870,000−₩150,000=₩820,000
매 출 액=매출원가+매출총이익=₩820,000+₩90,000=₩910,000

06. 기말상품재고액을 X라 하면,
₩400,000+(₩2,630,000−₩70,000)−X=₩2,350,000
X=₩610,000

07. 매출원가의 계산요소는 기초상품재고액, 당기상품매입액(매입에누리, 매입환출 및 매입할인 포함) 및 기말상품재고액이다. 매출액은 이와 무관하다.

08.

매출채권

기초잔액	120,000	현　　금	1,460,000
매 출 액	1,600,000	매출환입	50,000
		기말잔액	?
계	1,720,000	계	1,720,000

매출채권 기말잔액=₩210,000

09. 매출환입 및 에누리는 순매출액 계산시 사용한다.

10. 상품재고장은 매입계정의 모든 변동항목과 수량에 영향을 미치는 매출거래를 기록한다. 매입차감항목(매입에누리, 매입환출 및 매입할인)은 상품재고장에 모두 기록하지만 매출차감항목은 매출환입만 기록한다. 매출에누리와 매출할인은 재고자산의 수량에 영향을 주지 않으므로 기록할 수 없다.

11. 게임용 기계는 판매목적이 아니라 사용목적으로 보유하는 자산이므로 '유형자산'에 해당한다.

12. 실물흐름에 따른 단가결정방법은 개별법이며 다른 방법(평균법, 선입선출법, 후입선출법 등)은 원가흐름의 가정을 적용한 것이다.

13. K-IFRS에서는 재고자산의 단가결정방법으로 개별법, 선입선출법, 총평균법, 이동평균법을 열거하고 있으며 후입선출법은 인정하지 않는다.

14. • 총평균단가=당월판매가능상품의 원가/판매가능상품의 수량
(₩100,000+₩60,000+₩80,000)/(500+300+400)=₩240,000/1200
=₩200
• 12월의 매출총이익 : 매출액(600개×₩300)−매출원가(600개×₩200)=₩60,000

15. 후입선출법이 매출원가를 가장 크게 보고하고 선입선출법이 가장 작게 보고하며 이동평균법은 두 결과의 사이에 있다.

16. 기말재고자산 금액이 크게 나타나려면 가장 최근에 구입한 재고단가를 적용하는 선입선출법이 이에 해당하고, 가장 오래전의 단가를 적용하는 후입선출법은 가장 작게 나타난다. 평균법은 선입선출법과 후입선출법의 사이에 결정되며, 이동평균법은 최근 구입단가의 영향을 더 받아 총평균법보다 기말재고자산 금액이 크거나 같다.

17. 미판매된 적송품 원가는 ₩110,000(=(₩500,000+₩50,000)×20%)이다. 적송운임을 포함한 적송품 총원가 중 미판매비율로 계산하여야 한다.

18. ① 판매자는 미판매된 시송품의 '원가'를 기말재고에 포함시켜야 한다.
③ 판매자는 구매자가 매입의사를 표시한 시점에 수익을 인식하여야 한다.
④ 구매자는 자신이 매입의사를 표시한 시점에 자산취득 회계처리를 한다.

2025
알기쉬운 회계실무
accounting

PART 08

유형자산과 무형자산

“유형자산과 무형자산은 기업의 영업활동에
장기간 사용할 목적으로 보유하는 실물자산과 무형의 권리이다.”

1 유형자산의 의의

유형자산(tangible assets)이란 재화의 생산, 용역의 제공, 타인에 대한 임대 또는 자체적 사용을 목적으로 보유하는 물리적 실체가 있는 자산으로 1년을 초과하여 사용할 것이 예상되는 자산을 말한다. 유형자산의 예로는 종업원이 업무를 수행하는 장소인 토지와 건물, 재고자산을 생산하는 수단인 기계장치, 재고자산을 운반하기 위한 차량운반구 등을 들 수 있다.

유형자산의 과목은 다음과 같다.

계정과목

- **토지** : 대지·임야·전답·잡종지 등
- **건물** : 건물과 냉난방·전기·통신 및 기타의 건물부속설비 등
- **구축물** : 교량·궤도·정원설비 및 기타의 토목설비 또는 공작물 등
- **기계장치** : 기계장치·운송설비(콘베어·호이스트·기중기 등)와 기타의 부속설비
- **건설중인 자산** : 유형자산의 건설을 위한 재료비·노무비 및 경비로 하되, 건설을 위하여 지출한 도급금액 등을 포함한다.
- **기타의 유형자산** : 차량운반구, 선박, 비품, 공기구 등 위의 항목 이외의 유형자산

2 유형자산 취득원가의 결정

유형자산을 취득하면 취득원가(또는 역사적원가)로 기록하여야 한다. 취득원가는 자산을 취득할 때 지급한 현금 또는 기타 지급대가의 공정가치이므로 객관적이고 검증가능하며 취득당시 유형자산의 공정가치에 가장 가까운 금액이다. 유형자산은 취득원가를 기록한 후 사용기간 동안 특별한 사유가 없는 한 공정가치가 변동하더라도 수정하지 않으므로 취득원가를 결정하는 문제가 중요한 문제이다.

외부구입, 자가건설, 일괄구입, 무상취득으로 구분하여 취득형태별 취득원가의 결정문제를 살펴보기로 한다.

1) 외부구입

유형자산을 외부에서 구입하는 경우 취득원가는 매입가액에 부대비용을 가산한 금액으로 한다. 취득원가는 자산을 취득할 때 지불하는 현금 또는 제공한 재화나 용역의 현금등가액을 말하며 당해 자산이 사용가능 상태에 이르기까지 소요된 취득부대비용을 가산하여야 한다.

부대비용을 취득원가에 가산하는 것은 수익·비용대응의 원칙에 근거를 두고 있다. 취득완료시점 이전에 발생한 비용은 자산원가에 가산하였다가 수익이 발생하는 기간에 비용(감가상각비 등)으로 인식하기 위한 것이다. 부대비용은 자산의 속성에 따라 다양하게 나타난다.

토지의 경우 중개수수료, 등기수수료, 취득세·등록세 등의 제세금, 토지구획정리 및 정지비용(整地費用) 등이 부대비용에 해당한다. 기계장치의 경우 운반비, 하역비, 보관비용, 등록비용, 설치비용 및 시운전비용 등이 부대비용에 해당한다.

예제 01 **취득원가의 결정(1)**

다음 거래를 분개하시오.

2월 1일 토지를 구입하고 구입대금 ₩2,000,000은 3개월 만기 약속어음으로 발행하고 중개수수료 ₩10,000과 등기수수료 및 제세금 ₩120,000은 현금으로 지급하다.

2월 10일 상기 토지에 대한 토지정지비 ₩150,000은 현금으로 지급하다.

4월 8일 기계장치를 ₩1,000,000에 구입하고 운반비·설치비 등 ₩100,000과 함께 수표를 발행하다.

4월 15일 상기 기계장치의 등록비용 ₩60,000과 시운전비 ₩80,000을 현금으로 지급하다.

해답

일 자	회계처리				
2월 1일	(차) 토 지	2,130,000	(대)	미지급금	2,000,000
				현 금	130,000
2월 10일	(차) 토 지	150,000	(대)	현 금	150,000
4월 8일	(차) 기계장치	1,100,000	(대)	당좌예금	1,100,000
4월 15일	(차) 기계장치	140,000	(대)	현 금	140,000

2) 자가건설

건물, 기계장치 등을 직접 건설 또는 제작하는 경우 취득원가는 제작원가에 부대비용을 가산한 금액으로 한다. 또한, 유형자산의 건설 등을 위한 재료비·노무비·경비와 건설을 위하여 지출한 도급금액 등을 '건설중인자산'이라는 과목으로 계상한다. 건설중인자산은 유형자산의 건설이 완료되면 건물 등의 계정으로 대체하여야 한다.

① 공사비지출

(차) 건설중인자산	×××	(대) 현 금	×××

② 공사완료 시점

(차) 건 물	×××	(대) 건설중인자산	×××

모든 유형자산은 보유기간 중 감가상각하는 것이 원칙이지만 토지와 건설중인자산은 예외이다. 토지는 사용기간 중 경제적효익이 감소하지 않아 감가상각하지 않는 반면, 건설중인자산은 아직 수익이 발생하지 아니하므로 감가상각을 하지 아니한다. 즉 건설중인자산은 수익비용의 합리적인 대응을 위하여 감가상각을 보류하는 것이므로 건설이 완료되면 건물 등으로 계정대체하고 감가상각을 시작하여야 한다.

예제 02 취득원가의 결정(2)

다음 거래를 분개하시오.

5월 20일 건물을 건설하기로 하고 공사비계약금 ₩1,500,000을 현금으로 지급하다.

6월 30일 상기 건물에 대한 공사가 완료되어 잔금 ₩1,500,000을 현금으로 지급하다.

해답

일 자	회 계 처 리			
5월 20일	(차) 건설중인자산	1,500,000	(대) 현 금	1,500,000
6월 30일	① (차) 건설중인자산	1,500,000	(대) 현 금	1,500,000
	② (차) 건 물	3,000,000	(대) 건설중인자산	3,000,000

3) 일괄구입

일괄구입(lump-sum acquisition)이란 여러 종류의 유형자산을 동시에 구입하고 대금을 일괄지급한 경우를 말한다. 일괄구입한 자산의 취득원가는 일괄구입대금을 취득한 자산들의 상대적 공정가치에 비례하여 배분된 금액으로 계상하여야 한다.

토지와 건물은 개별적으로 거래될 수 없는 대표적인 일괄구입자산이며 토지와 건물의 취득원가를 결정하는 문제는 특히 중요하다. 토지는 감가상각대상이 아니지만 건물은 감가상각대상이므로 배분결과가 기간손익에 영향을 미칠 수 있기 때문이다.

예를 들어, 건물이 세워진 토지를 ₩800,000에 당좌수표를 발행하여 일괄구입하였고 구입 당시 공정가치가 각각 토지 ₩360,000, 건물 ₩540,000이라면 회계처리는 다음과 같다.

(차)	토　　지	320,000	(대) 당좌예금	800,000
	건　　물	480,000		

* 토지 취득원가　₩800,000×₩360,000/(₩360,000+₩540,000)=₩320,000
　건물 취득원가　₩800,000×₩540,000/(₩360,000+₩540,000)=₩480,000

다만, 일괄구입한 토지·건물 중 건물을 사용할 의도가 없는 경우에는 일괄구입한 가격을 전액 토지의 원가로 처리하여야 한다. 이때 건물철거과정에서 철거비용이 발생하면 토지매입부대비용으로 보아 토지원가에 가산한다.

예를 들어, 건물이 세워진 토지를 ₩800,000에 당좌수표를 발행하여 일괄구입하고 구입 즉시 건물을 철거하여 철거비용 ₩30,000을 현금지급하였다면 회계처리는 다음과 같다.

(차)	토　　지	830,000	(대) 당좌예금	800,000
			현　　금	30,000

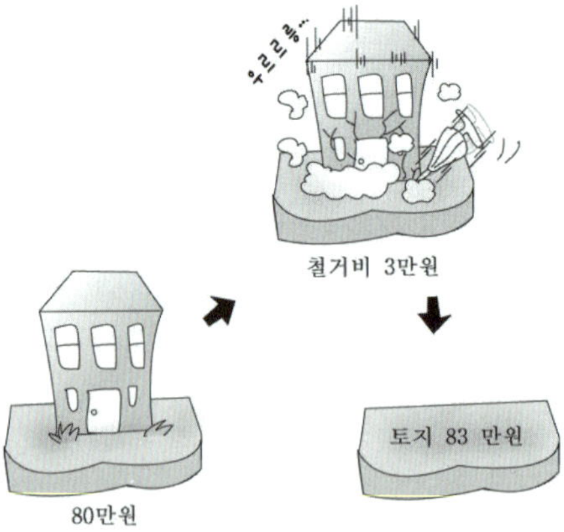

4) 무상취득

유형자산을 무상으로 취득하는 경우에는 공정가치를 취득원가로 기록하고 이를 자산수증이익으로 인식한다.

예를 들어, 공정가치 ₩500,000인 토지를 대주주로부터 무상으로 증여받은 경우 회계처리는 다음과 같다.

(차) 토 지	500,000	(대) 자산수증이익	500,000

무상취득의 경우 지불하는 대가가 없으므로 역사적원가는 영(0)이며 역사적원가로 기록할 경우 자산을 인식할 수 없다. 경제적효익이 있는 자산을 취득하고도 이를 기록하지 아니하는 것은 경제적 실질을 왜곡하는 것이므로 임의의 금액을 자산의 취득원가로 기록하여야 한다. 그러나 임의의 금액을 자산의 취득원가로 기록하면 정보의 신뢰성이 저하되므로 취득한 자산의 공정가치를 취득원가로 기록하는 것이다. 또한, 동 금액을 자산수증이익으로 하여 당기이익에 반영한다.

자산을 취득하는 과정에 이익을 인식하는 것은 수익인식의 원칙에 어긋나지만 무상취득의 경우에만 특별히 예외로 인정한다.

3 유형자산 후속원가

후속원가란 유형자산을 취득하여 사용하는 과정에서 발생한 추가적인 지출을 말하며 자본적지출과 수익적지출로 구분할 수 있다.

자본적지출(capital expenditure)은 자산의 가치를 실질적으로 증가시키거나 내용연수를 연장시키는 비경상적인 지출이다. 자본적지출이 발생하면 자산으로 인식하여야 하며 이러한 지출로는 본래의 용도를 변경하기 위한 개조비용, 엘리베이터·냉난방시설·피난시설 등의 설치비용, 이용가치가 없는 자산에 대한 복구비용 등을 예로 들 수 있다.

수익적지출(revenue expenditure)은 자산의 원상회복이나 능률유지를 위한 경상적인 지출이다. 수익적지출이 발생하면 즉시 비용으로 인식하여야 하며 이러한 지출로는 건물 또는 벽의 도장비용, 파손된 유리·소모된 부속품·벨트의 대체, 자동차의 타이어교체 등을 예로 들 수 있다.

자본적지출과 수익적지출을 명확하게 구분하는 객관적인 기준을 제시하기는 쉽지 않지만 일반적으로 다음의 세 가지 요건 중 하나 또는 하나 이상 충족하는 경우에는 자본적지출로 처리한다.

i) 자산의 내용연수가 연장되는 경우
ii) 자산이 제공하는 경제적효익의 양이 증가하는 경우
iii) 자산이 제공하는 경제적효익의 질이 개선되는 경우

후속원가를 자본적지출로 처리하는 것은 자산과 비용의 인식문제와 밀접한 관련이 있다. 후속원가가 미래경제적효익을 가져올 수 있다면 지출시점에 비용으로 인식하는 것보다는 자산으로 계상하였다가 수익이 발생하는 미래시점에 비용으로 대응시키는 것이 타당하다. 유형자산의 취득 또는 완성 후의 지출이 가장 최근에 평가된 성능수준을 초과하여 미래경제적효익을 증가시키는 경우 자본적지출로 처리하여야 한다.

자본적지출과 수익적지출의 구분은 지출의 성격과 거래의 중요성 등에 따라 결정하여야 하고 구분기준을 합리적으로 설정하여 이를 일관성 있게 적용하는 것이 중요하다.

예제 03 후속원가

다음 거래를 분개하시오.

4월 15일 사용 중인 건물의 내진(耐震) 및 방수공사를 하는데 ₩500,000을 현금으로 지급하다. 공사로 인하여 건물의 내용연수는 2년 연장될 것으로 예상된다.

6월 8일 건물의 내부 페인트칠과 파손유리대체에 ₩200,000을 수표로 발행하다.

9월 16일 기계장치의 출력향상을 위한 부품교체비용 ₩300,000과 소모성부속품 교체비용 ₩150,000을 현금으로 지급하다.

해답

일 자	회 계 처 리			
4월 15일	(차) 건　　물	500,000	(대) 현　　금	500,000
6월 8일	(차) 수선유지비	200,000	(대) 당좌예금	200,000
9월 16일	(차) 기계장치	300,000	(대) 현　　금	450,000
	수선유지비	150,000		

건물의 내용연수가 연장되는 지출은 자본적지출에 해당하고 내부 페인트칠 및 파손유리대체비용은 수익적지출로 보는 것이 타당하다. 또한, 기계장치의 출력향상을 위한 부품교체비용은 미래경제적효익을 증가시키는 지출로 보아 자본적지출로 처리하고, 소모성부속품 교체비용은 능률유지를 위한 지출이므로 수익적지출로 처리한다.

4 감가상각

1) 감가상각의 3요소

감가상각비를 계산하기 위해서는 감가기초가액, 내용연수, 감가상각방법을 결정하여야 한다. 이를 감가상각의 3요소라 하며 구체적으로 설명하면 다음과 같다.

(1) 감가기초가액

감가기초가액(depreciable base)이란 유형자산의 취득원가에서 내용연수 종료시점의 잔존가액을 차감한 금액을 말한다. 자산의 내용연수 동안 인식하여야 할 감가상각비의 합계이기도 하며 감가상각기준액, 감가상각대상금액이라고도 한다.

(2) 내용연수

내용연수(service lives)란 자산의 예상사용기간 또는 자산으로부터 획득할 수 있는 생산량이나 이와 유사한 단위를 말한다. 내용연수는 경제적 내용연수를 의미하며 이를 결정하기 위해서는 물리적 요소와 경제적 요소가 모두 고려되어야 한다.

물리적 요소는 자산의 사용이나 시간의 경과에 따라 손상되거나 파손되는 것을 말한다. 자산이 손상되거나 파손되면 자산을 사용할 수 없으므로 물리적 요소는 내용연수를 결정하는 기본적인 요인이지만 이외의 요인으로 사용가치가 하락하는 것이 일반적이므로 물리적 수명은 내용연수의 상한선이라 할 수 있다.

경제적 요소는 신제품이나 신기술의 발달 또는 경제적 환경의 변화에 따라 자산의 물리적인 수명에도 불구하고 가치가 감소하는 것을 말한다.

물리적 요소와 경제적 요소를 종합적으로 검토하여 경제적 내용연수를 결정한다.

(3) 감가상각방법의 구분

감가상각방법을 분석관점에 따라 구분하면 다음과 같다.

i) **투입 및 산출기준** – 작업시간비례법, 생산량비례법
ii) **시간경과기준**
- 정액법
- 가속상각법 – 연수합계법, 정률법, 이중체감법

K-IFRS에서는 정액법, 연수합계법, 정률법, 생산량비례법 등 합리적인 방법에 의하여 감가상각하여야 한다고 규정하고 있다. 어떠한 감가상각방법이라 할지라도 그 방법이 합리적이라고 인정되면 허용될 수 있다는 것을 의미한다.

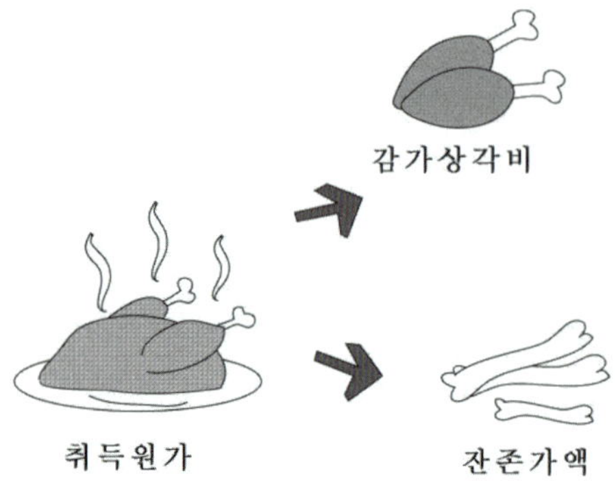

2) 감가상각비 계산방법

(1) 작업시간비례법

작업시간비례법은 감가상각의 원인이 자산의 사용량과 비례적인 관계에 있다는 가정하에 그 작업시간에 의하여 감가상각비를 계산하는 방법이다. 이 방법은 자산에 대한 작업시간을 일정한 단위로 측정할 수 있고 총작업시간을 추정할 수 있으며 자산의 가치감소가 물리적인 사용과 밀접한 관계를 가지고 있는 경우에 적용하는 것이 타당하다.

$$\text{감가상각비} = \text{감가기초가액} \times \frac{\text{실제작업시간}}{\text{총작업시간}}$$

(2) 생산량비례법

생산량비례법은 감가상각의 원인이 자산의 생산량과 비례적인 관계에 있다는 가정하에 그 생산량에 의하여 감가상각비를 계산하는 방법이다. 이 방법은 자산의 생산량을 일정한 단위로 측정할 수 있고 총생산량을 추정할 수 있으며 자산의 가치감소가 생산량과 밀접한 관계를 가지고 있는 경우에 적용하는 것이 타당하다.

$$\text{감가상각비} = \text{감가기초가액} \times \frac{\text{실제생산량}}{\text{총생산량}}$$

예제 04

작업시간비례법과 생산량비례법

하나상사는 기계장치를 당기초 ₩400,000에 취득하였다. 취득당시 내용연수 3년, 3년 후 잔존가액 ₩40,000으로 추정된다. 취득 이후 3년간 기계장치의 실제작업시간과 생산량에 관한 정보는 다음과 같다.

	작업시간	생산량
1차연도	4,000시간	450단위
2차연도	2,500	240
3차연도	3,500	310
계	10,000시간	1,000단위

요구사항 ▼ 작업시간비례법과 생산량비례법을 각각 적용하는 경우 하나상사가 인식하여야 할 연도별 감가상각비를 계산하시오.

해답

1. 작업시간비례법

1차연도	(₩400,000−₩40,000)×4,000시간/10,000시간=	₩144,000
2차연도	(₩400,000−₩40,000)×2,500시간/10,000시간=	90,000
3차연도	(₩400,000−₩40,000)×3,500시간/10,000시간=	126,000
계		₩360,000

2. 생산량비례법

1차연도	(₩400,000−₩40,000)×450단위/1,000단위=	₩162,000
2차연도	(₩400,000−₩40,000)×240단위/1,000단위=	86,400
3차연도	(₩400,000−₩40,000)×310단위/1,000단위=	111,600
계		₩360,000

(3) 정액법

정액법은 자산의 내용연수 동안 감가상각비를 매 회계기간 일정하게 인식하는 방법이다. 감가상각비는 감가기초가액을 내용연수로 나누어 계산한다.

$$감가상각비 = 감가기초가액 \times \frac{1}{내용연수(n)}$$

예제 05 **정액법**

하나상사는 기계장치를 당기초 ₩400,000에 취득하였다. 취득당시 내용연수 3년, 3년 후 잔존가액 ₩40,000으로 추정된다.

요구사항 ▼ 정액법을 적용하는 경우 하나상사가 인식하여야 할 연도별 감가상각비를 계산하시오.

해답

1차연도	(₩400,000－₩40,000)×1/3＝	₩120,000
2차연도	(₩400,000－₩40,000)×1/3＝	120,000
3차연도	(₩400,000－₩40,000)×1/3＝	120,000
계		₩360,000

(4) 연수합계법

연수합계법(sum-of-the-years'-digits method)은 감가기초가액에 시간의 경과에 따라 체감하는 상각률을 적용하여 감가상각비를 계산하는 방법이다. 상각률은 각 기초시점 현재 잔여내용연수를 그 합계로 나눈 비율이다.

$$\text{감가상각비} = \text{감가기초가액} \times \frac{\text{잔여내용연수}(n, n-1, \cdots, 2, 1)}{\text{내용연수의 합}(n(n+1)/2)}$$

내용연수 3년인 경우 각 연도별 상각률과 감가상각비의 상대적 크기는 다음과 같다.

$$1\text{차연도} : 2\text{차연도} : 3\text{차연도} = \frac{3}{3+2+1} : \frac{2}{3+2+1} : \frac{1}{3+2+1} : 3:2:1$$

예제 06 **연수합계법**

하나상사는 기계장치를 당기초 ₩400,000에 취득하였다. 취득당시 내용연수 3년, 3년 후 잔존가액 ₩40,000으로 추정된다.

요구사항 ▼ 연수합계법을 적용하는 경우 하나상사가 인식하여야 할 연도별 감가상각비를 계산하시오.

해답

1차연도	(₩400,000−₩40,000)×3/(3+2+1)=	₩180,000
2차연도	(₩400,000−₩40,000)×2/(3+2+1)=	120,000
3차연도	(₩400,000−₩40,000)×1/(3+2+1)=	60,000
계		₩360,000

(5) 정률법

정률법(fixed−percentage−of−declining balance method)은 유형자산의 기초장부금액(=취득원가−기초감가상각누계액)에 일정한 상각률을 적용하여 감가상각비를 계산하는 방법이다. 상각률은 내용 $\left\{1-\sqrt[n]{\frac{\text{잔존가액}}{\text{취득원가}}}\right\}$ 연수종료 시점에 장부금액이 잔존가액과 일치하도록 수학적인 계산과정을 통해 산출한 것이다.

$$\text{감가상각비} = \text{기초장부금액} \times \left\{1-\sqrt[n]{\frac{\text{잔존가액}}{\text{취득원가}}}\right\}$$

예제 07 정률법

하나상사는 기계장치를 당기초 ₩400,000에 취득하였다. 취득당시 내용연수 3년, 3년 후 잔존가액 ₩40,000으로 추정된다.

요구사항 정률법을 적용하는 경우 하나상사가 인식하여야 할 연도별 감가상각비를 계산하시오.

해답

1차연도	₩400,000×0.536*	=	₩214,400
2차연도	(₩400,000−₩214,400)×0.536	=	99,482
3차연도	(₩400,000−₩313,882)×0.536	=	46,118 (단수차이조정)
계			₩360,000

* $1-\sqrt[3]{\frac{40{,}000}{400{,}000}}=0.536$

08 유형자산과 무형자산

(6) 이중체감법

이중체감법(double－declining balance method)은 정률법과 마찬가지로 유형자산의 기초장부금액에 일정한 상각률을 적용하여 감가상각비를 계산하는 방법이며 상각률은 정률법에 의한 상각률보다 항상 크게 나타나는 (2/n)를 적용한다.

$$\text{감가상각비} = \text{기초장부금액} \times \frac{2}{\text{내용연수(n)}}$$

이 방법은 정률법보다 가속상각의 효과를 높이기 위하여 개발한 방법일 뿐 수학적 계산 근거는 없으므로 마지막 상각기간에 잔존가액을 제외한 장부금액만을 감가상각비로 계산하는 조정이 필요하다. 상각률이 정액법의 두 배이므로 '정액법의 배법'이라고도 한다.

예제 08 이중체감법

하나상사는 기계장치를 당기초 ₩400,000에 취득하였다. 취득당시 내용연수 3년, 3년 후 잔존가액 ₩40,000으로 추정된다.

요구사항 ▼ 이중체감법을 적용하는 경우 하나상사가 인식하여야 할 연도별 감가상각비를 계산하시오.

해답

1차연도	₩400,000×2/3	=	₩266,667
2차연도	(₩400,000－₩266,667)×2/3	=	88,889
3차연도	(₩400,000－₩355,556)－₩40,000*	=	4,444
계			₩360,000

* 잔존가액

?! 잠깐 감가상각방법은 크게 두 가지이다.

감가상각방법은 정액법 계산구조와 정률법 계산구조로 나눌 수 있다.

정액법 계산구조 : 감가상각비 = 감가기초가액×상각률
정률법 계산구조 : 감가상각비 = 기초장부금액×상각률

정액법 계산구조는 감가기초가액(=취득원가－잔존가액)에 상각률을 곱하여 계산하는 방식이며 정액법, 연수합계법, 작업시간비례법, 생산량비례법이 이에 해당한다. 정률법 계산구조는 기초장부금액(=취득원가-기초감가상각누계액)에 상각률을 곱하여 계산하는 방식이며 정률법과 이중체감법이 이에 해당한다. 모든 감가상각방법의 상각률은 서로 다르지만 상각률에 곱하는 대상은 감가기초가액 또는 기초장부금액이다. 이러한 두 가지 계산구조를 기준으로 각 감가상각방법을 분류하면 계산상의 실수를 줄일 수 있을 것이다.

5 유형자산 재평가모형

유형자산의 공정가치를 신뢰성 있게 측정할 수 있는 경우 재평가모형을 선택하여 주기적으로 공정가치로 재평가할 수 있다. K-IFRS와 일반기업회계기준에서는 각 기업이 원가모형과 재평가모형 중 하나를 회계정책으로 선택할 수 있도록 규정하고 있다. 다만, 중소기업회계기준에서는 유형자산의 재평가를 허용하지 않으며 원가모형만 적용한다.

원가모형에서 유형자산을 취득원가로 최초 인식한 이후 사용기간 중 발생한 감가상각누계액을 차감한 금액을 장부금액으로 하는 것에 비하여 재평가모형에서는 재평가일의 공정가치에서 이후의 감가상각누계액을 차감한 금액을 장부금액으로 한다.

유형자산을 재평가하는 경우 발생하는 재평가증가액 또는 재평가감소액에 대한 회계처리는 다음과 같다.

i) 재평가증가액의 경우
- 재평가로 인하여 증가한 장부금액을 재평가잉여금(기타포괄손익)으로 인식
- 동일 자산에 대하여 기인식한 재평가감소액이 있다면 그 금액을 한도로 재평가증가액만큼 당기손익으로 인식

ii) 재평가감소액의 경우
- 재평가로 인하여 감소한 장부금액을 재평가손실(당기손익)로 인식
- 동일 자산에 대하여 기인식한 재평가잉여금이 있다면 그 금액을 한도로 재평가감소액을 기타포괄손익으로 인식

예를 들어, 장부금액 ₩200,000인 유형자산의 공정가치가 ₩300,000이라면 재평가이익 ₩100,000을 재평가잉여금(기타포괄손익)으로 인식하여 자본에 가산한다. 반대로, 유형자산의 공정가치가 ₩150,000이라면 재평가손실 ₩50,000을 당기손익으로 인식하는 것이다.

유형자산의 재평가 회계처리시 재평가잉여금 등에 대한 상대과목을 어떻게 처리해야 하는지

가 문제된다. K-IFRS에서는 유형자산을 재평할 때 재평가시점의 감가상각누계액은 다음 중 하나의 방법으로 회계처리하도록 규정하고 있다.

(1) 총장부금액에서 기존의 감가상각누계액을 제거하여 자산의 순장부금액이 재평가금액이 되도록 수정하는 방법

(2) 재평가 후 자산의 장부금액이 재평가금액과 일치하도록 감가상각누계액과 총장부금액을 비례적으로 수정하는 방법

위의 두 가지 방법 중 어느 것을 선택하든 재무제표에 미치는 영향에 차이는 없다. 본서에서는 비교적 간단한 첫 번째 방법을 채택하여 회계처리하기로 한다.

예제 09 재평가모형

하나상사는 20X1년 1월 1일 다음과 같은 건물을 보유하고 있으며 동 일자 기준으로 재평가를 실시하기로 하였다.

건　　　물	₩400,000
감가상각누계액	(200,000)
장 부 금 액	₩200,000

요구사항 ▼ 재평가일 현재 공정가치가 ₩300,000인 경우와 ₩150,000인 경우로 나누어 재평가 회계처리를 나타내시오.

해답

(1) 재평가일 현재 공정가치가 ₩300,000인 경우

일 자	회 계 처 리			
20X1.1.1.	(차) 감가상각누계액	100,000	(대) 재 평 가 잉 여 금 (기타포괄손익누계액)	100,000

(2) 재평가일 현재 공정가치가 ₩150,000인 경우

일 자	회 계 처 리			
20X1.1.1.	(차) 재 평 가 손 실 (기타비용)	50,000	(대) 건　　　물	50,000

재평가는 회계기말 자산의 장부금액이 공정가치와 중요하게 차이가 나지 않도록 주기적으로 수행한다. 유의적이고 급격한 공정가치의 변동 때문에 매년 재평가가 필요한 경우도 있고 공정가치의 변동이 경미하여 3년이나 5년마다 재평가하는 것으로 충분한 경우도 있을 것이다.

6 유형자산의 처분

유형자산을 처분하는 경우에 나타나는 문제는 유형자산의 처분손익을 결정하는 문제이다. 유형자산처분손익은 처분가액과 처분되는 유형자산의 장부금액을 비교하여 산출한다.

유형자산처분손익 = 처분가액 − 장부금액
= 처분가액 − {취득원가 − 감가상각누계액}

처분가액은 매각시점의 공정가치이며 장부금액은 취득원가에서 매각시점의 감가상각누계액을 차감한 금액이다. 유형자산을 기중 매각하는 경우 감가상각누계액은 기초감가상각누계액에 처분시점까지의 감가상각비를 가산한 금액을 말한다. 특히 유형자산처분손익을 결정할 때 기초시점부터 처분시점까지의 추가감가상각비를 반드시 고려하여야 한다는 점에 유의하여야 한다.

예제 10 유형자산의 처분

하나상사는 전기 1월 1일 기계장치를 ₩200,000에 취득하였으며 취득당시 기계장치의 내용연수는 5년이고 5년 후 잔존가액은 없는 것으로 추정하였다. 기계장치의 감가상각방법은 정액법이며 당기 1월 1일 현재 기계장치의 장부금액은 다음과 같다.

기 계 장 치	₩200,000	
감가상각누계액	(40,000)	(=₩200,000×1/5)
장 부 금 액	₩160,000	

하나상사는 당기 7월 1일 상기 기계장치를 현금 ₩100,000에 처분하였다.

요구사항 기계장치의 처분시점의 회계처리를 나타내시오.

해답

일 자	회 계 처 리			
7월 1일	① (차) 감 가 상 각 비	20,000	(대) 감가상각누계액	20,000
	* ₩200,000×1/5×6/12=₩20,000			
	② (차) 현 금	100,000	(대) 기 계 장 치	200,000
	감가상각누계액	60,000		
	유형자산처분손실	40,000		

7 무형자산

1) 무형자산의 의의

무형자산(intangible assets)이란 물리적 실체가 없지만 기업이 영업활동에 장기간 사용할 목적으로 취득하여 보유하는 비화폐성자산을 말한다. 기업은 영업활동을 위해 물리적 형태가 없는 과학적·기술적 지식이나 지적재산권 등의 무형자산을 취득·개발하는 데 경제적 자원을 사용하거나 부채를 부담하고 있다. 무형자산의 예로는 영업권, 산업재산권, 라이선스와 프랜차이즈, 저작권, 컴퓨터소프트웨어, 개발비, 임차권리금, 광업권, 어업권 등을 들 수 있다.

2) 영업권

영업권(goodwill)이란 타기업에 비하여 유리한 장점 또는 초과수익력을 말하며 기업의 우수한 경영진, 특유의 제조기법, 오랜 명성, 탁월한 입지조건 등이 종합적으로 결합되어 나타난다. 영업권은 계속기업으로서의 가치이며 기업과 분리될 수 없고 개별적인 요소로 구분하여 측정하는 것이 불가능하므로 자가창설이 인정되지 않는다는 점은 전술한 바와 같다.

영업권은 사업결합에서 지급한 사업결합원가에서 피취득자의 순자산 공정가치를 차감한 금액으로 결정한다.

영업권=사업결합원가−피취득자 순자산공정가치

사업결합원가는 피취득자 순자산의 평가금액이라 할 수 있으며 이 중 식별가능한 순자산공정가치를 초과하여 지급한 금액이 영업권으로 인정된다. 영업권은 피취득자와 별도로 거래되는 자산이 아니라 여러 가지 요인이 복합적으로 결합되어 형성되는 자산이므로 이러한 방식으로 계산하는 것이다.

예제 11 영업권

하나상사는 둘리상사를 매수합병하기로 하였으며 매수시점 현재 둘리상사의 재무상태표는 다음과 같다.

재무상태표

둘리상사 20X1.1.1.

자산	금액	부채·자본	금액
매출채권	₩80,000	매입채무	₩50,000
상품	120,000	차입금	250,000
토지	400,000	자본금	500,000
건물	300,000	이익잉여금	100,000
계	₩900,000	계	₩900,000

하나상사는 사업결합원가 ₩650,000을 현금으로 지급하다.

요구사항 상기 매수합병과정에서 하나상사가 계상하여야 할 영업권에 관련된 회계처리를 나타내시오.

해답

일자	회계처리			
20X1.1.1.	(차) 매출채권	80,000	(대) 매입채무	50,000
	상품	120,000	차입금	250,000
	토지	400,000	현금	650,000
	건물	300,000		
	영업권	50,000*		

* ₩650,000 − ₩600,000 = ₩50,000

합병당시 지급한 사업결합원가와 둘리상사의 자산총계에서 부채총계를 차감한 순자산가액의 차이가 영업권에 해당한다. 사업결합으로 취득한 영업권은 상각하지 않고 매 회계연도마다 손상검사를 하여야 한다.

한편, 사업결합원가가 피취득자 순자산 공정가치에 미달하는 경우에는 사업결합원가와 순자산 공정가치에 대한 측정을 재평가하고 재평가 이후에도 남는 미달금액은 즉시 당기손익으로 인식한다.

3) 개발비

개발비(development costs)란 신제품, 신기술 등의 개발과 관련하여 발생한 비용(소프트웨어 개발과 관련된 비용을 포함한다)으로 개별적으로 식별가능하고 미래의 경제적효익을 확실하게 기대할 수 있는 것을 말한다. 개발비는 개발활동에서 발생한 지출 중에서 자산의 요건을 충족한 것으로 한다.

개발활동 개시 이전의 연구활동에서 발생한 지출은 '연구비'로 분류하고 개발활동에서 발생한 지출이라 하더라도 자산의 요건을 갖추지 못한 것은 '경상개발비'로 분류한다. 연구비와 경상개발비는 관리비 또는 제조원가로 처리할 뿐 자산으로 계상할 수 없다.

예제 12 개발비

하나상사가 연구개발활동에 지출한 다음의 내역에 대하여 분개하시오.

8월 10일 기초연구비용 ₩150,000을 현금으로 지급하다.

9월 24일 신제품 개발비용 ₩200,000을 수표로 발행하다. 개발된 신제품의 상품화는 어려울 것으로 판단된다.

11월 4일 신기술 시험비용 ₩300,000을 현금으로 지급하다. 개발된 신기술은 신제품 생산에 적용하며 매출증가에 기여할 것으로 평가된다.

해답

일 자	회계처리			
8월 10일	(차) 연 구 비	150,000	(대) 현 금	150,000
9월 24일	(차) 경상개발비	200,000	(대) 당좌예금	200,000
11월 4일	(차) 개 발 비	300,000	(대) 현 금	300,000

개발비는 그 내용연수 동안 정액법·생산량비례법 등의 방법에 의하여 상각하여야 한다. 상기 예제에서의 개발비를 결산시점에 생산량비례법에 의해 상각하기로 하고 상각률이 1,000단위/10,000단위(당기생산량 1,000단위, 총생산량 10,000단위)라면 결산시점의 회계처리는 다음과 같다.

일 자	회계처리			
20X1.12.31.	(차) 개발비상각	30,000	(대) 개 발 비 (또는 상각누계액)	30,000

* ₩300,000×1,000/10,000=₩30,000

4) 산업재산권

산업재산권(intellectual proprietary rights)은 일정기간 독점적·배타적으로 이용할 수 있는 권리로서 특허권, 실용신안권, 디자인권, 상표권, 상호권, 상품명 등을 말한다.

산업재산권을 외부에서 구입하는 경우 매입가액에 이를 의도하는 용도에 사용할 수 있을 때까지 소요된 취득부대비용을 가산하여 취득원가를 결정한다. 산업재산권을 자가 창설하는 경우에는 투입된 재료비·노무비·간접비용뿐만 아니라 권리를 등록하는 데 소요된 수수료 및 변리사 보수 등이 취득원가에 포함되어야 한다.

5) 기타의 무형자산

기타의 무형자산으로는 라이선스와 프랜차이즈, 저작권, 컴퓨터소프트웨어, 임차권리금, 광업권, 어업권 등을 열거할 수 있다. 각 항목별 정의는 각각 다음과 같다.

라이선스(license)는 특정권리자(예를 들면 특허권자)가 자신의 권리실시를 희망하는 자와 계약하여 타인에게 허용하는 권리의 실시허락을 말하고, 프랜차이즈(fran-chise)는 특권을 가진 모기업(프랜차이저)이 체인에 참여하는 가맹점에 대하여 독점적 영업권을 부여하는 계약을 말한다.

저작권(copyright)은 문학, 학술, 예술의 범위에 속하는 창작물에 대하여 저작자나 권리승계인이 행사하는 저작물에 대한 배타적·독점적 권리를 말한다.

컴퓨터소프트웨어(computer software)는 컴퓨터프로그램과 그와 관련된 문서들을 총칭하며, 자산인식요건을 충족하는 소프트웨어를 구입하여 사용하는 경우의 구입비용을 말한다. 단, 내부적으로 개발된 소프트웨어에 소요된 원가가 자산인식요건을 충족하면 개발비로 분류하여야 하며, 유형자산의 일부를 구성하는 소프트웨어(예를 들면 수치제어 공작기계의 제어소프트웨어)는 유형자산으로 분류한다.

임차권리금(foregift)은 토지·건물의 임대차에 부수하여 그 부동산이 가지는 특수한 장소적 이익의 대가로서 임대인이 임차인으로부터 수취하는 대가를 말한다.

광업권(mining rights)은 일정한 광구에서 등록을 한 광물과 동 광상 중에 부존하는 다른 광물을 채굴하여 취득할 수 있는 권리를 말하고, 어업권(fishing rights, 입어권 포함)은 일정한 수면에서 독점적·배타적으로 어업을 경영할 수 있는 권리를 말한다.

한편, 미래경제적효익을 가져오는 지출이 발생하였더라도 무형자산 인식기준을 충족하지 않는 창업비, 개업비, 사업개시비용, 교육훈련을 위한 지출, 광고 또는 판매촉진활동을 위한 지출, 기업의 전부 또는 일부의 이전 또는 조직개편에 관련된 지출 등은 기간비용으로 인식하여야 한다.

01 다음 중 유형자산의 취득원가에 포함되지 않는 것은?

① 건물 준공 후 지급한 이자비용
② 토지 구입시 취득세 및 등록세
③ 제조설비를 수입하는 과정에서 부담한 화재보험료
④ 수입한 기계장치의 설치비

02 광교상사는 사무실용 건물을 신축하기 위하여 기존 건물이 있는 토지를 ₩5,000,000에 취득하여 공사를 시작하였다. 공사기간은 2년으로 예상된다. 건물신축과 관련하여 발생한 지출은 다음과 같다.

• 건물 설계비	₩360,000
• 기존 건물 철거비	110,000
• 신축공사에 따른 위험보장 보험료	100,000
• 건물 기초공사를 위한 굴착공사비	180,000
• 토지의 취득세	240,000
• 신축공사용 시멘트 및 철골구입비	500,000

광교상사의 건물신축과 관련하여 건설중인자산으로 계상할 금액은 얼마인가?

① ₩960,000 ② ₩1,140,000 ③ ₩1,250,000 ④ ₩1,380,000

03 ㈜백두는 건물이 세워진 토지를 일괄구입하고 ₩110,000을 지급하였다. 취득당시 건물의 공정가치는 ₩20,000이고 토지의 공정가치는 ₩80,000이다. 건물과 토지의 취득원가는 각각 얼마인가?

① 건물	₩0	토지	₩110,000
② 건물	22,000	토지	88,000
③ 건물	55,000	토지	55,000
④ 건물	110,000	토지	0

04 유형자산의 보유기간 중 발생한 지출이다. 회계처리의 성격이 다른 하나는?

① 오래된 건물의 도색작업　　② 계단식 3층건물의 에스컬레이터 설치
③ 3년동안 사용한 트럭의 배터리 교체　　④ 건물 내부의 조명기구 교환

05 한국채택국제회계기준에 따른 유형자산의 평가에 대한 다음 설명 중 옳지 않은 것은?

① 유형자산은 원가모형이나 재평가모형 중 하나를 회계정책으로 선택하여 유형자산 분류별로 동일하게 적용한다.
② 재평가모형을 선택하는 경우 주기적으로 공정가치로 재평가할 수 있다.
③ 재평가로 인하여 증가한 장부금액은 이익잉여금으로 처리한다.
④ 재평가로 인하여 감소한 장부금액은 당기손실로 인식한다.

06 유형자산에 대한 감가상각을 하는 가장 중요한 목적은 무엇인가?

① 유형자산의 정확한 가치를 평가하기 위해
② 사용가능한 연수를 매년 확인하기 위해
③ 현재 처분할 경우 예상되는 현금흐름을 측정하기 위해
④ 자산의 원가를 체계적인 방법으로 기간배분하기 위해

07 다음 중 감가상각과 관련된 설명으로 옳지 않은 것은?

① 수익비용대응의 원칙에 따라 내용연수 동안 합리적이고 체계적인 방법으로 감가상각대상금액을 비용으로 인식하는 것이다.
② 감가상각대상금액이란 내용연수 동안 비용으로 인식할 총금액을 말한다.
③ 내용연수 동안 비용으로 인식되는 총금액은 감가상각방법에 따라 상이하다.
④ 내용연수 초기에는 정액법에 의한 감가상각비보다 정률법에 의한 감가상각비가 더 크다.

08 유형자산의 장부금액(미상각잔액)에 일정한 상각률을 곱하여 당기의 감가상각비를 산출하는 방법은?

① 정액법　② 생산량비례법　③ 정률법　④ 연수합계법

09 다음은 감가상각누계액의 변화추이에 따른 감가상각방법을 나타낸 그래프이다. (가)와 (나)에 대한 설명으로 옳은 것을 모두 고른 것은?

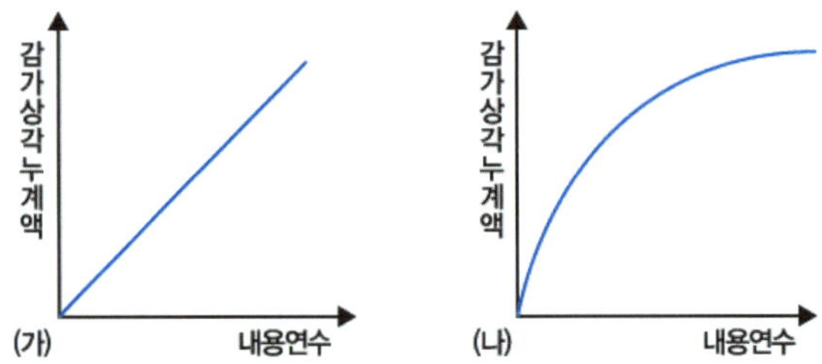

A. (가)는 자산의 예상조업도 혹은 생산량에 근거하여 감가상각액을 인식하는 방법이다.
B. (가)는 자산의 내용연수 동안 일정액의 감가상각액을 인식하는 방법이다.
C. (나)는 자산의 내용연수 동안 감가상각액이 매기간 감소하는 방법이다.

① A ② B ③ A, B ④ B, C

10 장미상사는 20X1년 1월 1일 건물을 ₩3,000,000에 취득하고 취득세 ₩200,000과 등록세 ₩100,000을 현금으로 지급하였다. 감가상각방법은 정액법이고 건물의 내용연수는 10년, 10년 후 잔존가액이 취득원가의 10%라면 20X1년의 감가상각비는 얼마인가?

① ₩300,000 ② ₩270,000 ③ ₩330,000 ④ ₩297,000

11 모란상사가 20X1년 1월 1일 취득한 기계장치의 취득원가는 ₩100,000이고 잔존가치는 ₩5,000이며 내용연수는 5년이다. 이 기계장치를 정률법으로 감가상각하는 경우 20X2년 감가상각비는 얼마인가? 단, 상각률은 0.45를 가정한다.

① ₩45,000 ② ₩42,845 ③ ₩24,750 ④ ₩20,250

12 ㈜백합건설이 20X1년 1월 1일 ₩400,000에 취득한 건설장비(내용연수 4년, 잔존가액 ₩40,000)를 20X3년 6월 30일 ₩150,000에 처분하였다. ㈜백합건설이 정액법에 의해 건설장비를 감가상각하였다면 동 건설장비의 처분과 관련된 처분손익은?

① 처분이익 ₩20,000　② 처분이익 ₩110,000
③ 처분손실 ₩25,000　④ 처분손실 ₩70,000

13 ㈜조통의 재무상태표 일부와 건물의 처분 자료이다. 이를 통해 알 수 있는 내용으로 옳은 것은?

[자료1.] 재무상태표 일부

재무상태표

㈜조통　20X1.12.31. 현재

과 목	금 액	
건 물	₩10,000,000	
감가상각누계액	3,000,000	₩7,000,000

[자료2.] 처분내역

• 건물 처분일 : 20X2년 1월 1일
• 처분대금 현금수령 : ₩8,000,000

① 건물의 장부금액은 ₩5,000,000이다.
② 건물의 취득원가는 ₩13,000,000이다.
③ 건물 처분시에 유형자산처분이익 ₩1,000,000이 발생한다.
④ 건물 처분시에 대변에 분개되는 건물의 금액은 ₩7,000,000이다.

14 다음 중 무형자산에 해당하지 않는 것은?

① 산업재산권　② 영업권　③ 연구비　④ 개발비

15 다음 중 재무제표에 무형자산으로 보고되는 것은?

① 연구단계에서 발생한 지출　② 개발단계에서 발생한 지출 중 경상개발비
③ 내부적으로 창출된 영업권　④ 유상으로 취득한 특허권

16 다음의 무형자산에 대한 설명 중 올바른 것은?

① 무형자산은 진부화되거나 시장가치가 급격히 하락해도 손상차손을 인식할 수 없다.
② 연구비와 개발비는 전액 비용처리한다.
③ 자가창설한 영업권은 무형자산으로 계상할 수 없다.
④ 무형자산은 5년 이내의 기간 동안 정액법으로 상각해야 한다.

해 답 **유형자산과 무형자산**

01. ① 02. ② 03. ② 04. ② 05. ③ 06. ④ 07. ③ 08. ③ 09. ④ 10. ④
11. ③ 12. ③ 13. ③ 14. ③ 15. ④ 16. ③

해설

01. 건물 준공 후 지급한 이자비용은 당기비용으로 처리한다.

02.

	토지	건설중인자산
• 토지·건물 일괄구입원가	₩5,000,000	
• 건물 설계비		₩360,000
• 기존 건물 철거비	110,000	
• 신축공사에 따른 위험보장 보험료		100,000
• 건물 기초공사를 위한 굴착공사비		180,000
• 토지의 취득세	240,000	
• 신축공사용 시멘트 및 철골구입비		500,000
계	₩5,350,000	₩1,140,000

03. 건물 : $₩110,000 \times \frac{20,000}{20,000+80,000} = ₩22,000$

토지 : $₩110,000 \times \frac{80,000}{20,000+80,000} = ₩88,000$

04. 에스컬레이터의 설치는 자산의 가치 또는 내용연수가 연장되는 자본적지출에 해당하며 도색, 배터리교체, 조명기구교환은 수익적지출에 해당한다.

05. 재평가로 인하여 증가한 장부금액은 재평가잉여금(기타포괄손익)으로 인식한다.

06. 감가상각은 유형자산의 원가를 수익에 대응시키기 위해 체계적인 절차에 따라 비용배분하는 절차이다. 자산을 평가하거나 처분예상가액을 파악하기 위한 것이 아니다.

07. 내용연수에 걸쳐 비용으로 인식되는 총금액은 감가상각방법과 상관없이 동일하다.

08. 정률법 계산구조를 설명하고 있다. 정률법과 이중체감법이 이러한 계산구조에 해당한다.

09. ㄱ은 생산량비례법에 의한 감가상각액을 의미하며, (가)는 정액법에 의한 감가상각방법, (나)는 체감잔액법과 연수합계법에 의한 감가상각방법을 의미한다.

10. 감가상각비=(₩3,300,000−₩330,000)×1/10=₩297,000

11. 20X1년 감가상각비=₩100,000×0.45=₩45,000
20X2년 감가상각비=(₩100,000−₩45,000)×0.45=₩24,750

12. 〈처분시점 회계처리〉

일 자	회 계 처 리			
20X3.6.30.	① (차) 감 가 상 각 비	45,000	(대) 감가상각누계액	45,000
	* (₩400,000−₩40,000)×1/4×6/12=₩45,000			
	② (차) 현 금	150,000	(대) 기 계 장 치	400,000
	감가상각누계액	225,000*		
	유형자산처분손실	25,000		
	* (₩400,000−₩40,000)×1/4×30/12 = ₩225,000			

13. ① 건물의 장부금액은 ₩7,000,000이다.
② 건물의 취득원가는 ₩10,000,000이다.
④ 건물 처분시에 대변에 분개되는 건물의 금액은 ₩10,000,000이다.

14. 연구비는 당기비용으로 처리하는 과목이다.

15. ① 연구단계에서 발생한 지출 → 연구비(당기비용)
② 개발단계에서 발생한 지출 중 경상개발비 → 경상개발비(당기비용)
③ 내부적으로 창출된 영업권 → 자산으로 인정하지 않는다.
④ 유상으로 취득한 특허권 → 산업재산권(무형자산)

16. ① 무형자산은 진부화되거나 시장가치가 급격히 하락하면 손상차손을 인식하여야 한다.
② 연구비와 경상개발비는 당기 비용으로 처리하지만 개발비는 무형자산으로 계상한다.
④ 내용연수가 유한한 무형자산의 상각대상금액은 내용연수 동안 체계적인 방법으로 상각하지만 내용연수가 비한정인 경우 상각하지 않는다.

2025
알기쉬운 회계실무

PART

09 금융자산

1. 개요
2. 단기매매금융자산
3. 투자주식
4. 투자채권
5. 기타 금융자산
6. 중소기업회계기준

- 객관식 문제

“ 금융자산은 보유의도와 보유능력에 따라
단기매매금융자산, 매도가능금융자산, 관계기업투자주식
또는 만기보유금융자산 중의 하나로 분류한다. ”

1 개요

1) 금융자산이란?

금융자산은 현금, 지분상품 및 미래에 현금 등을 수취할 계약상 권리를 말하며 실물자산(재고자산, 유형자산)이나 무형자산이 아닌 자산을 포괄한다.

금융자산

- **현금** : 교환의 매개수단이며 가치의 측정수단
- **지분상품(지분증권)** : 기업의 자산에서 부채를 차감한 후의 잔여지분을 나타내는 모든 계약. 다른 회사의 지분증권이나 지분증권을 취득할 수 있는 권리 등이 이에 해당한다.
- **현금수취권리(수취채권, 채무증권)** : 미래에 현금 등 금융자산을 수취할 계약상 권리. 매출채권, 받을어음, 대여금, 투자사채 등이 이에 해당한다.

금융자산에 해당하는 항목은 현금, 수취채권, 지분증권 및 채무증권으로 요약된다. 그 중 현금과 수취채권에 대한 회계처리문제는 이미 앞 장에서 설명한 바 있으므로 이하 이 장에서는 현금과 수취채권을 제외한 금융자산에 관련된 내용을 설명하기로 한다. 또한 별도의 언급이 없는 한 금융자산의 범위를 지분증권과 채무증권으로 한정하여 논리를 전개하기로 한다.

2) 금융자산은 왜 구입하는가?

금융자산은 기업이 단기 또는 장기자금운용목적이나 시세차익 또는 다른 회사를 지배할 목적으로 보유하는 주식(지분증권) 또는 채권(채무증권)이다. 즉 기업이 증권시장에서 돈을 굴려 은행금리 이상의 이익을 추구하거나 장기적으로 큰돈을 벌기 위해 투자하는 대상이다.

주식에 투자하면 주식의 시장가격변동에 따른 시세차익을 얻거나 피투자회사로부터 많은 배당금을 받을 수도 있다. 그러나 주식의 시장가격이 하락하면 투자원금을 돌려받을 수 없고 피투자회사의 경영성과가 좋지 않으면 배당금수익이 적거나 없을 수도 있으며 이러한 위험은 투자회사가 부담하여야 한다. 투자수익률과 위험은 비례하기 때문이다.

채권에 투자하면 특별한 사유가 없는 한 표면이자를 정기적으로 받고 만기에는 원금을

돌려받게 된다. 채권도 시중금리변동으로 인하여 시장가격이 변동할 수 있으나 변동폭은 주식에 비하면 크지 않고 정기적인 이자수익이 보장되므로 채권의 투자수익률과 위험은 낮다.

기업은 투자위험에 대한 선호도 및 투자기간의 장단에 따라 주식을 구입할 수도 있고 채권을 구입할 수도 있으며 주식과 채권을 골고루 구입할 수도 있다.

3) 금융자산의 분류

금융자산은 기업의 보유의도와 보유능력에 따라 다음과 같이 분류한다.

| 금융자산의 분류 |

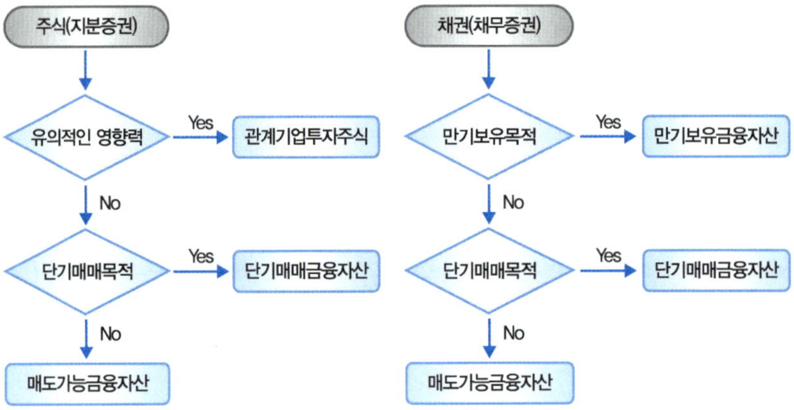

(1) 단기매매금융자산

단기매매금융자산은 단기간 내의 매매차익을 목적으로 취득한 금융자산으로 매수와 매도가 적극적으로 이루어지는 것을 말한다. 단기적인 이익을 획득할 목적으로 운용되는 것이 분명한 증권포트폴리오를 구성하는 지분증권 또는 채무증권이며, 포트폴리오를 구성한다는 것은 개별 금융자산에서 발생하는 위험을 최소화하면서 일정한 수익률을 추구하는 분산투자기법에 의하여 보유한다는 것을 의미한다.

단기매매금융자산은 유동자산으로 분류한다.

(2) 투자주식

투자주식(단기매매금융자산 외의 지분증권을 말한다. 이하 같다)은 관계기업투자주식과 매도가능금융자산으로 구분된다.

① 관계기업투자주식

관계기업투자주식은 투자회사가 피투자회사에 유의적인 영향력이 있는 주식을 말한다. 발행주식총수의 20% 이상을 보유하고 있으면 특별한 사유가 없는 한 유의적인 영향력이 있는 것으로 본다. 관계기업투자주식은 투자자산으로 분류한다.

② 매도가능금융자산

매도가능금융자산은 관계기업투자주식 또는 단기매매금융자산이 아닌 주식을 말한다. 특별한 사유가 없는 한 피투자회사에 대한 지분율 20% 미만인 투자주식을 말한다.

매도가능금융자산은 투자자산으로 분류한다. 다만, 재무상태표일로부터 1년 내에 매도 등에 의하여 처분할 것이 거의 확실한 경우에는 유동자산으로 분류한다.

(3) 투자채권

투자채권(단기매매금융자산 외의 채무증권을 말한다. 이하 같다)은 만기보유금융자산과 매도가능금융자산으로 구분된다.

① 만기보유금융자산

만기보유금융자산은 만기가 확정된 채무증권으로서 상환금액이 확정되거나 확정이 가능하며 만기까지 보유할 적극적인 의도와 능력이 있는 것을 말한다. 만기보유금융자산은 투자자가 만기까지 예정된 현금흐름을 발행회사로부터 회수하는 '장기대여금'과 성격이 유사하다.

만기보유금융자산은 투자자산으로 분류한다. 다만, 재무상태표일로부터 1년 내에 만기가 도래하는 경우에는 유동자산으로 분류한다.

② 매도가능금융자산

매도가능금융자산은 만기보유금융자산 또는 단기매매금융자산이 아닌 채권으로 만기까지 보유할 의도가 없거나 만기보유능력이 없다고 인정되는 투자채권을 말한다.

매도가능금융자산은 만기보유금융자산과 마찬가지로 투자자산으로 분류한다. 다만, 재무상태표일로부터 1년 내에 만기가 도래하거나 매도 등에 의하여 처분할 것이 거의 확실한 경우에는 유동자산으로 분류한다.

재무상태표상 금융자산의 분류결과를 나타내면 다음과 같다.

재무상태표

유동자산		⋮
단기매매금융자산	×××	
⋮		
비유동자산		
투자자산		
매도가능금융자산	×××	
만기보유금융자산	×××	
관계기업투자주식	×××	
⋮		

이하 금융자산을 단기매매금융자산, 투자주식, 투자채권으로 구분하여 설명하기로 한다.

2 단기매매금융자산

1) 취득원가의 결정

단기매매금융자산의 취득원가는 최초 인식시 공정가치로 측정하며 공정가치는 일반적으로 거래가격이다. 취득과 직접 관련되는 거래원가는 취득원가와 별도로 즉시 비용처리한다.

예제 01 취득원가의 결정

목산상사는 다음과 같은 시장성 있는 단기매매금융자산을 취득하였다.

1월 15일 액면가액 ₩500,000인 A회사 보통주를 ₩800,000에 현금매입하였고 매입수수료 ₩4,000을 현금지급하였다.

7월 1일 액면가액 ₩200,000인 B회사 사채를 ₩189,000에 현금매입하였고 매입수수료 ₩1,000을 현금지급하였다.

요구사항 ▼ 목산상사의 단기매매금융자산의 취득에 따른 일자별 회계처리를 나타내시오.

해답

일 자	회계처리				
1월 15일	(차) 단기매매금융자산	800,000	(대) 현 금	804,000
	수수료비용	4,000		
7월 1일	(차) 단기매매금융자산	189,000	(대) 현 금	190,000
	수수료비용	1,000		

단기매매금융자산의 취득원가는 최초 인식시 공정가치로만 측정한다. 여기서 주의할 점은 액면가액이나 거래원가는 취득원가의 결정에 아무런 영향을 주지 않는다는 것이다. 액면가액은 배당금이나 이자를 지급하는 기준금액일 뿐이므로 취득원가와 무관하며, 거래원가는 당기손익으로 인식하는 금융자산이 아닌 경우에 공정가치에 가산한다. 단기매매금융자산의 거래원가는 비용처리한다.

2) 보유기간 중 회계처리

(1) 배당금수익 및 이자수익의 인식

배당금수익은 주식발행회사로부터 수취한 배당금을 말하고 이자수익은 사채발행회사로부터 수취한 이자를 말한다. 단기매매금융자산의 보유에 따라 발생하는 수익 중의 하나이며, 배당금수익과 이자수익은 기업의 주된 영업활동의 결과가 아니므로 포괄손익계산서상 기타수익으로 분류한다.

예를 들어, [예제 01]의 A주식에 대하여 ₩50,000의 배당금을 결의 즉시 현금으로 받았다면 회계처리는 다음과 같다.

(차) 현 금	50,000	(대) 배당금수익	50,000

또한 [예제 01]의 B사채에 대하여 ₩8,000의 이자를 현금으로 받았다면 회계처리는 다음과 같다.

(차) 현 금	8,000	(대) 이자수익	8,000

(2) 단기매매금융자산의 평가

단기매매금융자산은 공정가치를 재무상태표가액으로 계상하고, 공정가치와 장부금액의 차액은 단기금융자산평가손익으로 하여 당기손익에 반영한다. 즉 단기매매금융자산은 시가법으로 평가하고 미실현보유손익은 즉시 당기 경영성과에 반영한다.

단기매매금융자산의 평가는 매 결산기말 이루어지므로 단기금융자산평가손익은 결산기말 공정가치와 장부금액의 차액을 말하며 그 산식은 다음과 같다.

단기금융자산평가이익(손실) = 당기말 공정가치 − 장부금액(취득원가 또는 전기말 공정가치)

단기매매금융자산이 당기말 공정가치와 장부금액을 초과하는 경우 단기금융자산평가이익으로 회계처리하고, 그 반대의 경우 단기금융자산평가손실로 회계처리하며, 단기금융자산평가손익은 기타손익으로 보고한다. 한 가지 유의할 점은 단기매매금융자산을 평가할 때 장부금액을 결정하는 것이 평가손익의 계산에 있어 중요하다는 것이다. 당기에 취득한 단기매매금융자산의 경우 장부금액은 취득원가와 일치하지만, 전기 이전에 취득한 단기매매금융자산의 경우 장부금액은 전기말 공정가치를 의미한다.

3) 처분손익의 결정

단기금융자산처분손익은 회계기간 중 단기매매금융자산을 처분하는 경우 처분가액과 장부금액의 차이금액으로 이를 계산하는 산식은 다음과 같다.

단기금융자산처분이익(손실) = 처분가액 − 장부금액(취득원가 또는 전기말 공정가치)

단기매매금융자산을 처분하는 시점에 처분가액이 장부금액을 초과하는 경우 단기금융자산처분이익으로 회계처리하고, 그 반대의 경우 단기금융자산처분손실로 회계처리하며, 단기금융자산처분손익은 기타손익으로 보고한다. 위의 산식에서 처분가액이라 함은 처분을 통해 유입된 현금 또는 현금등가액을 말하며, 처분과정에서 처분비용이 발생하면 이를 차감한 후의 금액이다. 또한 장부금액의 의미가 단기매매금융자산의 취득시점이 당기이면 취득원가이고 전기 이전이면 전기말 공정가치라는 것은 이미 설명한 바와 같다.

예제 02 단기매매금융자산의 평가 및 처분

목산상사의 20X1년과 20X2년의 단기매매금융자산 거래내역은 다음과 같다.

• 20X1년

(1) 1월 15일 시장성 있는 A주식 100주를 단기매매목적으로 현금 ₩804,000에 취득하다.

(2) 12월 31일 현재 A주식 100주의 공정가치는 ₩840,000이다.

• 20X2년

(1) 9월 20일 보유 중인 A주식의 절반인 50주를 현금 ₩445,000에 처분하다.

(2) 12월 31일 현재 A주식 50주의 공정가치는 ₩400,000이다.

요구사항 ▼ 목산상사가 단기매매금융자산과 관련하여 20X1년과 20X2년에 해야 할 일자별 회계처리를 나타내시오.

해답

• 20X1년

일 자	회 계 처 리			
1.15.	(차) 단기매매금융자산(A)	804,000	(대) 현 금	804,000
12.31.	(차) 단기매매금융자산(A)	36,000	(대) 단기금융자산평가이익	36,000
	* ₩840,000－₩804,000＝₩36,000			

• 20X2년

일 자	회 계 처 리			
9.20.	(차) 현 금	445,000	(대) 단기매매금융자산(A)	420,000
			단기금융자산처분이익	25,000*
	* ₩445,000－₩840,000×50주/100주＝₩25,000			
12.31.	(차) 단기금융자산평가손실	20,000	(대) 단기매매금융자산	20,000
	* ₩400,000－₩840,000×50주/100주＝₩(20,000)			

09 금융자산

3 투자주식

투자주식의 회계처리문제는 단기매매금융자산의 회계처리와 유사하다. 서로 다른 점은 최초 인식시 취득과 관련된 거래원가를 최초 인식하는 공정가치에 가산한다는 것이며, 평가방법은 투자주식의 분류에 따라 다음과 같이 적용한다.

1) 매도가능금융자산(지분증권)

매도가능금융자산 중 시장성이 없는 지분증권의 공정가치를 신뢰성 있게 측정할 수 없는 경우 취득원가로 평가하고, 시장성이 있거나 공정가치를 신뢰성 있게 측정할 수 있는 경우 공정가치로 평가한다. 공정가치로 평가하는 경우 미실현보유손익(매도가능금융자산평가손익)은 기타자본요소(기타포괄손익누계액)로 처리한다.

예제 03 매도가능금융자산(지분증권)

목산상사는 20X1년초 시장성 없는 A주식과 시장성 있는 B주식·C주식을 장기보유목적으로 취득하였다. 이 주식들은 지분법적용대상이 아니며 취득원가 및 각 연도말 시가는 다음과 같다.

구 분	취득원가	20X1년말 시가	20X2년말 시가
A주식	₩50,000	?	?
B주식	50,000	₩60,000	₩57,000
C주식	80,000	78,000	85,000
계	₩180,000		

A주식은 신뢰성 있는 공정가치가 없으며 위의 주식 모두 손상차손발생의 객관적인 증거는 없다.

요구사항 ▼ 위의 주식과 관련하여 20X1년과 20X2년에 목산상사가 해야 할 일자별 회계처리를 나타내고 관련 항목이 포함된 20X1년말과 20X2년말 재무상태표를 작성하시오.

해답

1. 회계처리

일 자	차변	금액	대변	금액
20X1년초	(차) 매도가능금융자산(A)	50,000	(대) 현 금	180,000
	매도가능금융자산(B)	50,000		
	매도가능금융자산(C)	80,000		
20X1년말	① (차) 매도가능금융자산(B)	10,000	(대) 매도가능금융자산평가이익	10,000
	* ₩60,000－₩50,000＝₩10,000			
	② (차) 매도가능금융자산평가손실	2,000	(대) 매도가능금융자산(C)	2,000
	* ₩78,000－₩80,000＝₩(2,000)			
20X2년말	① (차) 매도가능금융자산평가이익	3,000	(대) 매도가능금융자산(B)	3,000
	* ₩57,000－₩60,000＝₩(3,000)			
	② (차) 매도가능금융자산(C)	7,000*	(대) 매도가능금융자산평가손실	2,000
			매도가능금융자산평가이익	5,000
	* ₩85,000－₩78,000＝₩7,000			

2. 재무상태표

자 산	20X1년말	20X2년말	부채 및 자본	20X1년말	20X2년말
투자자산			**기타자본요소**		
매도가능금융자산	₩188,000	₩192,000	매도가능금융자산평가이익	₩10,000	₩12,000
			매도가능금융자산평가손실	(2,000)	－

매도가능금융자산을 원가법으로 평가하는 경우(A주식)에는 취득 이후 손상차손이 발생하였다는 객관적인 증거가 없는 한 평가손익을 인식하지 아니한다. 신뢰성 있는 공정가치를 파악할 수 없으므로 취득원가를 유지한다는 것이다.

매도가능금융자산을 시가법으로 평가하는 경우(B주식 및 C주식)에는 결산일 현재의 공정가치로 나타내고 그 평가손익을 기타자본요소(기타포괄손익누계액)로 계상한다.

한편, 매도가능금융자산을 처분하면 처분시점 현재 남아 있는 매도가능금융자산평가손익을 투자자산처분손익에 가감하여야 한다.

| 처분손익의 결정 |

• 원가법의 경우

투자자산처분이익(손실) = 처분가액 － 취득원가

• 시가법의 경우

투자자산처분이익(손실) = 처분가액 － 장부금액 － 매도가능금융자산평가이익 － 매도가능금융자산평가손실

상기 예제에서 20X3년 중 A주식과 B주식을 ₩60,000씩 받고 매각한 경우의 회계처리는 다음과 같다.

(차) 현 금	60,000	(대) 매도가능금융자산(A)	50,000
		투자자산처분이익	10,000*

* ₩60,000－₩50,000＝₩10,000

(차) 현 금	60,000	(대) 매도가능금융자산(B)	57,000
매도가능금융자산평가이익	7,000	투자자산처분이익	10,000*

* ₩60,000－₩57,000＋₩7,000＝₩10,000

처분가액과 취득원가가 동일한 A주식과 B주식은 평가방법이 달라도 투자자산처분이익은 동일하다. 이는 원가법과 시가법의 포괄손익계산서에 미치는 영향이 일치한다는 것을 보여주고 있다. 시가법 대상주식에 대한 투자자산처분손익, 배당금수익 등의 포괄손익계산서항목은 원가법을 가정하여 계산한 결과와 일치하여야 한다.

2) 관계기업투자주식

관계기업투자주식은 지분법에 의하여 평가하여야 한다.

지분법(equity method)이란 투자대상을 발행주식이 아닌 발행회사로 보아 평가하는 방법으로서 피투자회사의 순자산가액이 변동하는 경우 그 변동금액에 대한 투자회사의 지분상당액을 투자주식에 가감하는 평가방법을 말한다.

(1) 기본논리

지분법은 투자회사와 피투자회사가 경제적 단일체라는 것을 전제로 하고 있다.

투자회사가 피투자회사에 유의적인 영향력이 있는 시점부터 투자주식은 피투자회사 순자산가액의 일부이며 순자산가액의 증감을 투자주식에 반영한다. 피투자회사가 순이익을 보고하여 순자산이 증가하면, 투자회사는 순이익 중 지분율에 상당하는 금액을 투자회사의 이익(지분법이익)으로 인식함과 동시에 투자주식을 증가시킨다. 반면, 피투자회사가 현금배당을 실시하여 순자산이 감소하면 투자회사는 현금수취금액만큼 투자주식을 감액한다는 것이다.

예를 들어, 순자산가액 ₩1,000,000인 A기업의 발행주식 중 20%를 ₩200,000에 취득한 투자회사의 지분법 평가절차를 예시하면 다음과 같다.

투자자		
① 투자주식의 취득		
관계기업투자주식	200,000	
현 금		200,000
② A기업 순이익 ₩500,000 보고		
관계기업투자주식	100,000	
지분법이익		100,000
* ₩500,000×20%=₩100,000		
③ A기업 현금배당 ₩300,000 결의 및 지급		
현 금	60,000	
관계기업투자주식		60,000
* ₩300,000×20%=₩60,000		

A기업 재무상태표

자 산	×××	부 채	×××
		순자산	1,000,000

자 산	×××	부 채	×××
		순자산	*1,500,000

* ₩1,000,000+₩500,000=₩1,500,000

자 산	×××	부 채	×××
		순자산	*1,200,000

* ₩1,500,000−₩300,000=₩1,200,000

투자회사는 지분법이익을 당기손익(기타수익)에 반영하고 배당금수령액을 수익으로 인식하지 아니한다. 현금배당은 이익처분에 따른 순자산 감소이므로 그 감소액 중 지분금액만큼 투자주식을 현금매각하는 것과 유사한 결과가 된다. 이렇게 함으로써 투자주식은 피투자회사 순자산가액 중 지분금액으로 유지된다.

투자주식의 취득	₩200,000	
순 이 익 보 고	100,000	
현 금 배 당	(60,000)	
계	₩240,000	(=₩1,200,000×20%)

(2) 평가차액 및 영업권

평가차액 및 영업권은 투자주식 취득원가와 피투자회사 순자산·장부금액 중 지분금액의 차액을 말한다. 평가차액은 피투자회사의 순자산 장부금액과 공정가치의 차이에 대한 지분금액이며, 영업권은 피투자회사의 순자산 공정가치 중 지분금액과 투자주식 취득원가의 차이금액이다.

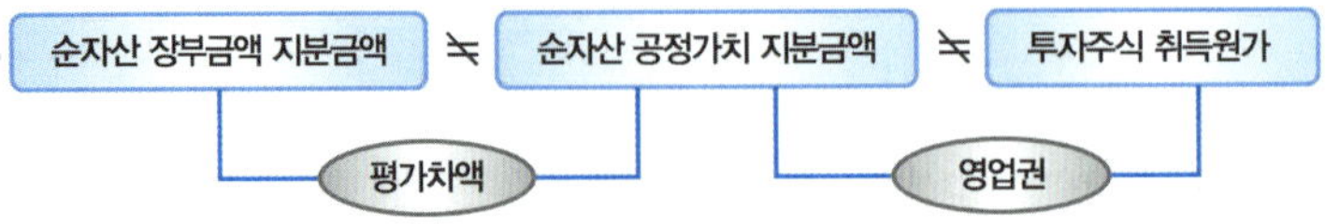

① 평가차액

평가차액은 피투자회사의 재무상태표상 토지·건물·재고자산 등이 과소계상되어 있는 경우[1] 발생한다.

투자회사는 피투자회사 순자산 장부금액이 아닌 공정가치기준으로 투자주식의 가치를 결정하여 대가를 지불하게 된다. 즉 투자주식의 취득원가에는 피투자회사의 순자산 과소평가금액이 포함되어 있다.

피투자회사는 역사적 원가주의에 입각하여 순자산 장부금액을 기준으로 재무제표를 보고한다. 순자산 공정가치를 기준으로 작성하는 경우와 비교하면 순자산은 과소표시되어 있고 순이익은 과대표시된다. 예를 들어, 내용연수 5년, 5년 후 잔존가액이 없는 건물이 ₩100,000만큼 과소계상되어 있다면, 첫 해 감가상각비 ₩20,000(정액법 기준) 과소계상으로 순이익 ₩20,000 과대표시되고 연도말 순자산가액은 ₩80,000(=₩100,000−₩20,000)만큼 과소표시된다는 것이다. 과소평가자산의 유형을 비감가성 유형자산, 감가성 유형자산 및 재고자산으로 나누어 설명하기로 하자.

(i) 비감가성 유형자산(토지)

비감가성 유형자산의 경우 처분을 제외하고 투자주식의 취득원가를 수정하지 아니한다. 기업이 보유하는 토지는 특별한 사유가 없는 한 처분하지 않을 것이므로 토지과소평가금액은 투자주식 취득원가에서 조정할 필요가 없다.

(ii) 감가성 유형자산(건물)

건물·기계장치 등의 감가성 유형자산의 경우 당해 자산의 내용연수 동안 과소평가금액의 변동을 투자주식 취득원가에서 수정하여야 한다. 또한 감가상각비가 과소계상되어 피투자회사 순이익이 과대계상되어 있으므로 다음과 같이 조정한다.

1) 자산의 과대계상이나 부채의 과소계상을 가정할 수도 있으나 다소 비현실적이므로 논의가 불필요하다.

(차) 지분법이익 ×××　(대) 관계기업투자주식 ×××

* 감가상각비 과소계상금액×지분율

투자주식 취득원가 중 건물과소평가금액을 건물의 취득원가로, 지분법평가이익의 감소는 감가상각비로, 투자주식의 감소는 감가상각누계액으로 치환하면 위의 회계처리를 쉽게 이해할 수 있다.

(iii) 재고자산(상품)

재고자산의 경우 과소평가금액을 판매시점에 투자주식 취득원가에서 수정하여야 한다. 판매와 함께 피투자회사 순자산 과소계상요인이 제거되고 매출원가가 과소계상되어 피투자회사 순이익이 과대계상되어 있으므로 다음과 같이 조정한다.

(차) 지분법이익 ×××　(대) 관계기업투자주식 ×××

* 재고자산 과소평가금액×지분율

위의 회계처리에서 지분법평가이익의 감소는 매출원가로, 투자주식의 감소는 투자주식에 포함된 재고자산 과소평가금액의 감소로 치환하여 이해할 수 있다.

② 영업권

영업권은 사업결합시 재무제표에 계상하는 무형자산으로 '제8장 유형자산과 무형자산'에서 이미 설명한 바 있으며 그 처리방법만을 인용하여 접근하기로 한다.

투자주식 취득원가에 포함된 영업권은 내용연수가 비한정인 것으로 간주하여 상각하지 않고 정기적인 손상평가를 하여야 한다. 영업권이 손상되지 않았다면 당해 금액은 변함없이 투자주식의 가액에 남아 있게 된다.

예제 04 관계기업투자주식

목산상사는 20X1년초 A회사 발행주식의 20%를 ₩300,000에 취득하여 유의적인 영향력을 행사할 수 있게 되었다. 취득당시 A회사 순자산 장부금액은 ₩1,000,000이고 공정가치는 ₩1,200,000이다. 장부금액과 공정가치의 차이는 과소평가된 자산에 기인하며 과소평가자산내역은 다음과 같다.

토지 과소평가금액	₩60,000	
건물 과소평가금액	100,000	(잔여내용연수 5년, 잔존가액 없음)
상품 과소평가금액	40,000	(20X1년 중 판매)
계	₩200,000	

09 금융자산

양사의 결산일은 매년말이고 건물감가상각방법은 정액법이며 영업권의 손상문제는 없다. A회사가 20X1년과 20X2년에 보고한 순이익과 현금배당내역은 다음과 같다.

	20X1년	20X2년
순 이 익	₩150,000	₩180,000
현금배당		80,000

요구사항 ▼ 목산상사가 투자주식과 관련하여 20X1년과 20X2년에 해야 할 회계처리와 각 연도말 관계기업투자주식 장부금액과 지분법이익을 나타내시오.

해답

1. 회계처리

거 래	20X1년			20X2년		
주식의 취득	관계기업투자주식	300,000				
	현 금		300,000			
순이익 보고	관계기업투자주식	30,000		관계기업투자주식	36,000	
	지분법이익		30,000	지분법이익		36,000
	* ₩150,000×20%=₩30,000			* ₩180,000×20%=₩36,000		
현금배당				현 금	16,000	
				관계기업투자주식		16,000
				* ₩80,000×20%=₩16,000		
차액상각						
–감가상각	지분법이익	4,000		지분법이익	4,000	
	관계기업투자주식		4,000	관계기업투자주식		4,000
	* ₩100,000×20%×1/5=₩4,000					
–상품판매	지분법이익	8,000				
	관계기업투자주식		8,000			
	* ₩40,000×20% = ₩8,000					

2. 관계기업투자주식과 지분법이익

	20X1년말	20X2년말
관계기업투자주식	₩318,000	₩334,000
지 분 법 이 익	18,000	32,000

4 투자채권

투자채권의 회계처리문제는 단기매매금융자산으로 분류된 채권의 회계처리와 유사하다. 서로 다른 점은 미래현금흐름이 확정된 장기채권이므로 화폐의 시간가치를 고려하여 현재가치로 평가하는 문제와 공정가치로 평가하는 문제가 복합적으로 나타난다는 것이다.

1) 만기보유금융자산

투자채권의 취득원가는 미래현금흐름 현재가치로 결정된다. 현재가치를 계산할 때 사용하는 이자율은 시장이자율로 채권의 가격은 액면이자율과 시장이자율의 상대적 크기에 따라 액면가액과 일치할 수도 있고 일치하지 않을 수도 있다. 투자채권 액면가액을 기준으로 취득형태를 액면취득, 할인취득 및 할증취득으로 구분한다.

(1) 액면취득

투자채권의 액면이자율과 시장이자율이 일치하면 투자채권을 액면가액으로 취득한다. 투자채권에서 발생하는 투자수익률(액면이자율)과 시장이자율이 일치하므로 취득원가는 액면가액과 일치하게 된다.

만기보유금융자산을 취득한 이후 보유기간 중에는 액면이자를 수취하게 되는데 액면이자는 이자수익으로 인식한다. 만기시점에 원금을 회수하면 만기보유금융자산을 장부에서 제거하면 된다.

예제 05 액면취득

유천상사는 20X1년초 A회사가 발행한 사채(액면가액 ₩100,000, 액면이자율 연 6%, 만기 20X3년말, 매년말 이자지급, 액면가액 만기일시상환조건)를 만기보유목적으로 취득하고 현금지급하였으며 취득당시 시장이자율은 연 6%이다.

요구사항 ▼ 상기 투자채권에 대한 일자별 회계처리를 나타내시오.

해답

일 자	회계처리				
20X1. 1. 1.	(차) 만기보유금융자산	100,000	(대) 현 금	100,000
12.31.	(차) 현 금	6,000	(대) 이 자 수 익	6,000
20X2.12.31.	(차) 현 금	6,000	(대) 이 자 수 익	6,000
20X3.12.31.	① (차) 현 금	6,000	(대) 이 자 수 익	6,000
	② (차) 현 금	100,000	(대) 만기보유금융자산	100,000

(2) 할인취득

투자채권의 액면이자율보다 시장이자율이 높으면 투자채권을 액면가액보다 낮은 금액으로 취득한다. 액면이자율이 시장이자율에 미달하면 투자자는 투자채권의 가격을 낮출 것을 요구하게 된다. 낮아진 투자채권의 가격기준으로 계산한 투자수익률이 시장이자율과 일치하도록 투자채권을 할인발행된다는 것이다.

투자채권을 할인취득한 경우 인식하여야 할 이자수익은 액면이자를 초과한다. 투자채권에 대하여 보유기간 동안 인식하여야 할 이자수익 합계는 총회수금액 중 투자채권 취득원가를 초과하는 금액이며, 그 초과금액에서 액면이자합계액을 차감한 금액이 취득당시 투자채권 액면차액이다.

투자채권 액면차액은 유효이자율법에 의하여 상각하여야 한다. 유효이자율법이란 투자채권의 장부금액에 사채발행당시 유효이자율을 곱하여 계산한 유효이자와 액면이자의 차액을 상각하는 방법을 말한다.

투자채권 취득원가를 최초장부금액으로 하여 이 금액에 유효이자율을 곱하여 계산한 유효이자와 액면이자의 차액을 차금상각으로 한다. 기말장부금액은 기초장부금액에 차금상각을 가산한 금액으로 한다. 이렇게 상각표를 작성하면 만기시점 현재 투자채권 장부금액은 액면가액과 일치한다.

예제 06 할인취득

유천상사는 20X1년초 A회사가 발행한 사채(액면가액 ₩100,000, 액면이자율 연 4%, 만기 20X3년말, 매년말 이자지급, 액면가액 만기일시상환조건)를 만기보유목적으로 취득하고 현금지급하였으며 취득당시 시장이자율은 연 6%이다.

요구사항 ▼ 상기 투자채권에 대한 일자별 회계처리를 나타내시오.

해답

1. 취득원가

이자의 현재가치	₩4,000×2.67301(6%, 3기간 연금현가계수)	=	₩10,692
원금의 현재가치	₩100,000×0.83962(6%, 3기간 현가계수)	=	83,962
계			₩94,654

2. 상각표

이자지급기간	유효이자(6%)	액면이자(4%)	차금상각	기말장부금액
최초장부금액				₩94,654
20X1년	₩5,679	₩4,000	₩1,679	96,333
20X2년	5,780	4,000	1,780	98,113
20X3년	5,887	4,000	1,887	100,000
계	₩17,346	₩12,000	₩5,346	

3. 회계처리

일 자	회 계 처 리			
20X1. 1. 1.	(차) 만기보유금융자산	94,654	(대) 현 금	94,654
12.31.	(차) 현 금	4,000	(대) 이 자 수 익	5,679
	만기보유금융자산	1,679		
20X2.12.31.	(차) 현 금	4,000	(대) 이 자 수 익	5,780
	만기보유금융자산	1,780		
20X3.12.31.	① (차) 현 금	4,000	(대) 이 자 수 익	5,887
	만기보유금융자산	1,887		
	② (차) 현 금	100,000	(대) 만기보유금융자산	100,000

투자채권은 투자자가 발행회사에 현금을 장기대여한 거래와 경제적 실질이 동일하며 투자금액은 대여금으로 볼 수 있다. 총회수금액은 당해 대여금을 회수하는 것이므로 투자금액을 초과하여 회수하는 ₩17,346는 모두 이자수익에 해당한다. 이 중 액면이자 ₩12,000은 현금으로 수취하므로 액면이자를 제외한 금액, 즉 투자채권 액면차액 ₩4,346(=₩100,000−₩94,654)는 보유기간 동안 상각하여 이자수익에 포함시켜야 한다.

(3) 할증취득

투자채권을 할증취득한 경우 할인취득과 반대로 인식하여야 할 이자수익은 액면이자에 미달한다.

총액면이자는 총이자수익을 초과하므로 액면이자를 전부 이자수익으로 인식할 수 없고 이 중 투자채권 액면차액에 상당하는 금액은 상각하여 이자수익을 감소시켜야 한다.

할증취득의 경우 액면이자가 유효이자보다 크므로 차금상각은 액면이자에서 유효이자를 차감한 금액으로 한다. 차금상각은 투자채권의 장부금액을 감소시키는 역할을 하며 기말장부금액은 기초장부금액에서 차금상각을 차감한 금액으로 한다. 이렇게 상각하면 만기시점 현재 투자채권 장부금액은 액면가액과 일치하게 된다.

2) 매도가능금융자산

매도가능금융자산은 공정가치로 평가하여 재무상태표에 표시한다. 취득원가와 액면가액의 차액은 상각하여 취득원가와 이자수익에 가감하고, 상각후원가와 공정가치의 차이를 매도가능금융자산평가손익(기타포괄손익누계액)으로 처리한다. 이자수익은 투자채권의 평가에 관계없이 발생주의 관점에서 유효이자율법에 의한 금액을 인식하여야 한다.

동일한 조건의 투자채권이라면 만기보유금융자산으로 분류하든 매도가능금융자산으로 분류하든 보유기간 중 인식하는 이자수익은 일치하여야 한다.

예제 07 매도가능금융자산(채무증권)

유천상사는 20X1년초 A회사가 발행한 사채(액면가액 ₩100,000, 만기 20X5년말, 액면이자율 연 4%, 매년말 이자지급, 만기일시상환조건)를 장기투자목적으로 현금 ₩91,575에 취득하였으며 취득당시 시장이자율은 연 6%이다. 투자채권의 일자별 공정가치는 각각 다음과 같다.

20X1년말	₩94,000	20X2년말	₩94,500

요구사항 ▼ 상기 투자채권이 만기보유금융자산인 경우와 매도가능금융자산인 경우 20X1년과 20X2년 회계처리를 비교하여 나타내시오. 단, 유효이자 율법을 적용한다.

해답

1. 현재가치

이자의 현재가치	₩4,000×4.21236(6%, 5기간 연금현재계수)	=	₩16,849
원금의 현재가치	₩100,000×0.74726(6%, 5기간 현재계수)	=	74,726
계			₩91,575

2. 상각표

이자지급기간	유효이자(10%)	액면이자(8%)	차금상각	기말장부금액
최초장부금액				₩91,575
20X1년	₩5,495	₩4,000	₩1,495	93,070
20X2년	5,584	4,000	1,584	94,654
20X3년	5,679	4,000	1,679	96,333
20X4년	5,780	4,000	1,780	98,113
20X5년	5,887	4,000	1,887	100,000
계	₩28,425	₩20,000	₩8,425	

3. 회계처리

일 자	만기보유금융자산인 경우			매도가능금융자산인 경우		
20X1년초	만기보유금융자산	91,575		매도가능금융자산	91,575	
	현 금		91,575	현 금		91,575
20X1년말	현 금	4,000		현 금	4,000	
	만기보유금융자산	1,495		매도가능금융자산	1,495	
	이자수익		5,495	이자수익		5,495
				매도가능금융자산	930	
				매도가능금융자산평가이익		930
				* ₩94,000－₩93,070＝₩930		
20X2년말	현 금	4,000		현 금	4,000	
	만기보유금융자산	1,584		매도가능금융자산	1,584	
	이자수익		5,584	이자수익		5,584
				매도가능금융자산평가이익	930	
				매도가능금융자산평가손실	154	
				매도가능금융자산		1,084*
				* ₩94,500－(₩94,000＋₩1,584)＝₩(1,084)		

만기보유금융자산의 경우 상각표상 이자수익을 인식하고 재무상태표상 상각후 가액으로 표시한다.

매도가능금융자산의 경우에도 20X1년과 20X2년의 이자수익은 만기보유금융자산과 동일하며 재무상태표상 공정가치로 표시한다는 점이 다르다. 공정가치와 상각후원가(상각표상 기말장부금액)의 차액은 재무상태표상 매도가능금융자산평가손익으로 표시하여야 하며 이를 예시하면 다음과 같다.

재무상태표

자산	20X1년말	20X2년말	부채 및 자본	20X1년말	20X2년말
투자자산			기타포괄손익누계액		
매도가능금융자산	₩94,000	₩94,500	매도가능금융자산평가이익(손실)	₩930	₩(154)

5 기타 금융자산

투자주식과 투자채권 이외의 금융자산으로는 장기금융상품, 투자부동산 등을 들 수 있다.

1) 장기금융상품

장기금융상품은 유동자산에 속하지 아니하는 금융상품으로 재무상태표일로부터 만기가 1년 후에 도래하는 정기예금·정기적금 등 장기보유를 목적으로 하는 저축성예금과 사용이 제한된 특정기금 등이 이에 해당한다. 또한, 신탁업법에 의한 신탁회사가 운용하는 불특정금전신탁상품 중 수익증권이 발행되지 않고 단기금융상품에 해당하지 아니하면 장기금융상품에 포함된다. 장기금융상품은 재무상태표일 현재의 공정가치를 기준으로 평가하여야 하며 그 평가손익을 당기손익에 반영한다.

2) 투자부동산

투자부동산은 투자의 목적 또는 비영업용으로 소유하는 토지·건물 및 기타의 부동산을 말한다. 유형자산 또는 재고자산에 속하지 아니하는 부동산은 모두 투자부동산으로 분류하여야 하는데, 장래에 사업을 확장할 목적으로 보유하는 부동산·사용할 의도가 없고 유휴자산으로서 매각할 부동산·채권의 확보로 인하여 일시적으로 취득한 부동산 등이 이에 해당한다. 투자부동산은 재무상태표상 취득원가로 표시하는 것이 타당하며 회수가능가액이 하락하여 손상차손이 발생한 객관적인 증거가 있는 경우에는 투자자산손상차손을 즉시 당기손익에 반영하여야 한다.

6 중소기업회계기준

중소기업회계기준에서는 유가증권에 대하여 지금까지의 설명에 불구하고 다음과 같이 회계처리하도록 규정하고 있다.

첫째, 시장가격이 있는 유가증권은 시장가격으로 평가하고 시장가격 변동에 따른 보유손익은 단기투자자산평가손익 등으로 회계처리한다.

둘째, 시장가격이 없는 주식, 출자금 등의 지분증권은 취득원가로 측정한다.

셋째, 시장가격이 없는 국채·공채, 회사채 등의 채무증권은 장부금액과 만기금액에 차이가 있는 경우 그 차이를 상환기간에 걸쳐 유효이자율법이나 정액법으로 상각하여 장부금액과 이자수익에 반영한다.

넷째, 시장가격이 없는 유가증권에 손상이 발생하였다는 객관적인 증거가 있으면 회수가능액을 추정하여 장부금액과의 차이를 손상차손으로 인식하고, 손상차손이 회복된 경우에는 이전에 인식하였던 손상차손 금액을 한도로 하여 회복된 금액을 손상차손환입으로 인식한다.

다섯째, 관계기업투자주식은 지분법을 적용하지 않고 취득원가 또는 시장가격으로 평가[2)]하여야 한다.

2) 중소기업회계기준에서는 지분법을 규정하지 않으며 독립된 실체간의 거래로 보아 회계처리한다.

01 다음 중 K-IFRS에 따른 금융자산의 계정과목에 해당되지 않는 것은?

① 단기매매금융자산 ② 단기보유금융자산
③ 매도가능금융자산 ④ 만기보유금융자산

02 다음은 금융자산에 관련된 K-IFRS의 내용을 기술한 것이다. 올바르게 기술된 것은?

① 취득한 금융자산은 단기보유금융자산, 중기보유금융자산, 장기보유금융자산 중 하나로 분류한다.
② 단기매매금융자산은 상각후원가로 평가한다.
③ 만기보유금융자산은 공정가치로 평가하여 재무상태표에 표시한다.
④ 단기매매금융자산에 대한 미실현보유손익은 당기손익항목으로 처리한다.

03 다음 중 단기매매금융자산에 대한 설명으로 옳지 않은 것은?

① 주로 단기간 내의 매매차익을 목적으로 하여 취득한 유가증권으로 매수 및 매도가 빈번하게 이루어지는 것을 말한다.
② 재무상태표상 단기투자자산으로 통합하여 표시할 수 있다.
③ 취득원가는 취득시점의 공정가치로 인식하며, 매입수수료도 취득원가에 포함한다.
④ 결산일 현재 보유하고 있는 단기매매금융자산은 공정가치로 평가하고 그 평가손익은 영업외손익으로 보고한다.

04 행복상사가 당기 중 취득한 단기매매금융자산의 단위당 취득원가와 재무상태표일 종가는 다음과 같다.

구 분	수 량	단위당 취득원가	단위당 재무상태표일 종가
A사 보통주	1,500주	₩15	₩13
B사 보통주	1,000주	10	12
C사 보통주	1,750주	12	15

기말 현재 재무상태표에 보고될 단기매매금융자산은 얼마인가?

① ₩7,250 ② ₩54,750 ③ ₩57,750 ④ ₩60,950

05 단기간 내의 매매차익을 목적으로 A사 주식 10주를 주당 ₩30,000에 취득하고 거래수수료 ₩20,000을 지급하였다. 결산일 현재 A사 주식의 공정가치는 주당 ₩31,000이다. K-IFRS에 의할 경우 결산일의 회계처리로 올바른 것은?

① 단기금융자산평가이익 ₩10,000을 계상한다.
② 단기금융자산평가손실 ₩10,000을 계상한다.
③ 단기매매금융자산은 취득원가로 평가하므로 별다른 회계처리가 필요없다.
④ 단기매매금융자산평가충당금 ₩10,000을 계상한다.

06 다음은 청송상사의 20X1년 중 단기매매금융자산과 관련된 거래내역이다. 20X1년 청송상사의 재무제표에 표시될 단기매매금융자산 및 기타수익은 각각 얼마인가?

- 4월 8일 ㈜백양의 보통주 100주를 현금 ₩5,000,000에 취득하였다.
- 8월 1일 ㈜백양으로부터 ₩200,000의 현금배당을 수령하였다.
- 12월 31일 ㈜백양의 보통주 시가는 ₩5,450,000이다.

	단기매매금융자산	기타수익		단기매매금융자산	기타수익
①	₩5,000,000	₩200,000	②	₩5,000,000	₩450,000
③	₩5,450,000	₩650,000	④	₩5,450,000	₩450,000

07 다음 자료는 ㈜한경물산이 보유중인 단기매매금융자산(A주식)에 대한 내역이다. 20X2년 2월 11일 처분시 분개로 옳은 것은 다음 중 어느 것인가?

- 20X1년 11월 1일 취득원가 : ₩1,500,000
- 20X1년 12월 31일 결산일 현재 공정가치 : 1,600,000
- 20X2년 2월 11일 처분가액 : 1,400,000

① (차) 현금	1,400,000	(대) 단기매매금융자산	1,400,000
② (차) 현금	1,400,000	(대) 단기매매금융자산	1,500,000
단기금융자산처분손실	100,000		

③ (차) ┌ 현　　　금 1,400,000　(대) 단기매매금융자산 1,600,000
　　　└ 단기금융자산처분손실 200,000

④ (차) ┌ 현　　　금 1,400,000　(대) 단기매매금융자산 1,500,000
　　　└ 단기금융자산평가손실 100,000

08 다음의 T계정을 분석하여 10월 1일자 단기매매금융자산의 처분가액을 계산하면 얼마인가?

단기매매금융자산

9/1 당좌예금	800,000	10/1 현　　금	800,000

단기금융자산처분이익

		10/1 현　　금	100,000

① ₩600,000　② ₩700,000　③ ₩800,000　④ ₩900,000

09 다음은 한국채택국제회계기준에 의한 단기매매금융자산의 회계처리 방법을 설명한 것으로 옳은 것을 모두 고른 것은?

ㄱ. 처분시에 발생하는 수수료는 수수료비용 계정의 차변에 기입한다.
ㄴ. 취득시에 발생하는 수수료 등의 제비용은 수수료비용 계정에 기입한다.
ㄷ. 취득한 경우는 액면금액으로 단기매매금융자산 계정의 차변에 기입한다.
ㄹ. 단기적 시세차익을 얻을 목적으로 구입한 주식 등을 단기매매금융자산이라 한다.

① ㄱ, ㄴ　② ㄱ, ㄷ　③ ㄴ, ㄹ　④ ㄷ, ㄹ

10 다음 자료에 의한 회계처리시 차변 계정과목과 금액으로 옳은 것은?

(주)한공은 유가증권시장에 상장되어 있는 (주)국제의 주식 1,000주를 1주당 ₩6,000(1주당 액면금액 ₩5,000)에 취득하고, 거래수수료 ₩100,000을 지급하였다(회사는 주식을 장기보유목적으로 취득하였다).

	계정과목	금액
①	단기매매금융자산	₩5,000,000
②	매도가능금융자산	₩5,100,000
③	단기매매금융자산	₩6,000,000
④	매도가능금융자산	₩6,100,000

11 결산일이 매년 말인 ㈜한라는 20X1년 1월 3일 시장성있는 ㈜백록의 주식 100주를 주당 ₩310에 구입하고 매도가능금융자산으로 회계처리하였다. 당해 주식의 20X1년 12월 31일 현재 시장가격은 주당 ₩370이다. ㈜한라가 20X2년 1월 5일 보유하고 있던 ㈜백록 주식의 전량을 현금 ₩35,000에 처분할 경우 처분시점의 회계처리로 옳은 것은? 단, ㈜한라는 K-IFRS를 적용한다.

	차변	금액	대변	금액
①	(차) 현금	35,000	(대) 매도가능금융자산	31,000
			투자자산처분이익	4,000
②	(차) 현금	35,000	(대) 매도가능금융자산	37,000
	투자자산처분손실	2,000		
③	(차) 현금	35,000	(대) 매도가능금융자산	35,000
	매도가능금융자산평가이익	4,000	투자자산처분이익	4,000
④	(차) 현금	35,000	(대) 매도가능금융자산	37,000
	매도가능금융자산평가이익	6,000	투자자산처분이익	4,000

12 다음 자료는 시장성 있는 유가증권에 관련된 내용이다. 이 유가증권을 투자회사(회계기간 : 1.1.~12.31.)가 단기매매금융자산으로 분류하는 경우와 매도가능금융자산으로 분류하는 경우 20X2년 당기손익의 차이는 얼마인가?

- 20X1. 7. 1. A회사 주식 1,000주를 주당 ₩6,000에 매입하였다.
- 20X1년 기말 A회사 주식의 공정가치는 주당 ₩7,000이다.
- 20X2. 6. 30. A회사 주식 전부를 주당 ₩7,500에 처분하였다.

① 차이없음 ② ₩500,000 ③ ₩1,000,000 ④ ₩1,500,000

13 상장기업인 ㈜자유는 20X1년 초에 A주식 1,000주를 주당 ₩2,000에 취득하였으며, 20X1년말 현재 A주식의 주당 공정가치는 ₩2,400이다. 20X2년 중에 ㈜자유는 보유 중인 A주식의 절반인 500주를 1주당 ₩2,200에 처분하였다. 이러한 A주식의 처분과 관련하여 ㈜자유가 20X2년 손익계산서에 반영할 금융자산처분손익을 A주식이 단기매매금융자산인 경우와 매도가능금융자산인 경우로 나누어 제시한 것으로 옳은 것은?

	단기매매금융자산	매도가능금융자산		단기매매금융자산	매도가능금융자산
①	손실 ₩100,000	이익 ₩100,000	②	이익 ₩100,000	이익 ₩100,000
③	이익 ₩200,000	손실 ₩150,000	④	이익 ₩200,000	손실 ₩200,000

14 상장기업인 ㈜진리는 20X1년 1월 1일 ㈜정의의 보통주식 30%를 ₩1,300,000에 취득하여 유의적인 영향력이 있게 되었다. ㈜정의의 순자산 장부금액의 변동내역은 다음과 같다.

20X1년 1월 1일 현재 순자산 장부금액	₩3,000,000
20X1년 당기순이익	800,000
20X1년 12월 31일 현재 순자산 장부금액	₩3,800,000

20X1년 1월 1일 현재 ㈜정의가 보유하는 건물의 공정가치는 장부금액을 ₩1,000,000 초과하며 그 이외의 자산 및 부채는 공정가치와 장부금액이 동일하다. 건물의 잔존내용연수는 10년이고 잔존가액은 없으며 정액법으로 감가상각한다.

㈜진리가 20X1년에 인식해야 할 지분법손익과 20X1년말 현재 관계기업투자주식의 장부금액으로 옳은 것은? 단, 영업권의 손상문제는 없다.

	지분법손익	관계기업투자주식		지분법손익	관계기업투자주식
①	이익 ₩240,000	₩1,140,000	②	이익 ₩210,000	₩1,510,000
③	이익 ₩200,000	₩1,500,000	④	이익 ₩180,000	₩1,440,000

15 상장기업인 청계상사는 20X1년 1월 1일 액면금액 ₩1,000,000, 액면이자율 연 4%, 만기 3년, 매년말 이자지급조건으로 사채를 발행하였다. 관악상사는 이 사채를 20X1년 1월 1일 ₩946,540에 취득하고 매도가능금융자산으로 분류하였다. 취득당시 동 사채에 적용되는 시장이자율은 연 6%이다. 20X1년 12월 31일과 20X2년 12월 31일 관악상사의 매도가능금융자산의 공정가치가 각각 ₩930,000과 ₩970,000이었다면, 20X2년 12월 31일 재무상태표에 계상되는 매도가능금융자산평가손실 잔액은 얼마인가?

① ₩2,417 ② ₩23,460 ③ ₩11,132 ④ ₩40,000

해 답 **금융자산**

01. ② 02. ④ 03. ③ 04. ③ 05. ① 06. ③ 07. ③ 08. ④ 09. ③ 10. ④
11. ④ 12. ③ 13. ① 14. ② 15. ③

해설

01. 금융자산 계정과목으로는 단기매매금융자산, 매도가능금융자산, 관계기업투자주식 및 만기보유금융자산 등이 있다.

02. ① 취득한 금융자산은 단기매매금융자산, 매도가능금융자산, 관계기업투자주식, 만기보유금융자산 중 하나로 분류한다.
② 단기매매금융자산은 공정가치로 평가한다.
③ 만기보유금융자산은 상각후원가로 평가하여 재무상태표에 표시한다.

03. 단기매매금융자산의 취득원가는 최초 인식시 공정가치로 측정하며 취득과 직접 관련되는 거래원가는 취득원가와 별도로 즉시 비용처리한다.

04.

구 분	수 량	단위당 재무상태표일 종가	공정가치
A사 보통주	1,500주	₩13	₩19,500
B사 보통주	1,000주	12	12,000
C사 보통주	1,750주	15	26,250
계			₩57,750

05. (1) 취득시점 회계처리

(차)	단기매매금융자산	300,000	(대)	현 금	320,000
	수 수 료 비 용	20,000			

* 10주×₩30,000+₩20,000=₩320,000

(2) 결산일 회계처리

(차)	단기매매금융자산	10,000	(대)	단기금융자산평가이익	10,000

* ₩310,000−₩300,000=₩10,000

06. (1) 회계처리

일자	(차)		금액	(대)		금액
4/ 8	(차)	단기매매금융자산	5,000,000	(대)	현 금	5,000,000
8/ 1	(차)	현 금	200,000	(대)	배 당 금 수 익	200,000
12/31	(차)	단기매매금융자산	450,000	(대)	단기금융자산평가이익	450,000

* ₩5,450,000−₩5,000,000=₩450,000

(2) 재무제표

단기매매금융자산 ₩5,450,000

기타수익(배당금수익+단기금융자산평가이익) ₩650,000

07. 단기금융자산처분손실은 처분가액과 전기말 공정가치의 차액으로 계산한다.

08.

10/ 1	(차)	현 금	900,000	(대)	단기매매금융자산	800,000
					단기금융자산처분이익	100,000

09. 단기매매금융자산을 취득하는 경우 액면금액이 아닌 취득금액(구입가격)으로 단기매매금융자산 계정의 차변에 기입하고, 취득 시 제비용은 수수료비용 계정의 차변에 기입하여 비용으로 처리한다. 또한 처분 시에 발생하는 수수료는 처분금액(매가)에서 직접 차감한다.

10. 주식을 장기보유목적으로 취득하면 매도가능금융자산으로 분류하여야 하며, 매도가능금융자산의 거래수수료는 단기매매금융자산과 달리 취득원가에 가산한다.

11.

일자	(차)		금액	(대)		금액
20X1년 1월 3일	(차)	매도가능금융자산	31,000	(대)	현 금	31,000
12월 31일	(차)	매도가능금융자산	6,000	(대)	매도가능금융자산평가이익	6,000
20X2년 1월 5일	(차)	현 금	35,000	(대)	매도가능금융자산	37,000
		매도가능금융자산평가이익	6,000		투자자산처분이익	4,000

12. 차이금액 ₩1,000,000 = ₩1,500,000 − ₩500,000
- 단기매매금융자산인 경우 ₩500,000 = 1,000주 × (₩7,500 − ₩7,000)
- 매도가능금융자산인 경우 ₩1,500,000 = 1,000주 × (₩7,500 − ₩6,000)

13. (1) 단기금융자산처분손실 = 처분가액 − 전기말 공정가치
= 500주 × ₩2,200 − 500주 × ₩2,400
= ₩(100,000)

(2) 투자자산처분이익 = 처분가액 − 취득원가
= 500주 × ₩2,200 − 500주 × ₩2,000
= ₩100,000

14. (1) 투자주식의 취득

(차) 관계기업투자주식 1,300,000 (대) 현 금 1,300,000

(2) 순이익 보고

(차) 관계기업투자주식 240,000 (대) 지 분 법 이 익 240,000

* ₩800,000 × 30% = ₩240,000

(3) 평가차액 상각

(차) 지 분 법 이 익 30,000 (대) 관계기업투자주식 30,000

* ₩1,000,000 × 30% × 1/10 = ₩30,000

15. (1) 상각표

이자지급기간	유효이자(6%)	액면이자(4%)	차금상각	기말장부금액
최초장부금액				₩946,540
20X1년	₩56,792	₩40,000	₩16,792	963,332
20X2년	57,800	40,000	17,800	981,132
20X3년	58,868	40,000	18,868	1,000,000
계	₩173,460	₩120,000	₩53,460	

(2) 매도가능금융자산평가손실 = 20X2년말 공정가치 − 20X2년말 상각후원가
= ₩970,000 − ₩981,132
= ₩(11,132)

2025
알기쉬운 회계실무

PART

10 자본회계

“ 자본은 법률적 · 경제적 관점에서 자본금, 이익잉여금 및 기타자본요소 (자본잉여금, 자본조정, 기타포괄손익누계액)로 구분한다. ”

1 자본의 분류

자본(equity)은 기업실체의 자산에서 부채를 차감한 잔여액 또는 순자산으로 자산에 대한 잔여 청구권이며 소유주지분(owner's equity) 또는 주주지분(stockholder's equity)이라고도 한다. K-IFRS에서는 자본을 자본금, 이익잉여금 및 기타자본요소의 세 가지로 분류하고 있다. 자본계정만 나타내는 부분재무상태표를 예시하면 다음과 같다.

재무상태표

○○회사 20XX년 X월 X일

	⋮	
	자 본 금	×××
	이익잉여금	
	법정적립금	×××
	임의적립금	×××
	미처분이익잉여금	×××
	기타자본요소	
	주식발행초과금	×××
	감자차익	×××
	기타자본잉여금	×××
	자기주식	(×××)
	매도가능금융자산평가이익	×××
	자본총계	×××

1) 자본금

자본금(capital stock)은 외부의 이해관계자를 보호하기 위하여 기업실체가 보유하여야 할 최소한의 순자산이며 주주간 상대적인 지위를 나타내는 법정자본이다. 상법상 자본금은 발행주식의 액면합계로 규정하고 있으며 주식회사가 발행하는 주식의 액면가액은 1주당 ₩100 이상으로 균일하여야 한다.

2) 이익잉여금

이익잉여금(retained earnings)이란 기업의 영업활동 등의 결과 창출된 순이익 중 사외로 유출되지 않고 내부에 유보된 금액을 말한다. 이익잉여금은 법정적립금, 임의적립금 및 미처분이익잉여금으로 구분된다.

(1) 법정적립금

법정적립금은 상법 등의 법령이나 규정에 의하여 기업의 이익잉여금 중 일부금액을 이익처분에 의하여 사내에 강제 유보한 금액으로 자본잉여금과 마찬가지로 자본전입이나 미처리결손금의 보전 이외의 목적으로는 사용할 수 없다. 법정적립금으로는 이익준비금, 재무구조개선적립금 등을 들 수 있다.

이익준비금이란 상법 규정에 의하여 회사가 금전배당을 하는 경우 이익준비금의 잔액이 자본금의 1/2에 달할 때까지 금전배당액의 1/10 이상을 적립한 금액을 말한다. 기업이 당기순이익을 전액 배당하는 경우 명목화폐자본은 변동이 없으나 물가상승 등으로 사실상 자본이 감소되는 결과를 가져오므로 이러한 '제꼬리배당'을 방지하기 위하여 금전배당액의 1/10 이상을 적립하도록 규정한 것이다.

재무구조개선적립금이란 상장법인의재무관리등에관한규정에 의하여 자기자본비율이 30/100에 달할 때까지 당기순이익의 일정금액을 이익처분에 의하여 적립한 금액을 말한다.

(2) 임의적립금

임의적립금은 법령이 아닌 정관의 규정 또는 주주총회의 결의로 적립된 금액으로 사업확장적립금, 감채적립금, 배당평균적립금, 결손보전적립금, 세법상 준비금 등을 말한다.

임의적립금을 설정하는 이유는 특정목적에 지출되어야 하는 이익잉여금을 별도로 구분하여 공시함으로써 주주에게 처분가능한 이익 중 일부가 제한되어 있다는 사실을 알리는 데 있다. 미처분이익잉여금을 임의적립금만큼 감소시킴으로써 간접적인 통제수단으로 활용할 수 있다. 임의적립금이 적립목적에 사용되기 위해서는 필요한 자금을 확보하여야 하는데 이를 사용이 제한된 장기금융상품에 예치하는 것은 별개의 문제이다.

임의적립금은 법령이 아닌 기업의 자율 또는 계약에 의하여 사용을 제한한 이익잉여금이므로 법정적립금과는 달리 처분가능한 미처분이익잉여금으로 이입(移入)할 수 있다는 점이 특징이다.

(3) 미처분이익잉여금

미처분이익잉여금이란 이익잉여금 중 처분이 제한된 이익잉여금(법정적립금, 임의적립금)을 제외한 나머지 금액을 의미한다. 전기이월미처분이익잉여금과 당기순이익(또는 당기순손실)으로 구성된다.

3) 기타자본요소

기타자본요소는 자본거래에서 발생한 차손익이나 손익거래에서 발생한 포괄손익을 말하며 자본잉여금, 자본조정 및 기타포괄손익누계액으로 분류할 수 있다.

(1) 자본잉여금

자본잉여금(capital surplus)이란 법정자본을 초과한 불입자본과 자본거래차익을 말한다. 여기서 자본거래차익이란 기업과 주주(소유주)와의 거래에서 기업이 획득한 차익을 말하며 그 차익은 주주에게 다시 배당할 수 없다. 자본잉여금은 주주에 대한 배당금의 재원으로 사용할 수 없고 자본전입이나 결손보전에만 사용할 수 있다.

① 주식발행초과금

주식발행초과금이란 기업이 주주에게 주식을 발행하고 자본금을 증가시켰을 때 발행가액이 주식의 액면가액을 초과하는 경우 그 초과금액을 말한다.

예를 들어, 액면가액 ₩5,000인 주식을 발행하고 주주로부터 현금 ₩6,000을 받은 경우 회계처리는 다음과 같다.

(차)	현 금	6,000	(대)	자 본 금	5,000
				주식발행초과금	1,000

자본금은 발행된 주식의 액면가액으로 표시하여야 하므로 액면가액을 초과하여 납입한 금액은 자본금이 아닌 자본잉여금으로 분류한다.

② 감자차익

감자차익이란 기업이 주주에게 감자대가를 지불하고 자본금을 감소시켰을 때 감소된 자본금이 감자대가를 초과하는 경우 그 초과금액을 말한다.

예를 들어, 기업이 자본금 ₩5,000을 감소시키고 감자대가 ₩4,000을 주주에게 현금지급한 경우 회계처리는 다음과 같다.

(차) 자본금	5,000	(대)	현금	4,000
			감자차익	1,000

감자차익은 주주와의 거래에서 발생한 차익이므로 자본잉여금으로 분류한다.

③ 기타자본잉여금

기타자본잉여금은 주식발행초과금, 감자차익 이외의 자본잉여금이며 자기주식처분이익을 예로 들 수 있다. 자기주식처분이익은 자기주식의 재발행가액이 취득원가를 초과하는 경우 그 초과금액을 말한다. 여기서 자기주식이란 기업이 이미 발행한 주식을 다시 매입한 경우 재취득한 주식을 말한다.

예를 들어, 기업이 ₩6,000에 취득한 자기주식을 새로운 주주에게 현금 ₩7,000에 재발행한 경우 회계처리는 다음과 같다.

(차) 현금	7,000	(대)	자기주식	6,000
			자기주식처분이익	1,000

자기주식처분이익은 주주와의 거래에서 발생한 차익이므로 감자차익과 동일하게 자본잉여금으로 분류한다.

(2) 자본조정

자본조정이란 주주지분에 가산하거나 차감하여야 할 성격의 과목으로 자본금, 자본잉여금 또는 이익잉여금이 아닌 항목을 말한다. 자본조정의 예로는 주식할인발행차금, 감자차손, 자기주식, 자기주식처분손실 등을 들 수 있다.

① 주식할인발행차금

주식할인발행차금이란 기업이 주주에게 주식을 발행하고 자본금을 증가시켰을 때 발행가액이 증가된 자본금에 미달하는 경우 그 미달금액을 말한다.

예를 들어, 액면가액 ₩5,000인 주식을 발행하고 주주로부터 현금 ₩4,000을 받은 경우 회계처리는 다음과 같다.

(차)	현금	4,000	(대) 자본금	5,000
	주식할인발행차금	1,000		

주식할인발행차금은 재무상태표상 자본조정으로 분류하며 자본에서 차감하는 형식으로 나타낸다.

② 감자차손

감자차손이란 기업이 주주에게 감자대가를 지불하고 자본금을 감소시켰을 때 감소된 자본금이 감자대가에 미달하는 경우 그 미달금액을 말한다.

예를 들어, 기업이 자본금 ₩5,000을 감소시키고 감자대가 ₩6,000을 주주에게 현금지급한 경우 회계처리는 다음과 같다.

(차)	자 본 금	5,000	(대)	현 금	6,000
	감 자 차 손	1,000			

감자차손은 재무상태표상 자본조정으로 분류하며 자본에서 차감하는 형식으로 나타낸다.

③ 자기주식

자기주식(treasury stock)이란 기업이 이미 발행한 주식을 다시 매입한 경우 재취득한 주식을 말한다.

예를 들어, 자기주식을 현금 ₩7,000에 구입하면 자기주식 취득시점의 회계처리는 다음과 같다.

(차)	자 기 주 식	7,000	(대)	현 금	7,000

자기주식은 재무상태표상 자본조정으로 분류하며 자본에서 차감하는 형식으로 표시한다.

④ 자기주식처분손실

자기주식처분손실이란 기업이 보유하고 있는 자기주식을 재발행할 때 재발행가액이 취득원가에 미달하는 경우 그 미달금액을 말한다.

예를 들어, ₩7,000에 취득한 자기주식을 현금 ₩6,000에 재발행한 경우 회계처리는 다음과 같다.

(차)	현 금	6,000	(대)	자 기 주 식	7,000
	자기주식처분손실	1,000			

자기주식처분손실은 재무상태표상 자본조정으로 분류하며 자본에서 차감하는 형식으로 표시한다.

(3) 기타포괄손익누계액

기타포괄손익누계액은 당기손익에 포함되지 않지만 자본항목에 포함되는 평가손익의 재무상태표일 현재 잔액이다. 매도가능금융자산평가손익이 이 분류에 포함되는 대표적인 항목이다.

매도가능금융자산평가손익은 매도가능금융자산을 시가법에 의하여 평가하는 경우 그 평가손익을 말하며 자본에 가감하는 형식으로 표시한다. 투자주식의 경우에는 공정가치와 취득원가의 차액이고, 투자채권의 경우에는 공정가치와 상각후원가의 차액을 말한다. 매도가능금융자산에서 발생한 미실현보유손익에 대한 정보를 정보이용자에게 공시하고, 이를 평가시점이 아닌 처분시점이 속하는 시점의 손익에 반영하기 위하여 자본항목으로 분류한다.

예제 01 자본의 분류

다음은 재무상태표에 표시하여야 할 자본항목을 나열한 것이다. K-IFRS에 의하여 자본계정을 분류하고 자본총계를 계산하시오.

자본금	₩1,000,000	주식발행초과금	₩500,000
자기주식처분이익	120,000	법정적립금	300,000
임의적립금	80,000	미처분이익잉여금	450,000
감자차손	70,000	자기주식	240,000
매도가능금융자산평가이익	50,000		

해답

자본금	₩1,000,000
이익잉여금	
법정적립금	300,000
임의적립금	80,000
미처분이익잉여금	450,000
기타자본요소	
주식발행초과금	500,000
자기주식처분이익	120,000
감자차손	(70,000)

자 기 주 식	(240,000)
매도가능금융자산평가이익	50,000
자본총계	₩2,190,000

2 자본금의 변동

1) 자본금의 증가

자본금의 증가는 회사가 금전 또는 현물을 출자받거나 자본잉여금 등을 재원으로 주식을 교부하는 경우에 발생한다. 자본금이 증가함과 동시에 자산이 증가하는 것이 일반적이지만 순자산변동이 없는 경우도 있다. 실질적 증자와 형식적 증자로 구분하여 설명하고 주식발행초과금과 주식할인발행차금의 관계, 신주발행비의 회계처리를 살펴보기로 한다.

(1) 실질적 증자

실질적 증자는 순자산이 증가하면서 자본금이 증가하는 거래이며 금전출자와 현물출자가 이에 해당한다.

금전출자는 현금의 유입과 함께 자본금이 증가하는 현금거래이다. 자본금이 증가하는 시점에 유입된 현금은 발행가액이며 증가된 자본을 측정하는 객관적인 기준이다. 자본금은 교부된 주식의 액면가액으로 계상하여야 하므로 액면가액을 초과하는 발행가액을 주식발행초과금으로 계상한다. 반면, 발행가액이 액면가액에 미달하면 미달금액을 주식할인발행차금으로 계상한다.

(i) 발행가액 > 자본금

(차)	현 금	×××	(대) 자 본 금	×××
			주식발행초과금	×××

(ii) 발행가액 < 자본금

(차)	현 금	×××	(대) 자 본 금	×××
	주식할인발행차금	×××		

10 자본회계

현물출자는 현금 이외의 자산이 증가하면서 자본금이 증가하는 비현금거래이다. 현물출자는 금전출자와 달리 증가된 자본을 측정하는 기준이 모호하며, 출자받은 자산의 취득원가나 교부주식의 발행가액을 임의로 결정하여야 한다. 출자자산 취득원가와 교부주식 발행가액은 출자자산 공정가치 또는 교부주식 시가 중 명확한 금액으로 한다.

예를 들어, 공정가치 ₩700,000인 토지를 출자받고 액면가액 ₩500,000인 주식을 발행한 경우 회계처리는 다음과 같다.

(차)	토 지	700,000	(대)	자 본 금	500,000
				주식발행초과금	200,000

교부주식 시가를 알 수 없다면 토지 공정가치를 교부주식 발행가액으로 결정한다. 만약, 토지 공정가치는 알 수 없고 교부주식 시가가 주식시장에서 ₩700,000이라면 이를 토지 취득원가로 간주한다.

(2) 형식적 증자

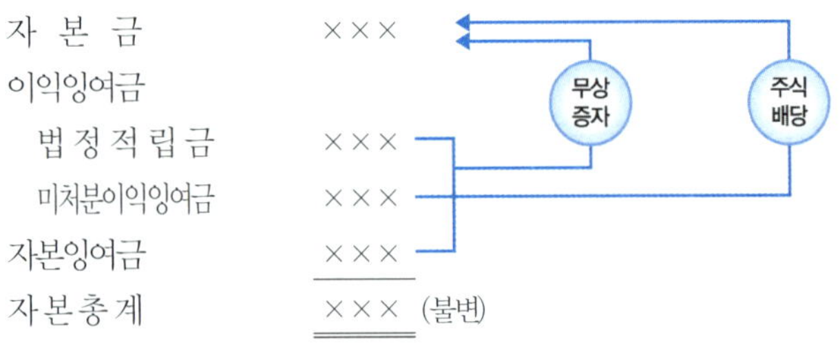

형식적 증자는 순자산의 변동없이 자본금이 증가하는 거래이며 무상증자와 주식배당이 이에 해당한다.

무상증자는 자본잉여금이나 이익잉여금 중 법정적립금을 자본금으로 전입하여 신주를 교부하는 것을 말한다. 자본잉여금이나 이익잉여금 중 법정적립금은 자본전입이나 결손보전 이외의 목적으로 사용할 수 없다. 무상증자는 이사회결의에 의하여 자본전입하는 것이며 당해 결의에 따라 주식을 교부하는 시점에 자본잉여금 등을 감소시키고 자본금을 증가시킨다.

예를 들어, 주식발행초과금 ₩300,000과 법정적립금 ₩200,000을 자본전입하고 액면가액 ₩500,000인 주식을 무상으로 교부한 경우의 회계처리는 다음과 같다.

(차)	주식발행초과금	300,000	(대)	자 본 금	500,000
	법 정 적 립 금	200,000			

주식배당이란 미처분이익잉여금을 자본금으로 전입하여 신주를 교부하는 것을 말한다. 주식배당은 무상증자와 달리 현금배당이 가능한 미처분이익잉여금을 재원으로 주주총회 결의에 의하여 자본전입하는 것이다. 주식배당은 주주총회 결의에 따라 주식을 교부하는 시점에 미처분이익잉여금을 감소시키고 자본금을 증가시킨다.

예를 들어, 주식배당 ₩400,000을 결의하고 액면가액 ₩400,000인 주식을 무상으로 교부한 경우의 회계처리는 다음과 같다.

(차) 미처분이익잉여금	400,000	(대) 자 본 금	400,000

(3) 주식발행초과금과 주식할인발행차금의 관계

주식발행초과금과 주식할인발행차금은 재무상태표에 동시 계상될 수 없다. 즉 주식발행초과금 또는 주식할인발행차금 중 하나만 재무상태표에 표시되어야 한다.

주식발행초과금이 계상되어 있는 상황에서 주식발행가액이 액면가액에 미달하면 주식발행초과금을 먼저 감소시키고 부족한 금액을 주식할인발행차금으로 계상한다. 주식할인발행차금은 자본금(법정자본)에 미달하는 납입금액을 의미하지만 과거에 초과납입한 금액이 있다면 이를 차감한 후의 금액으로 한다. 주식할인발행차금은 주식발행연도 또는 증자연도부터 3년 이내의 기간에 매기 균등액을 상각하고 동 상각액은 이익잉여금처분으로 한다.

반대로, 주식할인발행차금이 계상되어 있는 상황에서 주식발행가액이 액면가액을 초과하면 주식할인발행차금을 먼저 감소시키고 남는 금액을 주식발행초과금으로 계상한다.

예제 02 **자본금의 증가**

다음 거래를 분개하시오.

1월 1일 현금 ₩600,000을 출자받고 액면가액 ₩500,000인 주식을 교부하다.

4월 1일 현금 ₩350,000을 출자받고 액면가액 ₩500,000인 주식을 교부하다.

7월 1일 공정가치 ₩700,000인 토지를 출자받고 액면가액 ₩500,000인 주식을 교부하다.

해답

일 자	회계처리			
1월 1일	(차) 현 금	600,000	(대) 자 본 금	500,000
			주식발행초과금	100,000
4월 1일	(차) 현 금	350,000	(대) 자 본 금	500,000
	주식발행초과금	100,000		
	주식할인발행차금	50,000		
7월 1일	(차) 토 지	700,000	(대) 자 본 금	500,000
			주식할인발행차금	50,000
			주식발행초과금	150,000

(4) 신주발행비

신주발행비는 주식발행과 직접 관련하여 발생한 주권인쇄비, 안내광고비, 수수료 등의 제반비용이며 교부주식의 발행가액에서 차감한다.

신주발행비는 비용으로 볼 수 없으며 주식발행가액은 신주발행으로 기업에 유입된 순액으로 결정된다. 수익의 발생은 신주발행과 직접적인 관련이 없으므로 비용을 인식할 수 없다는 것이며 주식발행으로 인하여 유입된 총액의 일부가 신주발행비로 지급되는 것으로 본다.

주식이 할증발행된 경우 신주발행비는 주식발행초과금을 감소시키고 액면발행 또는 할인발행된 경우 주식할인발행차금에 포함된다.

2) 자본금의 감소

자본금의 감소는 회사가 이미 발행한 주식을 매입소각하여 발행주식수가 감소함에 따라 나타나는 거래이며, 자본금의 증가와는 달리 주주총회 승인과 채권자 보호가 요구되는 등 감자절차가 엄격히 제한되어 있다. 자본금은 기업의 최소한의 담보능력으로서 이를 자유로이 감소시키는 것은 이해관계자의 위험을 초래하므로 이를 방지하기 위한 것이다. 자본금의 감소를 실질적 감자와 형식적 감자로 구분하여 비교하고, 감자차익과 감자차손의 관계를 설명하기로 한다.

(1) 실질적 감자와 형식적 감자

실질적 감자는 주주로부터 주식을 반환받아 소각하고 감자대가를 지급하는 것이며 자본금이 감소함과 동시에 순자산이 감소하는 거래이다. 감소된 자본금을 차변에 감자대가를 대변에 기록하며 자본금과 감자대가의 차액은 감자차익 또는 감자차손으로 처리한다.

(ⅰ) 자본금 > 감자대가

(차) 자 본 금	×××	(대) ┌현　　금	×××
		└감자차익	×××

(ⅱ) 자본금 < 감자대가

(차) ┌자 본 금	×××	(대) 현　　금	×××
└감자차손	×××		

형식적 감자는 주주로부터 주식을 반환받아 소각하고 아무런 감자대가를 지불하지 아니하는 거래이며 순자산의 변동은 없으나 자본금과 함께 미처리결손금을 감소시킨다.

예를 들어, 미처리결손금 ₩300,000을 제거하기 위하여 액면가액 ₩300,000인 주식을 무상소각한 경우의 회계처리는 다음과 같다.

(차) 자 본 금	300,000	(대) 미처리결손금	300,000

형식적 감자는 누적된 결손금으로 인하여 주식의 시장가격이 낮거나 신규차입이 어려운 부실기업이 주주를 설득하여 자본금을 감소시키고 결손금을 제거하는 절차이다. 향후 이익잉여금이 발생하면 배당금을 지급할 수 있도록 기업을 재건하는 과정의 일부이다.

(2) 감자차익과 감자차손의 관계

감자차익과 감자차손은 재무상태표에 동시 계상될 수 없다. 즉 감자차익 또는 감자차손 중 하나만 재무상태표에 표시되어야 한다.

감자차익이 계상되어 있는 상황에서 감소된 자본금이 감자대가에 미달하면 감자차익을 먼저 감소시키고 부족한 금액을 감자차손으로 계상한다. 감자차손은 이익처분절차를 통하여 이익잉여금과 상계된다.

반대로, 감자차손이 계상되어 있는 상태에서 감소된 자본금이 감자대가를 초과하면 감자차손을 먼저 감소시키고 남는 금액을 감자차익으로 계상한다.

예제 03 **자본금의 감소**

다음의 일련의 거래를 분개하시오.

2월 1일 액면가액 ₩500,000인 주식을 현금 ₩400,000에 매입하여 소각하다.

5월 1일 액면가액 ₩500,000인 주식을 현금 ₩650,000에 매입하여 소각하다.

해답

일 자	회계처리			
2월 1일	(차) 자 본 금	500,000	(대) 현　　금	400,000
			감자차익	100,000
5월 1일	(차) 자 본 금	500,000	(대) 현　　금	650,000
	감자차익	100,000		
	감자차손	50,000		

3) 자기주식

자기주식(treasury stock)이란 기업이 이미 발행한 주식을 다시 매입한 경우 재취득한 주식을 말한다.

(1) 자기주식의 취득

자기주식을 취득하면 취득원가로 계상하고 재무상태표상 자본조정으로 분류하며 자본에서 차감하는 형식으로 표시한다. 자기주식을 자본에서 차감하는 형식으로 표시하는 것은 자기주식이 미발행주식과 마찬가지로 의결권이나 이익배당청구권 등의 주권을 행사할 수 없기 때문이다. 다만, 재발행될 수도 있다는 점을 감안하여 자기주식 취득원가를 자본에서 차감하는 형식으로 표시한다.

(2) 자기주식의 소각

자기주식을 소각하면 자본금과 자기주식을 상계한다. 감소된 자본금이 자기주식 취득원가를 초과하면 그 초과금액을 감자차익으로 처리하고 감자차익은 자본잉여금으로 분류한다. 반면, 감소된 자본금이 자기주식 취득원가에 미달하면 이미 계상된 감자차익을 감소시키고 부족한 금액은 감자차손으로 처리한다. 감자차손은 자본조정으로 하여 자본에서 차감하는 형식으로 표시하고 이익처분절차에 의하여 이익잉여금을 감소시킨다.

(3) 자기주식의 재발행

자기주식을 재발행하면 재발행가액과 자기주식 취득원가의 차액을 자기주식처분손익으로 처리한다. 재발행가액이 자기주식 취득원가를 초과하면 그 초과금액을 자기주식처분이익으로 처리하고 자본잉여금으로 분류한다. 반면, 재발행가액이 자기주식 취득원가에 미달하면 이미 계상된 자기주식처분이익을 감소시키고 부족한 금액은 자기주식처분손실로 처리한다. 자기주식처분손실은 자본조정으로 하여 자본에서 차감하는 형식으로 표시하고 이익처분절차에 의하여 이익잉여금을 감소시킨다.

위의 자기주식 회계처리를 요약하면 다음과 같다.

| 자기주식 회계처리 |

<table>
<tr><th>거래유형</th><th colspan="4">회 계 처 리</th></tr>
<tr><td>① 취 득</td><td>(차) 자기주식</td><td>×××</td><td>(대) 현 금</td><td>×××</td></tr>
<tr><td rowspan="2">② 소 각</td><td colspan="2">자본금 > 취득원가</td><td colspan="2">자본금 < 취득원가</td></tr>
<tr><td>자 본 금
자기주식
감자차익</td><td>×××
×××
×××</td><td>자 본 금
감자차익
감자차손
자기주식</td><td>×××
×××
×××
×××</td></tr>
<tr><td rowspan="2">③ 재발행</td><td colspan="2">재발행가액 > 취득원가</td><td colspan="2">재발행가액 < 취득원가</td></tr>
<tr><td>현 금
자기주식
자기주식처분이익</td><td>×××
×××
×××</td><td>현 금
자기주식처분이익
자기주식처분손실
자기주식</td><td>×××
×××
×××
×××</td></tr>
</table>

예제 04

자기주식

다음 거래를 분개하시오.

1월 1일 액면가액 ₩5,000인 주식 1,000주를 주당 ₩7,000에 발행하여 회사를 설립하다.

4월 15일 자기주식 40주를 주당 현금 ₩6,000에 취득하다.

6월 5일 자기주식 10주를 소각하다.

8월 7일 자기주식 10주를 주당 현금 ₩6,500에 재발행하다.

10월 25일 자기주식 10주를 주당 현금 ₩5,200에 재발행하다.

해답

일 자	회계처리				
2월 1일	(차) 현금	7,000,000	(대) 자본금	5,000,000	
			주식발행초과금	2,000,000	
4월 15일	(차) 자기주식	240,000	(대) 현금	240,000	
	* 40주×₩6,000=₩240,000				
6월 5일	(차) 자본금	50,000	(대) 자기주식	60,000	
	감자차손	10,000*			
	* 10주×(₩5,000−₩6,000)=₩(10,000)				
8월 7일	(차) 현금	65,000	(대) 자기주식	60,000	
			자기주식처분이익	5,000*	
	* 10주×(₩6,500−₩6,000)=₩5,000				
10월 25일	(차) 현금	52,000	(대) 자기주식	60,000	
	자기주식처분이익	5,000			
	자기주식처분손실	3,000*			
	* 10주×(₩5,200−₩6,000)+₩5,000=₩(3,000)				

3 이익잉여금의 변동

이익잉여금(retained earnings)이란 기업의 영업활동 등에 의하여 창출된 이익으로서 사외유출되거나 자본에 전입하지 아니하고 사내에 유보된 금액을 말한다. 이익잉여금은 법률이나 규정 등에 의하여 사용이 제한된 법정적립금과 정관 또는 주주총회결의에 의하여 사용이 제한된 임의적립금 그리고 미처분이익잉여금으로 구분할 수 있다.

1) 이익잉여금처분계산서

이익잉여금처분계산서를 예시하면 다음과 같다.

이익잉여금처분계산서

20XX.X.X.~20XX.X.X.

○○회사		처분예정일 : 20XX.X.X.
미처분이익잉여금		×××
전기이월미처분이익잉여금	×××	
당기순이익(손실)	×××	
임의적립금 등의 이입액		×××
합 계		×××
이익잉여금처분액		×××
법정적립금	×××	
이익잉여금처분에 의한 상각 등	×××	
배 당 금	×××	
임의적립금	×××	
차기이월미처분이익잉여금		×××

이익잉여금처분계산서에는 회계기간과 처분예정일(주주총회결의일)을 명시하여야 한다. 또한, 미처분이익잉여금, 임의적립금 등의 이입액, 이익잉여금처분액, 차기이월미처분이익잉여금으로 구분하여 전기이월미처분이익잉여금으로부터 차기이월미처분이익잉여금까지 변동되는 과정을 항목별로 표시하고 있다.

(1) 미처분이익잉여금

미처분이익잉여금이란 전기이월미처분이익잉여금에 당기순이익을 가산(또는 당기순손실을 차감)한 금액을 말한다. 미처분이익잉여금은 재무상태표상 미처분이익잉여금과 일치하며 이 금액은 당기 이익처분의 주된 원천이 된다.

전기이월미처분이익잉여금은 전기이익잉여금처분계산서상 차기이월미처분이익잉여금을 말하며 당기순이익은 미처분이익잉여금을 증가시킨다. 당기순이익은 결산기말 손익마감절차에 따라 집합손익으로부터 미처분이익잉여금으로 대체된다.

결산기말 손익마감 회계처리는 다음과 같다.

[결산일]
(차) 집합손익 ××× (대) 미처분이익잉여금 ×××

한편, 당기순손실이 발생한 경우에는 위와 반대로 회계처리한다.

(2) 임의적립금 등의 이입액

임의적립금 등의 이입(移入)이란 임의적립금을 주주의 승인하에 다시 미처분이익잉여금에 포함시키는 것을 말한다. 당초에 설정한 용도에 사용하였거나 적립의 필요성이 소멸한 임의적립금을 다시 처분가능한 미처분이익잉여금에 가산하는 절차이다.

임의적립금의 이입 회계처리는 다음과 같다.

[주주총회결의일]
(차) 임의적립금 ××× (대) 미처분이익잉여금 ×××

임의적립금은 감소하고 미처분이익잉여금은 증가하며 이익잉여금의 합계는 변동 없다. 위의 회계처리는 결산일이 아닌 주주총회결의일에 한다는 점에 유의하여야 한다.

(3) 이익잉여금처분액

이익잉여금의 처분이란 법정적립금이나 임의적립금을 적립하거나 현금배당 등을 주주총회에서 결의함에 따라 미처분이익잉여금을 감소시키는 것을 말한다.

법정적립금 또는 임의적립금으로의 적립은 이익잉여금을 사내유보시키는 것이며 현금배당은 사외유출시키는 것이다. 또한, 이익잉여금처분에 의한 상각은 주식할인발행차금, 감자차손, 자기주식처분손실 등의 자본조정과 미처분이익잉여금을 상계하는 것을 말한다.

이익잉여금처분내역이 법정적립금의 적립, 감자차손의 상각, 현금배당인 경우 처분 회계처리는 다음과 같다.

[주주총회결의일]

(차) 미처분이익잉여금	×××	(대) 법정적립금	×××
		감자차손	×××
		미지급배당금	×××

법정적립금을 적립하고 미처분이익잉여금을 감소시키면 이익잉여금 합계는 변동없다. 반면, 감자차손을 상각하고 미지급배당금을 계상하면 이익잉여금 합계는 감소한다. 미지급배당금은 유동부채이며 배당금지급시점에 감소시킨다.

(4) 차기이월미처분이익잉여금

차기이월미처분이익잉여금은 미처분이익잉여금에 임의적립금 등의 이입액을 가산하고 이익잉여금처분액을 차감한 후의 금액이다. 이 금액은 당기 주주총회결의일 현재 차기이월된 금액을 말하므로 결산일 현재 재무상태표의 미처분이익잉여금과 일치하지 아니한다.

주주총회결의일을 기준으로 기간을 나누어 미처분이익잉여금의 변동을 T계정으로 나타내면 다음과 같다.

미처분이익잉여금

차변	금액	대변	금액	
법정적립금(적립)	×××	전기이월	×××	재무상태표상 미처분이익잉여금
감자차손(상각)	×××	집합손익(당기순이익)	×××	
미지급배당금	×××	임의적립금(이입)	×××	
차기이월	×××			
계	×××	계	×××	

위의 T계정을 보고식으로 작성하면 이익잉여금처분계산서가 되는 것이다. 위의 변동내역 중 결산일 현재 재무상태표에 영향을 주는 거래는 당기순이익뿐이며 나머지는 차기 재무제표에 반영한다.

예제 05 이익잉여금처분계산서

다음은 20X1년초 설립한 하나상사㈜(결산일 12월 31일)의 이익잉여금 거래내역이다.

• 20X1년

(1) 당기순이익 ₩1,000,000을 보고하다.

(2) 이익처분계획(주주총회결의일 : 20X2.2.14.)은 다음과 같다.

법정적립금의 적립	₩50,000
현 금 배 당	500,000
임의적립금의 적립	200,000

• 20X2년

(1) 2월 14일 주주총회에서 이익처분 원안대로 결의하다.

(2) 2월 28일 배당금 ₩500,000을 현금지급하다.

(3) 당기순이익 ₩1,500,000을 보고하다.

(4) 이익처분계획(주주총회결의일 : 20X3.2.10.)은 다음과 같다.

임의적립금의 이입	₩120,000
법정적립금의 적립	80,000
현금배당	800,000

요구사항 ▼

1. 하나상사㈜가 20X1년부터 20X2년까지 해야 할 일자별 회계처리를 나타내시오.
2. 하나상사㈜의 20X2년 이익잉여금처분계산서를 작성하시오.

해답

1. 일자별 회계처리

일 자	회계처리			
[20X1년]				
12월 31일	(차) 집 합 손 익	1,000,000	(대) 미처분이익잉여금	1,000,000
[20X2년]				
2월 14일	(차) 미처분이익잉여금	750,000	(대) 법 정 적 립 금	50,000
			미지급배당금	500,000
			임 의 적 립 금	200,000
2월 28일	(차) 미지급배당금	500,000	(대) 현 금	500,000
12월 31일	(차) 집 합 손 익	1,500,000	(대) 미처분이익잉여금	1,500,000

2. 이익잉여금처분계산서

이익잉여금처분계산서

20X2.1.1.~20X2.12.31.

하나상사㈜		처분예정일 : 20X3.2.10.
미처분이익잉여금		₩1,750,000
전기이월미처분이익잉여금	₩250,000	
당기순이익	1,500,000	
임의적립금 등의 이입액		120,000
합 계		1,870,000
이익잉여금처분액		880,000
법정적립금	80,000	
배 당 금	800,000	
차기이월미처분이익잉여금		₩990,000

2) 결손금처리계산서

결손금처리계산서는 당기순손실이 누적되어 미처리결손금이 발생한 경우 미처리결손금의 발생과 이익잉여금 또는 자본잉여금에 의한 결손보전내역을 표시하는 동태적 보고서이다. 미처리결손금은 자본계정에서 부(−)의 잔액으로 표시하므로 이익잉여금 또는 자본잉여금과 상계하는 과정을 이익잉여금의 '처분(appropriation)'이라는 용어 대신 '처리(disposition)'라는 용어로 표시한다.

결손금처리계산서를 예시하면 다음과 같다.

결손금처리계산서

20XX.X.X.~20XX.X.X.

○○회사		처리예정일 : 20XX.X.X.
미처리결손금		(×××)
전기이월미처분이익잉여금(미처리결손금)	×××	
당기순이익(손실)	±×××	
결손금처리액		×××
임의적립금이입액	×××	
법정적립금이입액	×××	
자본잉여금이입액	×××	
차기이월미처리결손금		(×××)

결손금처리계산서에는 회계기간과 처리예정일(주주총회결의일)을 명시하여야 한다. 또한, 미처리결손금, 결손금처리액 및 차기이월미처리결손금으로 구분하여 전기이월미처분이익잉여금(미처리결손금)으로부터 차기이월미처리결손금까지의 변동과정을 항목별로 표시하고 있다.

(1) 미처리결손금

미처리결손금은 미처분이익잉여금(미처리결손금)의 기초잔액에 당기순손익을 가감한 금액이다. 이 금액은 자본계정에 부(−)의 잔액으로 표시된다.

(2) 결손금처리액

미처리결손금은 이익잉여금 또는 자본잉여금과 상계하여 소멸시켜야 하며, 결손금의 처리는 ① 임의적립금이입액 ② 법정적립금이입액 ③ 자본잉여금이입액의 순서에 따른다. 이러한 순서는 재무상태표상 계정배열순서의 역순이다.

예제 06 결손금처리계산서

결산일이 매년 12월 31일인 두리상사㈜의 20X1년말 자본계정내역은 다음과 같다.

보통주자본금	₩300,000
주식발행초과금	60,000
법 정 적 립 금	80,000
임 의 적 립 금	20,000
미처리결손금	(140,000)
계	₩320,000

두리상사㈜는 20X1년에 당기순손실 ₩150,000을 보고하였으며 주주총회결의일인 20X2년 2월 10일 결손금을 전액 보전하기로 하였다.

요구사항 ▼ 두리상사㈜의 20X1년 결손금처리계산서를 나타내시오.

해답

결손금처리계산서

20X1.1.1.~20X1.12.31.

두리상사㈜		처리예정일 : 20X2.2.10.
미처리결손금		₩(140,000)
전기이월미처분이익잉여금	₩10,000	
당기순손실	(150,000)	
결손금처리액		140,000
임의적립금이입액	20,000	
법정적립금이입액	80,000	
주식발행초과금이입액	40,000	
차기이월미처리결손금		₩ 0

4 자본변동표

자본변동표는 한 회계기간 동안 발생한 소유주지분의 변동을 표시하는 재무보고서이다. 자본을 구성하고 있는 자본금, 이익잉여금, 기타자본요소의 각 항목별로 기초잔액, 변동사항 및 기말잔액을 표시한다.

자본변동표를 예시하면 다음과 같다.

자본변동표

○○회사　　　　　　　　　　　　　　　　　　　　　20XX.1.1.~20XX.12.31.

구 분	자본금	이익잉여금	기타자본요소	총 계
20XX.1.1.	×××	×××	×××	×××
연차배당		(×××)		(×××)
기타이익잉여금처분액		(×××)	×××	−
처분후이익잉여금		×××		×××
유상증자	×××		×××	×××
당기순이익		×××		×××
자기주식 취득			(×××)	(×××)
매도가능금융자산평가이익			×××	×××
20XX.12.31.	×××	×××	×××	×××

자본변동표의 각 항목별 기입요령을 살펴보기로 한다.

① 연차배당

연차배당은 전기이익에 대한 당기 배당결의 및 지급내역을 기입한다. 현금배당의 경우 이익잉여금과 자본총계를 차감한다. 주식배당의 경우에는 이익잉여금의 감소와 자본금의 증가를 동시에 기입하여 자본총계에 미치는 영향이 상계되므로 자본총계의 변동은 없다.

② 기타이익잉여금처분액

기타이익잉여금처분액은 이익처분에 의한 상각을 기입한다. 주식할인발행차금, 감자차손, 자기주식처분손실 등의 상각을 예로 들 수 있다. 이익잉여금의 감소와 자본조정의 증가를 동시에 기입하므로 자본총계의 변동은 없다. 다만, 이익처분내용 중 임의적립금 등의 이입과 법정적립금·임의적립금 적립은 이익잉여금 내에서의 변동이므로 나타낼 필요가 없다.

③ 유상증자

당기 중 유상증자를 실시한 경우 자본금은 교부주식의 액면가액만큼 가산하고 주식발행초과금은 기타자본요소에 가산하며 자본총계는 교부주식의 발행가액만큼 가산한다. 무상증자의 경우에는 자본금에 가산하고 자본잉여금(기타자본요소) 또는 이익잉여금에서 차감하므로 자본총계의 변동은 없다.

④ 당기순이익

당기순이익은 이익잉여금과 자본총계에 가산한다.

⑤ 자기주식 취득

당기 중 자기주식을 취득한 경우 자기주식 취득원가를 기타자본요소에서 차감하고 자본총계를 차감한다. 이후 자기주식을 소각하면 자본금과 기타자본요소를 가감하고 재발행하면 기타자본요소와 자본총계에 가산한다. 앞에서 언급한 바와 같이 자본총계에 미치는 영향과 각 구성요소에 미치는 영향을 구분하여 기재한다.

⑥ 매도가능금융자산평가이익

매도가능금융자산평가이익이 발생한 경우 증가금액을 기타자본요소와 자본총계에 동시에 가산한다. 매도가능금융자산평가손실이 발생한 경우에는 반대로 차감하여야 하며 매도가능금융자산평가이익이 감소한 경우에도 기타자본요소와 자본총계를 차감한다.

예제 07 **자본변동표**

하나상사㈜의 20X1년 1월 1일 현재 재무상태표상 자본계정과 20X1년 중 자본계정에 영향을 미치는 거래내역은 다음과 같다.

자 본 금	₩300,000
이익잉여금	200,000
자본잉여금	60,000
자 본 총 계	₩560,000

(1) 전기이익에 대한 연차배당(현금배당)은 ₩50,000이다.
(2) 유상증자를 실시하여 자본금 ₩100,000과 자본잉여금 ₩50,000이 증가하였다.
(3) 자기주식을 ₩15,000에 구입하였다.
(4) 매도가능금융자산평가이익 ₩8,000이 발생하였다.
(5) 포괄손익계산서상 당기순이익 ₩130,000을 보고하였다.

요구사항 ▼ 하나상사의 당기 자본변동표를 작성하시오.

해답

자본변동표

하나상사(주) 20X1.1.1.~20X1.12.31.

구 분	자본금	이익잉여금	기타자본요소	총 계
20X1.1.1.	₩300,000	₩200,000	₩60,000	₩560,000
연차배당		(50,000)		(50,000)
처분후이익잉여금		150,000		510,000
유상증자	100,000		50,000	150,000
당기순이익		130,000		130,000
자기주식 취득			(15,000)	(15,000)
매도가능금융자산평가이익			8,000	8,000
20X1.12.31.	₩400,000	₩280,000	₩103,000	₩783,000

5 중소기업회계기준

중소기업회계기준에서는 기타포괄손익누계액을 표시하지 않는 것을 제외하고 K-IFRS 및 일반기업회계기준과 동일하다. 매도가능금융자산평가손익은 발생하지 않아 재무제표에 표시될 수 없으며 해외사업환산손익·현금흐름위험회피파생상품평가손익 등은 기타포괄손익누계액이 아닌 자본조정으로 표시하여야 한다.

한편, 중소기업회계기준은 2014년 1월 1일 이후 최초로 시작되는 회계연도부터 적용[1]하는데 최초적용시 종전 회계기준에 따른 기타포괄손익누계액(해외사업환산손익, 현금흐름위험회피 파생상품평가손익은 제외한다)이 남아있는 경우 이익잉여금으로 대체한다. 해외사업환산손익·파생상품평가손익 등은 분류기준을 기타포괄손익누계액에서 자본조정으로만 변경하면 된다.

1) 2013년 1월 1일 이후 최초로 시작되는 회계연도부터 적용할 수도 있다.

6 개인기업의 자본계정

개인기업은 자본계정을 자본금으로만 표시하며 별도의 세부항목으로 구분하지 아니한다. 주식회사와 달리 개인기업은 대표자가 출자자이자 사업주체이고 대표자의 자산이 곧 기업의 자산이 되므로 자본금·이익잉여금 등의 구분이 불필요하다. 대표자가 사업장에 출자한다면 자본금이 증가하는 것은 주식회사와 유사하지만 주식발행이 없으므로 전체금액이 자본금으로 계상된다. 이후 영업활동결과 순이익이 발생하면 자본금을 증가시키며 이익잉여금을 별도로 표시하지 않는다.

| 자본금 회계처리 |

구분	회 계 처 리	
① 최초 출자	(차) 현 금 ×××	(대) 자 본 금 ×××
② 추가 출자	(차) 현 금 ×××	(대) 자 본 금 ×××
③ 당기순이익	(차) 집합손익 ×××	(대) 자 본 금 ×××

자본감소시 인출금이라는 계정을 사용하기도 한다. 대표자가 기업의 상품이나 현금을 개인용도로 사용하는 경우를 말하며 이는 자본금의 평가계정이다. 자본금을 직접 감소시키는 대신 자본감소를 회계기간동안 집계하기 위해 이 계정으로 기입하였다가 회계기말에 일괄하여 자본금과 상계한다.

| 인출금 회계처리 |

구분	회 계 처 리	
① 대표자 자금인출	(차) 인 출 금 ×××	(대) 현 금 ×××
② 기말결산시	(차) 자 본 금 ×××	(대) 인 출 금 ×××

개인기업의 재무상태표상 자본금의 기말잔액은 기초자본에 추가 출자, 순이익, 인출금 등이 가감된 금액으로 표시된다.

01 다음 중 재무상태표의 기타자본요소에 속하지 않는 것은?

① 주식발행초과금 ② 감자차익
③ 법정적립금 ④ 자기주식처분이익

02 다음 중 K-IFRS에 의한 자본의 분류 중 틀린 것은?

① 자본금은 법률에 의하여 정해진 납입자본금을 의미하며 발행주식수에 발행가액을 곱한 금액이다.
② 이익잉여금은 영업활동을 통하여 발생된 이익이 축적된 부분이다.
③ 기타자본요소 중 자본잉여금은 주주와의 자본거래에서 발생한 것으로서 자본이 증가된 것이다.
④ 주식발행초과금, 감자차익, 자기주식처분이익은 기타자본요소 중 자본잉여금이다.

03 액면가액 ₩1,000,000인 주식을 ₩900,000에 발행하면서 신주발행비용 ₩50,000을 지출한 경우 재무상태표상 자본금으로 기록될 금액은 얼마인가?

① ₩1,000,000 ② ₩950,000 ③ ₩900,000 ④ ₩850,000

04 ㈜한공은 자본증자를 위해 보통주 1,000주를 주당 ₩6,000(액면금액 주당 ₩5,000)에 발행하고, 주식대금은 현금으로 납입받았다. 자본증자일 현재 주식할인발행차금의 잔액이 없다고 가정할 때 주식발행에 대한 회계처리로 옳은 것은?

	차변	금액	대변	금액
①	(차) 현 금	6,000,000	(대) 자 본 금	6,000,000
②	(차) 현 금	6,000,000	(대) 자 본 금	5,000,000
			주식발행초과금	1,000,000
③	(차) 현 금	6,000,000	(대) 자 본 금	5,000,000
			주식할인발행차금	1,000,000
④	(차) 현 금	5,000,000	(대) 자 본 금	5,000,000

05 자본금의 증가와 관련된 다음 설명 중 틀린 것은?

① 주식발행과 관련하여 발생한 수수료, 인쇄비 등은 주식의 발행가액에서 차감한다.
② 현물출자는 출자자산의 공정가액이나 교부주식의 시가 중 명확한 금액을 주식의 발행가액으로 한다.
③ 무상증자는 자본총계에 영향을 주지 않는다.
④ 주식배당은 주식의 액면가액을 낮추고 교부주식수를 증가시키는 절차이다.

06 감자차손 ₩2,000,000을 계상하고 있는 회사가 자본금을 감소시키기 위해 액면가액 ₩5,000인 주식 1,000주를 ₩4,000씩에 매입소각하는 경우의 합당한 회계처리는?

	차변	금액	대변	금액
①	(차) 자 본 금	4,000,000	(대) 현 금	4,000,000
②	(차) 자 본 금	5,000,000	(대) 현 금	4,000,000
			감자차익	1,000,000
③	(차) 자 본 금	5,000,000	(대) 현 금	4,000,000
			감자차손	1,000,000
④	(차) 자 본 금	4,000,000	(대) 현 금	4,000,000
			영 업 권	1,000,000

07 다음 중 자본의 성격이 다른 하나는?

① 감자차손
② 자기주식
③ 주식할인발행차금
④ 자기주식처분손실

08 자본에 대한 설명 중 틀린 것은?

① 주식배당의 경우 발행주식의 액면금액을 배당액으로 하여 자본금의 증가와 이익잉여금의 감소로 처리한다.
② 이익잉여금 처분으로 상각되지 않은 감자차손은 향후 발생하는 감자차익과 우선적으로 상계한다.
③ 이익잉여금을 자본금에 전입하여 기존의 주주에게 무상주를 발행하는 경우에는 주식의 공정가액을발행가액으로 한다.
④ 주식발행비용은 주식발행초과금에서 차감하거나 주식할인발행차금에 가산한다.

09 회사는 현재 보유 중인 재고자산의 가치하락으로 인한 중대한 손실의 발생우려 때문에 임의적립금을 설정하기로 하였다. 이러한 임의적립금을 설정하는 이유는 무엇인가?

① 기업의 순이익이 기간별로 급변하는 것을 방지하기 위하여
② 수익·비용대응의 원칙에 충실하기 위하여
③ 재고자산 가치하락시의 손실을 평소 이익이 많이 발생할 때 흡수하기 위하여
④ 이익잉여금의 일부가 우발성 때문에 배당가능금액에서 제한되었다는 것을 주주들에게 알려주기 위하여

10 다음의 결손금처리항목에 대한 결손금처리의 순서가 맞는 것은?

A. 자본잉여금 이입액	B. 법정적립금 이입액
C. 임의적립금 이입액	D. 자본금 이입액

① A-B-C-D ② C-B-A-D ③ A-B-C ④ C-B-A

11 이익잉여금처분계산서(또는 결손금처리계산서) 및 자본변동표에 대한 설명으로 옳은 것은?

① 이익잉여금처분계산서는 당기순이익이 발생하는 경우에만 작성하며, 미처분이익잉여금, 임의적립금 등의 이입액, 이익잉여금처분액 및 차기이월미처분이익잉여금으로 구분하여 표시한다.
② 자본변동표는 재무상태표에 표시되어 있는 자본의 기말잔액만을 제시함으로써 재무상태표와 연결할 수 있지만 자본의 기초잔액은 제공하지 않는다.
③ 자본변동표는 포괄손익계산서를 거치지 않고 재무상태표의 자본에 직접 가감되는 항목의 변동내용을 나타냄으로써 포괄손익계산서로는 전부 나타낼 수 없는 포괄적인 경영성과에 대한 정보를 제공한다.
④ 결손금처리계산서는 당기순손실이 발생하는 경우에만 작성하며, 미처리결손금, 결손금처리액 및 차기이월미처리결손금으로 구분하여 표시한다.

12 다음은 ㈜주원의 이익잉여금처분계산서의 일부이다. 다음 설명 중 틀린 것은?

이익잉여금처분계산서

제2기 20X1.1.1.~2015.12.31. 처분확정일 20X2.3.26.

Ⅰ. 미처분이익잉여금		₩28,000,000
1. 전기이월미처분이익잉여금	₩23,000,000	
2. 당기순이익	5,000,000	
Ⅱ. 임의적립금 이입액		2,000,000
1. 연구인력개발준비금	2,000,000	
Ⅲ. 이익잉여금 처분액		1,000,000
1. 현금배당	1,000,000	
Ⅵ. 차기이월미처분이익잉여금		(?)

① 20X1년도 손익계산서상 당기순이익은 ₩5,000,000이다.
② 차기이월미처분이익잉여금은 ₩27,000,000이다.
③ ㈜주원은 20X1년 12월 31일에 현금배당과 관련된 회계처리를 하지 않는다.
④ 연구인력개발준비금은 처분확정일에 미처분이익잉여금을 증가시킨다.

13 ㈜화성(회계기간 1.1~12.31)은 20X1년 1월 5일 주당 액면가액 ₩5,000인 자기주식 100주를 주당 ₩6,000에 취득하였다. 20X1년 3월 5일 위의 자기주식 중에서 30주를 주당 ₩6,500에 재발행하였다. ㈜화성의 자기주식 재발행시점의 회계처리로 옳은 것은?

① (차) 현 금	195,000	(대)	자 기 주 식	195,000
② (차) 현 금	195,000	(대)	자 본 금	150,000
			주식발행초과금	45,000
③ (차) 현 금	195,000	(대)	자 기 주 식	150,000
			자기주식처분이익	45,000
④ (차) 현 금	195,000	(대)	자 기 주 식	180,000
			자기주식처분이익	15,000

14 다음 거래 중 자본총계의 증가를 가져오는 것은?

① 자기주식을 발행가액보다 높게 매입한 경우
② 주식발행초과금을 자본전입한 경우
③ 보통주식을 할인발행한 경우
④ 주식배당을 선언한 경우

15 다음은 인출금 계정과목의 특징에 대한 설명이다. 다음 중 아래의 (가)~(다)에 각각 관련 설명으로 모두 옳은 것은?

ㅇ 주로 기업주(사업주)의 (가)의 지출을 의미한다.
ㅇ (나)에서 사용되며 임시계정에 해당한다.
ㅇ (다)에 대한 평가계정으로 보고기간 말에 (다)으로 대체되어 마감한다.

	(가)	(나)	(다)
①	개인적 용도	개인기업	자본금 계정
②	사업적 용도	법인기업	자본금 계정
③	개인적 용도	법인기업	자산 계정
④	사업적 용도	개인기업	자산 계정

16 개인회사인 대성상사의 기말자본금이 ₩510,000일 때, 다음 자료에서 알 수 있는 당기의 인출금은 얼마인가?

기초자본금	₩1,000,000	추가출자액	₩300,000
총수익	400,000	총비용	290,000

① ₩900,000
② ₩1,000,000
③ ₩1,100,000
④ ₩1,200,000

해답 **자본회계**

01. ③ 02. ① 03. ① 04. ② 05. ④ 06. ③ 07. ② 08. ③ 09. ④ 10. ④
11. ③ 12. ② 13. ④ 14. ③ 15. ① 16. ①

해설

01. 법정적립금은 이익잉여금에 해당한다.

02. 자본금은 발행주식수에 액면가액을 곱한 금액이다.

03. 자본금은 액면가액으로 계상하고 액면가액과 발행가액의 차액은 주식할인발행차금으로 표시한다.

(차)	현 금	850,000	(대) 자 본 금	1,000,000
	주식할인발행차금	150,000		

04. 주식을 발행하는 경우에 주식의 발행금액이 액면금액보다 크다면 그 차액을 주식발행초과금으로 하여 자본잉여금으로 회계처리한다.

05. 주식배당은 주식 액면가액의 변동과 무관하다. 미처분이익잉여금을 자본금으로 전입함에 따라 주식액면가액의 총액(자본금)은 증가하고 주당 액면가액은 불변이다.

06. 감소된 자본금과 감자대가의 차액은 이미 계상한 감자차손을 감소시켜야 한다.

07. 자기주식은 자본전체를 차감하는 성격의 자본조정항목이며 나머지는 이익잉여금을 차감하는 성격의 자본조정항목이다.

08. 무상주 발행하는 경우에는 주식 액면가액을 발행가액으로 한다.

09. 임의적립금은 처분을 직접적으로 제약할 수 없지만 처분제한사실을 공시함으로써 간접적으로 제약하기 위해 적립하는 것이다.

10. 결손금의 처리순서는 처분제한성의 역순이다. 임의적립금, 법정적립금, 자본잉여금의 순으로 한다. 자본금은 결손금처리절차에 따라 감소시킬 수 없으며 형식적 감자 등의 절차에 따라 감소시킬 수 있을 뿐이다.

11. ① 이익잉여금처분계산서는 처분가능한 이익이 발생하는 경우에만 작성한다. 당기순손실이 발생하더라도 전기이월미처분이익잉여금이나 임의적립금 이입액으로 인하여 이익잉여금 처분계산서를 작성할 수 있다.
② 자본변동표는 재무상태표의 기초자본과 기말자본을 모두 나타낸다.
④ 결손금처리계산서는 전기이월미처분이익잉여금(미처리결손금)과 당기순이익(손실)의 합계가 부(-)의 금액인 경우에 작성한다.

12. 차기이월미처분이익잉여금=₩28,000,000+₩2,000,000-₩1,000,000=₩29,000,000

13. 자기주식처분이익은 재발행가액(₩195,000)과 취득원가(₩180,000)의 차액으로 계상한다.

14. ① 자기주식을 발행가액보다 높게 매입한 경우 → 자본총계 감소
② 주식발행초과금을 자본전입한 경우 → 자본총계 불변
④ 주식배당을 선언한 경우 → 자본총계 불변

15. 인출금 계정은 개인기업의 사업주가 개인적 용도로 지출한 금액을 처리하는 임시계정으로 결산기일에 자본금 계정으로 대체하여 마감한다.

16. 기초자본금+추가출자액+총수익-총비용-인출금=기말자본금
₩1,000,000+₩300,000+₩400,000-₩290,000-?=₩510,000
인출금=₩900,000

2025 알기쉬운 회계실무

저 자 **정민웅**
발 행 인 **서원진**
편집·교정 **류현수, 김영림, 박가온**
편집디자인 **이은희, 황자애, 이미영**
발 행 처 **㈜조세통람**
펴 낸 날 2006년 3월 10일 초판 발행
2025년 1월 17일 개정18판 발행

저자와의
협의하에
인지생략

주 소 서울특별시 중구 동호로 14길 5-6(신당동)
등 록 1976. 11. 5. 제9-81호
대표전화 02) 2231-7027
F A X 02) 2234-1754
구입문의 02) 2231-7027~9
I S B N 979-11-6064-331-2 13320
정 가 **36,000원**

(주)조세통람은 좋은 책을 만들기 위해 독자 여러분의 의견을 기다립니다.
• 독자 의견 및 도서 문의 메일 josetop@inaus.co.kr